# 지역신문의 위기와 구조개혁

고 경 민

# 지역신문의 위기와 구조개혁

고 경 민

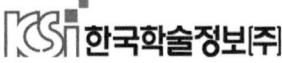한국학술정보㈜

# 머리말

지역신문은 '고사 위기'에 처해 있다. 지역신문의 점유율은 급락하고 있고 광고수입도 크게 줄고 있으며, 심각한 경영 악화로 기업으로서의 존립 가능성도 불투명하다는 평가가 나오고 있다. 그만큼 지역신문사의 경영 상태는 악화되었다. 이러한 위기는 비단 지역신문사의 문제로만 끝나지 않는다. 지역신문이 겪는 위기의 심화와 확산은 언론의 사회적 기능도 충실할 수 없게 만든다.

지역공동체와 지역발전에서 지역언론이 갖는 위상을 감안할 때, 지역신문의 위기는 지역 저널리즘의 위기로 이어지고, 더 나아가서는 지역사회의 위기와 지역 민주주의(local democracy)의 위기로 확대된다. 따라서 지역신문의 위기의 확산과 심화는 현재 국가 차원에서 중점적으로 추진하고 있는 지방분권화의 걸림돌이 될 것이고, 국가균형발전을 위한 다양한 정책의 실효성을 제한하는 역기능을 가져올 것이다.

지역신문 위기의 심각성과 위기 해소의 시급한 필요성에 대해 광범위한 동의가 형성되면서 2004년 초 '지역신문발전지원특별법'이 제정되었다. 이 법은 지역신문의 회생을 위해 정부가 재정지원을 하되, 언론의 정도를 걷는 건강한 지역신문에게만 지원 혜택이 돌아가도록 함으로써, 지역신문의 건강성 회복과 난립으로 인한 과열경쟁 상황의 해소가 동시에 이루어지도록 유도하자는 데 그 핵심이 있다.

이 특별법은 현재 지역신문들이 처해 있는 극심한 난립과열 경쟁구도를 감안하여 지역신문을 일괄적으로 지원하는 것이 아니라 건전한 언론활동을 하는 지역신문이 자생력을 갖춘 건실한 지역신문으로 거듭날 수 있도록 하자는 취지에서 입법되었다. 따라서 이 법의 지원을 토대로 지역신문들이 자생력과 경쟁력을 갖추기 위해서는 외부 지원과 내부 개혁의 상호작용, 즉 '지원을 통한 개혁'이라는 이중적 과제를 실현해야 한다. 이 법의 제정은 왜곡된 지역신문 시장구조와 위기에 처한 경영 개혁을 위한 다양한 정책방안들이 마련될 수 있는 계기가 될 수 있다.

그러나 지역신문의 문제는 정부의 지역신문에 대한 정책적 지원에 의해서만 해결될 성질의 것이 아니다. 지역신문 위기 해소를 위해 그 동안에도 많은 논의들이 있어왔고, 그에 대한 다양한 설명과 해결책들이 제시되어 왔음에도 불구하고, 지역신문이 처한 위기가 해소되지 못한 이유는 그것이 지역신문 자체의 문제에만 국한되어 있는 것이 아니기 때문이다. 여기에는 한국 신문산업 구조의 왜곡과 불균형, 전체 언론시장의 구조적 변화, 지역 공동체의 특성, 그리고 개별 언론사의 행위적 측면까지를 포괄하는 매우 다양한 층위의 변수들이 얽혀있다.

이 책은 지역신문이 처해 있는 복합적이고 구조적인 위기의 성격을 고려하면서, 지역신문의 현안이 되고 있는 문제점들을 해결하는 데 초점을 맞추기보다는 장기적·점진적으로 지역신문의 경영구조와 시장구조를 개선할 수 있는 정책 가이드라인을 구상하는 데 목적을 두었다. 그에 따라 이 책은 국가가 시장을 조정할 수 있는 정책방안을 거시적이고 장기적인 관점에서 도출하는 데 주안점을 두며, 여기에 지역신문 스스로의 자율적인 자구노력과 이에 대한 정부의 지원 및 지역 시민사회와의 상호 연대를 통해 장기적으로 지역신문이 활성화될 수 있다는 기본 시각을 견지한다.

오늘날의 언론정책은 신문의 공론장으로서의 역할을 강화함과 동시에 신문기업들 간의 건전한 경쟁체제에 기반한 시장구조 형성을 목표로 하고 있다. 따라서 언론정책은 민주주의의 실현과 시장경제 원리에 따른 공정한 경쟁을 대원칙으로 하여, 공론장으로서의 기능을 충실히 하도록 하는 공공정책적 시각과 함께 경쟁력 있는 신문산업 또는 신문기업의 발전을 목표로 하는 산업정책적 시각이 동시에 추진되어야 한다. 이른바 공공정책과 산업정책의 병행이 필요하다는 것이다.

특히 신문개혁에 대한 산업정책적 시각과 접근의 필요성은 피폐한 지역신문 시장의 경우 절실하다. 지역신문은 협소한 독자시장과 광고시장으로 인해 '규모의 경제'를 실현하기 어려울 뿐만 아니라, 중앙집권적인 정치경제적 구조 하에서 독자시장과 광고시장의 수도권 집중으로 전국지와의 경쟁관계 속에서 불리한 위치에 있다. 또한 새롭게 등장한 뉴미디어의 지역신문 시장 잠식 효과에 대한 도전에도 직면해 있다. 이런 측면에서 지역신문에 대한 국가의 개입은 건전한 경쟁적 시장구조를 위한 독점과 불공정 행위에 대한 정책적 '규제'뿐만 아니라, 지역신문시장의 경쟁력 확보를 위한 정책적 '지원'의 필요성이 크다고 할 수 있다.

이 책은 한국의 언론개혁이라는 거시적 측면을 도외시하지 않으면서 지역신문의 활성화를 위한 구조개혁 방안을 도출하는 연구이다. 특히 지역신문사의 경영구조와 지역신문 시장구조의 개혁을 위한 정책방안을 도출함으로써 지역신문 활성화의 방향을 제시하는 것이다. 따라서 이 책에서 정부의 역할은 지역신문사의 건전한 경영구조와 지역신문 시장구조의 정상화를 위한 정부의 지원정책뿐만 아니라 언론 본연의 기능으로부터 일탈된 행태를 보이는 지역신문에 대한 규제정책도 함께 필요하다는 관점을 견지한다.

이 책의 주된 논의의 대상은 지역신문 활성화를 목표로 건전한 경쟁적 지역신문 시장구조를 확립하기 위한 규제정책과 지역신문의 경영위기를 개선하기 위한 지원정책을 중심으로 이루어졌다. 그러나 지역신문의 활성화와 장기적 발전이라는 시각에서 보면, 지역신문들 스스로의 자율적 개혁 의지와 노력이 없이는 불가능한 문제이다. 그리고 지역신문의 활성화는 곧 지역주민들로부터의 신뢰 회복과 직접적으로 연관된 문제이기 때문에, 이를 위한 지역 시민사회와의 상호 연대 역시 필요하다. 따라서 이 책은 지역신문의 경영구조와 시장구조의 정상화를 위한 규제 및 지원정책, 지역신문 내부의 자율적 개혁과 이에 대한 정부의 지원 및 시민사회와의 연대 등의 측면을 중심으로 정책 방안을 제안하고 있다.

끝으로, 이러한 지역신문에 관한 연구가 수행되고 또 한 권의 책으로 만들어지게 된 데는 구경서 박사님의 도움이 컸다. 대망의 꿈을 키우시느라 항상 바쁜 가운데에도 물적·심적 양면으로 지원과 도움을 주신 구경서 박사님께 감사를 표하는 바이다. 또 평소 늘 도움만 받아 마음의 빚을 지고 있었지만, 달리 표현할 길이 없었던 장성훈 박사, 김일기 선생, 박성진 선생에게도 이 기회에 고마움을 전한다. 사랑하는 아내 이은정과 튼튼하고 해맑게 자라주는 혁준이, 해린이는 든든한 버팀목이자 영원한 나의 서포터이다. 이 서포터들의 응원이 없었다면 이 책은 애초부터 생각도 못했을 것이다. 아울러 한국학술정보의 이일로 디렉터님께도 감사를 드리고 싶다.

2005. 11.

고경민

# 목  차

# Ⅰ. 서 론

## 1. 지역신문, 무엇이 문제인가

### 1) 신문의 위기와 지역신문

현대 멀티미디어(multi-media) 시대에 우리는 흔히 신문의 역할을 쉽게 잊어버리곤 한다. TV, 영화, 비디오, 그리고 하루가 다르게 발전하는 인터넷의 변화 등에서 우리는 화려함과 생동감을 느낄 수 있다. 이에 비하면 신문은 별로 좋지 않은 질의 종이에 검은색 잉크가 전부이다. 때로 컬러판이 없는 것은 아니지만 화려한 영상과 음성이 있는 다른 매체와는 비교될 수 없을 만큼 초라하다. 그럼에도 신문은 현대 민주주의 체제에서 가장 강력한 정치적 영향력을 갖고 있는 매체로서, 우리 사회를 위해 중요한 역할을 해 왔다. '사회의 목탁'이라는 말처럼, 사회 부조리를 고발하기 위해 노력해 왔고, 4·19혁명이나 6·10항쟁 같은 민주화 과정에서도 나름대로의 역할을 하기도 했다. 그러나 오늘날 많은 사람들이 여러 가지 이유로 '신문의 위기'를 말하고 있다.

한국 '신문의 위기'는 어제오늘의 일이 아니다. '신문의 위기' 중에서도 가장 대표적으로 거론되어 온 문제는 대규모 자본을 기반으로 하는 소수 중앙언론의 영향력이 과도하게 작용하는 상황에 대한 것이다. 그동안 한국 언론은 대규모의 조직과 자금, 그리고 마구잡이식 독자 부풀리기로 일관해온 중앙 일간지, 즉 전국지의 절대 성역이었다고 해도 과언은 아니다. 한국 언론은 정치권력과 유착되어 왔고, 언론 경영 또한 재벌식 경영이 구조화되면서 소수의 전국지에 의해서 주도되어 온 것이 현실이었다. 그 결과로 한국 사회의 신문시장에는 다양한 사회집단의 목소리를 대변하는 신문들이 활성화되지 못하고, 보수적인 대중지가 주류를 이루게 되었다는 평가를 받고 있다.

그러나 최근의 '신문의 위기'에 관한 논의들 중에서도 '지역신문의 고사 위기'가 중요한 문제로 부각되고 있다. 지역신문은 그동안 관심의 대상에서 거의 배제되다시피 했지만 참여정부의 출범과 함께 지방분권과 국토균형발전이 국가정책의 핵심 아젠다(agenda)로 부각되면서 지역신문이 갖고 있는 문제의 본질과 위기 해소를 위한 다양한 방안들이 제기되고 있다.

지역신문의 의미와 중요성을 강조하는 것은 불필요한 일인지 모른다. 그러나 이 시점에서 지역신문을 다시 강조하는 까닭은 그 의미와 중요성에도 불구하고 아직도 지역신문이 제 자리에서 제 역할을 다하고 있지 못하다는 판단 때문이다. 그리고 그 이유는 지역신문들이 시장의 위기, 경영의 위기, 저널리즘의 위기라는 복합적이고 구조적인 위기 속에서 '고사' 직전에 있다는 평가 때문이다.

지역신문의 위기는 단순히 지역신문사의 위기로 끝나지 않는다. 그것은 민주주의의 위기로 이어질 수 있다. 지역신문 시장이 전국지에 의해 잠식되어 버린다면 중앙집권적인 정치·경제구조 속에서 지역 주민의 이해관계나 지역 주민의 여론이 정책결정과정에서 배제될 가능성이 더 높아진다. 그 결과 시민주권에 바탕을 둔 민주주의는 중앙의 이해관계가 과대 반영되는 불균형적 민주주의로 전락하고 말 것이다. 지역주민의 민주적 의사결정을 토대로 하는 지방자치가 뿌리내리기 위해서는 지역사회가 당면한 문제들에 대한 여론을 조성·수렴·반영하고 지역주민의 참여를 유도하는 동시에, 지역문화를 발굴·육성·전수하며 지역주민의 정치사회화를 촉진하는 기능을 수행하는 지역신문의 활성화가 중요한 과제이다. 지역신문의 활성화 없이는 지방자치제에 기반 한 민주주의 실현은 어렵다고 할 수 있다(문종대, 2004: 85).

지역신문은 지역 시민사회의 발전을 위해서도 매우 중요하다. 여론형성을 위한 매체로서의 역할만이 아니라, 지역 전체의 균형적 발전을 위해서도 지역언론의 역할이 매우 크기 때문이다. 최근 강조되고 있는 시민정신의 발현 및 시민사회의 발전, 그리고 시민들의 행정 참여 또한 지역언론의 역할에 의해 크게 좌우된다. 지역언론의 성장과 정착 없이는 지방자치의 미래도, 지역의 건전한 발전도, 그리고 국가 전체의 균형을 통한 경쟁력 확보도 어렵다는 것은 바로 이러한 사실을 강조한 것에 다름 아니다.

현대의 다원주의 사회에서 신문은 '다양성'을 상징한다. 사회적 이념의 다양성과 사회적 계층의 다양성은 민주적 다원주의(democratic pluralism)의 기본 전제이다(Dahl, 1982; Kekes, 1993). 이념적 편향과 사회적 계층의 미분화는 권위주의의 유산이며, 민주주의의 건전한 발전에 걸림돌이 된다. 다양한 이념과 계층의 관심과 이해를 대변하는 다양한 신문의 존재는 바로 이러한 민주적 다원주의가 지향하는 '다양성'의 가치를 추구하고 실현하는 기반이 된다. 그러나 민주화 이후에도 한국의 언론 영역은 과거의 구조와 행태를 반복하고 있는 듯하다. 정치체제가 민주화되어가면서 가장 근본적인 문제로 제기되는 것은 민주주의 사회에서 언론의 역할이 무엇인가 하는 것이다(Alger, 1996: 7). 이런 측면에서 한국의 신문은 권위주의 시대의 유산을 간직한 채 권언유착, 재벌식 족벌 경영, 보수적 편향 등의 특징을 수십 년 간 그대로 유지하면서 온존하고 있다.

이처럼 중앙 수준에서 계층이나 이념적 스펙트럼 등에 기반을 둔 신문이 발달되지 않았다면, 지역 단위의 신문에 그런 역할을 기대해 볼 수 있을 것이다. 다양한(소수의) 목소리를 대변하는 신문이란 보다 세분화된 독자층을 주 대상으로 하는 신문이고, 지역신문 시장은 지역적으로 세분화된 독자를 대상으로 하기 때문에 이론적으로는 어느 정도 언론의 다양성을 대변할 수 있다. 그러나 기존의 한국 지역신문들 중에서 어느 정도 시장 점유율을 확보하면서도 흑자를 유지하는 경우는 극소수에 불과하다. 지방자치제 실시 이후 지역신문에 대한 수요가 다소 늘어났다고 하더라도 자생적인 시장성을 가질 수 있는 지역은 서울 다음의 대도시인 부산, 대구 정도에 불과하다. 즉 기존의 시장체제 하에서 대부분의 지역 신문시장은 여러 개의 신문을 유지하기 어려운 것이 현실이다(임영호, 2002; 유선영 외, 2004).

지역신문 시장에서 언론의 '양적인 다양성'에 못지않게 중요한 것은 '질적 다양성'의 문제이다. 보수적인 특정 신문이 해당지역 시장에서 자리 잡아 협소한 시장의 자원을 고갈시키면 새로운 신문이 성장하기 어려워 질적인 다양성의 문제가 심각해질 수 있다. 한국의 지역언론은 지역사회에서 기득권층의 일부를 이루거나 혹은 이들과 적어도 밀접한 사적 관계를 맺고 있는 경우가 많기 때문에 내용의 보수성은 전국지의 경우보다 오히려 더 큰 문제가 될 수 있다. 따라서 협소한 지역단위에서는 복수의 신문이 자리 잡기 어려운 현실로 볼 때, 이러한 지역언론 구조는 지역사회에서 사상과 정보의 다양성을 확보하는 데 있어 치명적인 단점을 안고 있다.

## 2) 지역신문 구조개혁의 필요성

언론의 질적·양적인 다양성, 그리고 지역언론의 사회적 필요성과 이의 발전을 위한 형평성 논리의 적용 등을 위해서는 국가의 대언론 정책이 필요하다고 할 것이다. 사실, 고전적 자유주의자들은 어떤 형태의 정부 개입도 언론자유를 위태롭게 할 가능성이 있는 것으로 보고 경제적 시장경쟁에 맡겨 독자의 심판을 받게 하는 것이 최선의 정책이라고 본다. 그러나 시장경쟁 체제 하에서는 언론자유의 주요한 기준인 다양성이나 소수 의견의 보장 등이 달성되지 못함에 따라, 점차 정부가 시장에 개입하여 순수 시장 메커니즘이 가지는 단점을 보완하는 기능을 맡게 되었다. 또한 언론은 하나의 산업으로 보았을 때, 시장구조가 지나치게 왜곡되고 불균형적으로 발전할 경우 이를 시정하기 위한 정책적 개입은 중요하고도 필수적인 문제라고 할 수 있다.

언론자유를 상징하는 비유로서 자주 사용되어 온 '사상의 시장'이라는 이상은 18세기의 역사적 현실을 반영하는 개념이었다. 그러나 '시장 경쟁'과 '자유로운 사상의 경쟁'이 조화를 이루기는커녕, 시장의 경제적 효율성이 사상의 다양성을 몰아내고 있는 오늘날 한국의 매체환경에서 자유주의적 이상은 점점 적용 가능성과 유용성을 의심받고 있다. 한국의 신문산업은 한편으로는 권위주의시대처럼 보수지향적인 언론일색이면서, 또 한편으로는 시장경쟁의 폐해가 극심한 기현상을 보이고 있는 것이다. 그 결과로 신문시장의 왜곡되어 불균형적으로 발전해왔고, 이러한 현상이 지역으로까지 파급되어 지역신문의 존립 기반을 위협하고 있는 실정이다.

따라서 앞으로 한국 신문개혁의 과제는 '이중적'이라고 할 수 있다. 하나는 시장경쟁체제의 정화기능을 정상화시키는 것이고, 다른 하나는 시장진입장벽을 낮춤으로써 다양한 사회집단과 정치적 세력에 기반을 둔 신문이 생겨날 수 있도록 하는 것이다. 이를 위해서는 시장경쟁체제의 정상화와 시장진입 장벽을 낮추는 제도적 장치를 마련하여 시장 기반이 약한 소규모 신문들이 활성화되도록 해야 할 것이다. 그리고 이것은 기본적으로 시장 메커니즘을 토대로 추진되어야 하지만, 소규모 기업에 불리한 시장제도의 단점을 보완하는 정책으로 실현되어야 할 것이다.

지역신문의 활성화 문제는 지역신문만의 문제는 아니며, 한국사회와 언론의 구조적 문제점, 국가 및 지역사회, 언론 산업의 선진화와 균형발전이라는 거시적 관점에서 접근해야 한다. 특히 중앙 차원의 신문시장 구조의 왜곡과 불균형이 지역 차원으로 전이 또는 파급되어 지역신문은 고사 위기를 맞고 있다. 그러나 지역 신문시장은 중앙의 신문시장과는 다른 구조와 특성을 보이고 있다. 예컨대, 지역신문은 전국지의 지역 침투로 인한 전국지와의 경쟁을 벌여야 하고, 지역 내의 수많은 신문사 설립으로 인한 과당경쟁의 문제도 동시에 겪고 있다. 따라서 지역신문의 생존은 곧 이러한 과당·과열 경쟁을 해소하는 것이며, 이는 곧 지역신문의 구조개혁의 필요성을 의미하는 것이다. 이를 통해 지역신문이 건전한 지역 여론의 창도자로, 그리고 지역사회 발전의 토대가 됨으로써 지역신문 활성화로 이어질 것이라고 보기 때문이다.

　사실, 전국지들 간의 무차별적인 치열한 경쟁으로 지역신문이 설 곳이 없는 열악한 상황에서도 지역언론의 창달과 지역의 민주적 발전과 자주성을 위해 보이지 않게 노력하는 몇몇의 지역신문들이 있다. 이러한 측면에서 지역신문이 전국지 중심의 신문시장구조와 지역 내의 치열한 경쟁구도 속에서 어떻게 하면 그 기능과 역할을 다 할 수 있도록 할 것인가에 대한 정책적인 지원방안 마련의 필요성이 제기된다. 결국 이 문제는 왜곡된 언론시장을 정상화하기 위해 시장질서를 바로잡아 공정한 시장질서를 확립하고, 일상화된 경영의 위기를 타개하기 위해 자발적인 개혁에 나설 수 있도록 하는 제도적 지원정책이 절실히 필요한 시점이다. 그리고 이러한 문제들은 지역신문 내부의 또는 지역사회 내부의 문제에 그치지 않고 한국 언론산업의 구조적인 문제와 직간접적으로 관련되어 있다는 점에서 구조적 개혁을 통해 이루어져야 하고, 그 구조개혁의 핵심 영역은 지역신문 경영구조의 문제와 지역신문 시장구조의 문제를 푸는 데서 출발해야 할 것이다.

## 2. 지역신문, 어떻게 할 것인가

### 1) 문제의식과 목적

현재 극히 일부를 제외하고 대부분의 지역신문들은 독자적인 힘만으로는 정상적인 기능을 수행하기가 불가능할 정도로 이미 자생력을 상실한 상태라는 것이 일반적인 평가이다. 지역신문의 건전한 경영에도 불구하고 언론의 중앙집중화와 전국지의 지역침투 심화와 같은 주변 환경적인 요소들로 인해 구조적으로 자생적 기반을 상실하여 위기를 맞는 경우가 있는 반면, 지역의 여론을 주도하는 기득권층 및 토호세력과의 유착 또는 관언유착 등 언론 본연의 위상을 벗어난 파행적인 행위나 도덕적 해이로 인해 스스로 위기를 자초한 경우도 있다.

지역신문의 위기는 전국지의 지역침투로 인한 경쟁 과열과 불균형 격차의 심화, 지역 내부 신문 경영과 시장의 불합리한 요소들의 상호작용에 의해 악순환 되고 있으며, 그 결과 지역신문의 위기는 구조화된 형태로 발전하고 있다. 전국지에 비해 콘텐츠에서 상대적으로 경쟁력이 취약하기 때문에 판매부수와 광고수익 면에서 수도권과 지역의 양극화현상이 심해져 전국지와 지역지의 불균형 격차가 심화되고 있으며, 특히 전국지의 무차별적인 지방공략으로 인해 지역신문은 그 기반마저 붕괴될 위기에 처해 있다. 지역 내부에도 유사한 형태의 지역신문들이 난립함으로써 서로 과당경쟁을 하게 되고, 그로 인해 생존을 위한 출혈경영이 이루어지고, 이것은 신문사의 수지구조 개선 없이 악순환 되고 있다. 그리고 이러한 비합리적 경영의 악순환으로 인해 지역신문은 지역이 안고 있는 제반 지역문제 해결에 소극적인 반면, 지역의 기득권층과 토호세력과의 유착이나 관언유착 등의 저널리즘의 부실로 나타나고 있다. 결국, 지역신문의 위기는 경영과 시장 모두에서 위기에 처해 있고, 상호 위기를 가중시키고 상승(相承)시키는 역작용을 함으로써 지역신문의 고사위기를 증폭시키고 있는 것이다.

이 책은 이러한 측면에서 지역신문들이 내적 한계를 극복하고 지역의 미래를 제시할 수 있는 대안을 제공하며, 주민들의 원활한 커뮤니케이션을 위한 로컬 미디어(local media)로써 언론의 공정성과 비판적 자세를 견지해 낼 수 있도록 지역신문 활성화를 위한 정책방안 모색을 목적으로 하고 있다.

이 책의 기본적인 문제의식은, 지역신문 활성화의 기본 전제는 중앙정부 차원에서 지역신문을 지원하는 것과 함께 지역 신문 스스로의 내부 개혁이 병행되어야 할 뿐만 아니라, 정부가 적극적으로 지역신문의 경영과 시장 측면에서의 구조개혁을 추진해야 한다는 점이다. 건전한 지역신문의 발전을 위해서는 지역신문 경영구조의 개선의 필요하며, 이를 위해서는 지역신문이 처한 시장구조의 왜곡과 불균형을 시정하는 것이 우선적이고 중요한 문제라고 보기 때문이다. 따라서 이 책의 초점은 지역신문의 구조개혁이라는 관점에서 지역신문의 활성화를 위한 정책방안을 모색하는 데 있다.

사실, 지역신문의 위기에 대한 지적은 새삼스러운 것이 아니다. 그 동안에도 많은 논의들이 있어왔고, 다양한 설명과 해결책이 제시되어 왔다. 그럼에도 불구하고 지역신문이 처한 현실이 개선되지 않는 이유는 언론의 문제가 언론 자체의 문제에만 국한되는 것이 아니기 때문이다. 여기에는 전체 매체 시장의 구조적 변화나 지역 공동체의 특성, 그리고 개별 언론사의 행위적 측면까지를 포괄하는 매우 다양한 층위의 변수들이 얽혀있다. 그런 점에서 지역신문의 위기는 다양한 요인과 변수들이 포함되어 있는 구조적 위기라고 할 수 있다.

그러나 이 책이 이런 모든 요인과 변수들을 다루겠다는 것은 아니다. 다만 신문산업의 범주 내에서 지역신문의 활성화를 위한 구조개혁 방안에 접근하겠다는 것이다. 즉 논의의 대상은 지역신문이지만 보다 효과적인 구조개혁 방안의 제시를 위해서 전체 신문산업의 맥락에서 접근하겠다는 것이다. 실제로 지역신문 만을 대상으로 한 별도의 법과 제도가 만들어져 운용되는 것이 아니기 때문이다.

지역신문의 활성화를 위한 개혁 방안 모색은 우선 구조개혁을 위한 정책기조의 확립이 중요하다. 지역신문 구조개혁의 목표와 대상을 분명히 하고, 지역신문 구조개혁의 기본 방향을 설정하는 것이다. 구체적인 제도개혁 방안의 모색은 크게 경영 부문과 시장 부문으로 구분하여 이루어질 수 있다. 경영 부문의 경우 소유구조 개혁, 편집권 독립, 경영 투명성 제고 등이 핵심적인 개혁 이슈이며, 이 책은 지역신문의 소유·경영·편집의 분리 또는 독립을 위한 제도적 개혁 방안을 모색한다. 시장 부문의 경우 공정경쟁, 시장 독과점이 핵심적인 개혁 이슈이며, 이 책은 불공정한 시장경쟁과 독과점으로 인한 지역신문의 위기 타개 방안을 모색한다. 그리고 이러한 경영과 시장 부문의 제도개혁과 함께 중요한 것이 지역신문 내부에서 자율적으로 추진되는 개혁이다. 그리고 이를 위해서는 정부의 지원이 필요하며, 또한 시민사회와의 상호 연대 등이 성공의 열쇠가 된다.

이 책의 이러한 목적을 달성하기 위해 상호 논리적 연관성을 가진 다음 네 가지의 세부적인 과제들에 대해 논의할 것이며, 이는 이 책의 전반적인 틀을 구성하고 있다. 첫째, 지역신문 활성화는 한국의 언론개혁과 어떤 연관성을 가지고 있으며, 신문 개혁과 언론정책의 상호간의 관계는 어떠하고, 이론적으로 그리고 정책적으로 어떻게 이 문제에 접근해야 하는가? 둘째, 한국 지역신문이 위기라고 하는데, 한국 언론개혁의 전개과정이라는 큰 틀 속에서 볼 때 그 위기는 어떤 성격의 위기인가? 그리고 지역신문시장의 실태 분석을 통해서 볼 때 그 구조와 특성은 무엇인가? 그렇다면 지역신문의 구조개혁을 위한 핵심 의제는 무엇이라야 하는가? 셋째, 한국지역신문 활성화의 조건은 과연 정부의 지역신문 지원만인가 아니면 또 다른 무엇이 필요한가? 지역신문 활성화를 위한 기존 언론 법제의 현황과 문제점은 무엇이며, 지역신문의 경영과 시장 구조개혁을 위해서는 어떤 정책적 고려가 필요한가? 넷째, 지역신문 활성화를 위한 구조개혁을 위해서는 어떤 정책방안들이 필요한가? 특히, 지역신문 구조개혁을 위해서는 어떤 정책기조에 입각해야 하며, 지역신문의 경영 정상화와 시장 정상화를 위한 구체적인 정책방안들로는 어떤 것이 있는가?

이 책은 현안이 되고 있는 문제점들을 해결하는 데 초점을 맞추기보다는 장기적·점진적으로 지역신문의 경영구조와 시장구조를 개선할 수 있는 정책 가이드라인을 구상하는 데 목적을 두고 있다. 그에 따라 기본적으로는 국가가 시장을 조정할 수 있는 정책방안을 거시적이고 장기적인 관점에서 도출하는 데 주안점을 두며, 여기에 지역신문 스스로의 자율적인 자구노력과 이에 대한 정부의 지원 및 지역 시민사회와의 상호 연대를 통해 장기적으로 지역신문이 활성화될 수 있다는 기본 시각에서 접근하고 있다.

## 2) 범위와 방법

이 책은 한국 언론개혁의 핵심 이슈인 경영구조와 시장구조 개혁을 지역적 수준에서, 지역신문을 연구대상으로 하여 접근하고 있다. 지역언론의 활성화는 크게 방송과 신문으로 구분할 수 있지만, 지역방송 구조개혁은 이 책의 논의대상이 아니며, 다만 구체적인 논리전개에서 간헐적으로 언급할 것이다. 또한 이 책의 논의대상인 지역신문은 지역 일간지와 지역 주간지로 구분할 수 있는데, 논리전개상 주로 지역 일간지를 논의의 대상으로 한다. 그러나 지역신문의 구조개혁을 통한 활성화의 문제는 지역 주간지에도 필요하고 중요한 문제라는 점에서 정책 방안은 지역 일간지와 주간지를 모두 포괄하는 방향으로 제시될 것이다.

이 책은 특정 지역의 몇몇 신문을 대상으로 하는 연구라기보다는 기존의 지역언론에 대한 연구 성과들을 토대로 포괄적으로 전국의 지역신문을 대상으로 하고 있다. 이러한 연구의 범위의 포괄성이 구체성을 결여한 연구결과로 나타날 우려가 있으나, 이 책이 지역신문 활성화를 위한 경영구조와 시장구조 개혁을 위한 정책방안을 모색하는 연구이기 때문에 특정 지역신문을 사례로 한 연구보다는 포괄적인 연구가 보편성과 일반성을 높이면서 적실한 정책방안 도출을 가능하게 해 줄 것이다.

한국의 지역신문을 연구 대상으로 하는 이 책은 민주주의와 지방자치, 그리고 지역발전과의 연관 관계 속에서 지역신문의 활성화에 관한 논의를 전개하고 있기 때문에 시간적으로는 1990년대 중반 이후 오늘날까지로 한다. 지방자치제의 전면적 실시와 함께 지역신문에서 보도제한이 되어왔던 정치기사의 보도가 1996년 7월 1일을 기해 전면 해제되었다는 측면에서 지역언론 발전의 계기가 된 것은 1990년대 중반 이후부터라고 할 수 있다. 그러나 한국에서 언론개혁이 중시의제로 부각되면서 정치적·국민적 관심이 되기 시작한 시기를 2001년부터로 볼 수 있기 때문에 보다 구체적인 연구의 범위는 2001년 이후라고 할 수 있다.

이 책이 한국의 지역신문을 주된 연구대상으로 하지만, 비교론적이고 역사적인 시각을 토대로 하는 연구로서 전국지 또는 중앙지와의 관계 속에서 지역신문에 관한 논의를 진행하며, 언론에 대한 정부의 개입이 언론민주주의의 발전을 저해한다는 고전적 자유주의의 인식을 불식시키고 지역언론에 대한 정부의 정책적 지원근거 도출을 위해 선진 외국의 지역언론의 발전 현황과 정부지원 실태도 연구의 내용에 부분적으로 포함시킬 것이다.

한국의 지역신문 활성화를 위한 구조개혁 방안 도출을 위해서는 역사적·비교적 접근이 필요하다. 한국 언론은 정치적·경제적 중앙집권 구조의 발전과 궤를 같이하며 발전해 왔고, 그 때문에 현재의 언론의 문제점과 위기가 도래한 것이라고 할 수 있기 때문에 한국 지역신문의 위기 및 그 역사와 구조를 살펴볼 것이다. 또한 한국 언론시장에서 중앙지의 지대한 영향력을 고려할 때 지역신문의 위축과 저발전은 중앙언론과의 비교적 맥락 속에서 진행되어야 할 것이다. 아울러 외국의 반독점 및 공정경쟁을 위한 언론개혁과 지역언론에 대한 논의도 이루어지기 때문에 비교적 접근이 필요하다.

이 책에서 설정한 연구문제를 해결하기 위해서는 시각에 따라 다양한 접근 방법이 있을 수 있겠으나, 여기서는 보다 거시적인 차원에서 접근한다. 즉 연구의 초점을 언론 정책적 방안과 법제도적 장치 마련과 같은 좀 더 구조적인 부분에 맞춘다는 것이다. 이미 기존에 한국 언론 시장의 구조 개선과 지역언론 발전을 위한 정책과 법제가 마련되어 추진되고 있는 상황이다. 그럼에도 불구하고 각종 법과 제도가 가지고 있는 맹점으로 인해 지역언론, 나아가 한국 언론의 근본적인 변화나 발전이 이루어지지 못하고 있는 실정이다. 따라서 이 책은 기존의 정책과 법제들의 현황을 면밀히 분석하고 문제점을 체계적으로 진단하여 새로운 제도적 지원방안을 제시하고자 한다.

## II. 언론개혁과 지역신문 구조개혁: 이론적 논의

### 1. 지역신문의 개념과 위상

신문을 분류하는 방식은 자본의 기능적 속성이나 소유 양식, 경영 지배구조 등 다양한 기준이 적용될 수 있다(김승수, 2004: 107-118). 지역신문은 이러한 분류 방식과 달리, 지리적 시장(geographic market)을 기준으로 전국지 또는 중앙지에 대비되는 신문의 유형을 일컫는다. 이에 따라 일반적으로 한국에서 신문은 크게 전국지와 지방지로 구분한다. 전국지는 서울에서 발간되면서 전국의 독자를 상대로 제작해서 배포하는 신문인 반면, 지방지는 지방에서 발간되면서 지방의 한 지역의 독자를 상대로 제작, 배포되는 신문이다. 그러나 보다 엄밀하게 구분한다면, 지방지는 중앙지에 대한, 지역지는 전국지에 대한 상대적 개념으로 이해할 수 있다. 또 지역을 기준으로 할 경우에는 광역자치단체를 주 구독대상으로 하는 종합 일간신문과 기초자치단체를 주 대상으로 하는 주간신문으로 구분할 수도 있다. 그러나 한국의 경우 중앙지가 실질적으로 전국지의 성격을 띠고 있다는 점에서, 지방지와 지역지의 차이는 그렇게 크지 않다고 볼 수 있다(김영욱, 2001: 11). 다만, '지방'이라는 표현이 중앙을 전제로 한 변방의 개념으로서 하위적 의미를 함축하고 있기 때문에(김세철, 1997: 20-31), 지방신문 대신 지역신문이란 표현이 보다 일반적이고 포괄적으로 사용되고 있다. 이런 특징들을 고려할 때, 지역신문은 특정 지역, 특히 광역 행정구역 또는 광역선거 단위인 시·도 지역을 생활거점으로 하는 독자층을 대상으로 신문이다.

이러한 지역신문의 개념은 '지역신문발전지원특별법'에서도 유사하게 규정되고 있다. 동법 제2조에서 지역신문은 "정기간행물의등록등에관한법률(이하 정간물법) 제2조 제2호 내지 제6호에 해당하는 신문으로서 일부 시·도(특별시·광역시 및 도를 말한다) 또는 시·군·구 지역을 주된 보급지역으로 하는 정기간행물"이라고 규정하고 있다. 그러나 '정간물법'은 2005년 1월 27일 '신문등의자유와기능보장에관한법률'(이하 신문법)로 법명 변경과 함께 전문이 개정되었다. 신문법의 경우 해당 조항은 제2조 2호 내지 5호에 해당된다. 따라서 지역신문은 현행 '신문법' 제2조에 근거한 일반일간신문, 특수일간신문, 외국어신문, 일반주간신문, 특수주간신문으로 일부 시·도 또는 시·군·구 지역을 주된 보급지역으로 하는 신문이라고 할 수 있다. 그런데 단서 문구인 일부 시·도 또는 시·군·구 지역을 주된 보급지역으로 하는 신문에 대한 근거는 신문법 제12조 1항에서 찾을 수 있다. 법 12조 1항에서는 문화관광부장관에 신문 발행 등록 시 제출해야 하는 '주된 보급대상 및 보급지역'(6호)에 근거한다. 즉 등록 신청 시 '주된 보급대상 및 보급지역'이 일부 시·도 또는 시·군·구 지역을 주된 보급지역으로 하면 지역신문발전지원특별법에서 의미하는 지역신문의 조건을 만족한다(한국언론재단, 2004b: 20).[1]

그런데 이러한 법 조항이나 앞에서 살펴본 시장에 의한 구분에는 취재와 보도의 주된 대상 또는 지역사회에서 지역신문의 역할이 무엇인가에 대한 내용이 빠져 있다. 지역신문의 구분에서 중요한 기준은 발행지역(신문사의 본사 소재)이 수도(서울)인가 아닌가 하는 것과 함께, 뉴스의 생산과 유통, 즉 신문현상의 커버리지(coverage)가 전국 단위인가 지역단위인가 하는 것 역시 중요한 기준이 되어야 한다(이의정·민형배, 2004: 213). 지역신문은 전국적인 뉴스도 취재·보도하지만, 지역사회와 지역주민의 이해와 관심사를 반영하는 지역적 이슈를 중점적으로 다루는 신문일 때 보급 대상 및 지역에서만이 아니라 내용 면에서도 진정한 지역신문이라고 할 수 있을 것이다. 또한 지역공동체의 형성과 활동이 원활히 이루어지기 위해서는 지역신문이 지역주민들에게 지역사회에서 발생하는 주요 사항에 대한 정보와 의견을 공유하게 하고 환경감시를 위한 비판

---

1) 그러나 정간물법의 조항은 등록 사항에 대한 변경이 가능하고, 주된 보급 지역에 대한 기준도 명확하지 않아 논란이 있을 수 있다

기능을 수행하며 정치적·경제적 합의를 이끌어내는 등 의사소통적 합리성이 구체화된 공론장의 역할을 담당해야 한다(이진로, 2002: 525). 따라서 지역신문은 특정 지역에 근거지를 두면서 지역사회와 지역주민들의 이해와 관심사를 반영하는 취재와 보도를 할 때 지역사회의 진정한 일원으로 기능하게 된다.

이런 측면에서 지역신문은 보편적이거나 일반적인 저널리즘의 목표에 부가하여 '지역성'이라는 또 다른 목표를 추구한다(유선영 외, 2004: 83-84). 여기서의 지역성이란 지역사회의 특수성과 지역주민의 이해와 관심사의 반영이라는 측면으로 이해할 수 있다. 지역신문 종사자들을 대상으로 한 설문조사에서 한국 지역신문은 '지역사회의 다양한 의견을 반영'하고 '지역 정치의 이슈를 설정'하며 '지역문제의 공론장 제공' 등을 중요한 기능이라고 잡고 있다(유선영 외, 2004: 84). 이는 한국의 지역신문이 지역주민의 의견을 반영하거나 표출하는 장을 제공하는 데 중요한 의미를 두고 있음을 의미하며, 지역사회의 일원으로서 분명한 정체성을 요구하고 있는 것이다. 따라서 지역신문이란 보급 대상 및 지역이라는 단순한 지리적 개념뿐만 아니라 지역사회를 대표하고 지역주민의 이익을 표출하는 정치사회적 개념이 포함되어야 한다.

이 책에서 지역신문이란 신문보급 대상이나 지역이 전국을 단위로 하는 전국신문과 달리, 일부 특별시·광역시 및 도와 시·군·구 지역을 단위로 하는 신문이며, 지역주민의 의견을 반영하거나 이익을 표출하는 공론장 역할을 하는 신문이라고 할 수 있다.

지역신문은 전국지나 지방지와는 다른 특성을 가지고 있어야 한다. 단지 발행지역이나 보급 대상이 지역이기 때문에 지역신문이라고 한다면 전국지나 중앙지와의 독특한 차별성을 갖기 어렵고, 따라서 지역신문은 점점 더 생존을 위협 당할 가능성이 높아질 것이다. 지역사회와 지역주민의 이해와 관심사를 반영하는 지역적 이슈를 중점적으로 다룰 때 지역신문은 나름의 차별성을 가질 수 있으며 존재 의의도 있는 것이다. 따라서 지역신문은 지역 저널리즘(local journalism)의 구현을 중요한 목표로 삼아야 한다.

일반적인 저널리즘, 즉 '보편 저널리즘(universal journalism)'은 주요 독자
층에게 지역이나 사회 영역 등과 상관없이 지면이 허용하는 한 그 독자에게
중요한 일을 모두 선택해서 보도한다는 명시적 혹은 묵시적 주장을 하는 신문
이 실행하는 저널리즘이다. 이에 대비되는 지역 저널리즘은 지역사회와 지역주
민의 이해와 관심사를 반영하는 지역적 이슈를 취재와 보도의 주된 대상으로
하는 저널리즘이다. 예컨대, 지역 저널리즘을 독자층의 거주 지역을 기준으로
특정 지역의 주민들을 주요 독자층으로 하는 신문에서 채택하는 저널리즘이라
고 한다면, 전국지 역시 일정한 지역 즉, 한 국가의 영토에 국한된 신문이라는
점에서 지역 저널리즘을 채택한 신문이라고 봐야 할 것이다. 따라서 지역 저널
리즘과 보편 저널리즘의 차이는 신문이 감시하고 알리는 환경의 범위에 따라
구분해야 한다(김영욱·이번영, 2000: 30-31).

이와 같이 지역신문을 지역 저널리즘을 구현하는 매체로 본다면, 지역신문의
역할도 보다 분명해지게 된다. 즉 지역신문은 보급대상과 보급지역에서의 지역
성과 함께 취재와 보도 이슈의 지역성이라는 두 가지 측면이 견지될 때, 그
정체성은 물론 존재 의의, 발전 가능성 등도 보다 분명해질 수 있게 된다. 따
라서 지역신문은 보편 저널리즘을 채택하여 전국적인 이슈를 다루는 전국지와
달리, 틈새매체(niche media)로서 보완적 기능을 추구하는 신문이라고 할 수
있다(김영욱·이번영, 2000: 31). 이 틈새매체는 특정 지역을 대상으로 보급한
다는 점에서 '틈새시장'을 대상으로 하며, 지역사회와 지역주민의 이해와 관심
사를 반영하는 지역적 이슈, 즉 '틈새이슈'를 다루는 매체인 것이다. 지역 저
널리즘을 구현하는 매체로서 지역신문이 발전하기 위해서는 얼마나 '틈새이슈'
를 적절하게 다룸으로써 지역공동체의 공기(公器)로서의 역할을 수행하는가에
달려 있다고 할 것이다.

## 2. 민주주의와 언론의 자유: 자본으로부터의 자유

언론의 자유는 개인의 표현의 자유라는 기본권의 차원에서 국가의 간섭을 배제한다는 것을 의미한다. 언론의 자유는 또한 언론으로 하여금 공공에 관련된 정보를 자유롭게 수집·전달하고 다양한 의견을 표시·반영함으로써 여론형성의 기능을 수행할 수 있도록 해주기 때문에 민주주의 사회의 성립·유지를 위한 전제조건임을 의미한다. 언론의 자유를 기반으로 개인과 사회는 자유로운 위한 공론의 장을 형성할 수 있으며, 이는 민주주의의 실현을 위한 필수적 전제조건이 된다.

민주정치를 위한 제도적 차원에서 언론의 자유는 선거와 함께 민주주의의 필수적인 요소로 간주된다. 민주주의의 원리는 국민에 의한 지배이며, 현대 민주주의는 국민의 정치적 의견을 표출하는 투표라는 방식을 통해 성립된다. 그리고 국민의 정치적 의견을 형성하는 데 언론만큼 큰 역할을 하는 것은 없다 (Lane and Sears, 1964: 3). 일찍이 19세기 중엽 토크빌(Alexis de Tocqueville)은 언론의 역할이야말로 미국 민주주의의 요체라고 관찰한 바 있었다. 각 도시나 지방마다 무수하게 출간되는 신문들은 개인과 집단들의 공통의 이익과 요구들을 한데 묶음으로써 그렇지 않았다면 파편화되었을 사회를 다양한 이익들의 그물망으로 연결하는 중추적인 의사소통의 매체라고 보았기 때문이다(de Tocqueville, 1961: 518-519).

언론의 자유는 본래 언론에 대한 국가권력의 억압으로부터의 자유, 국가권력의 탄압에 대한 저항의 의미를 내포한다. 이런 점에서도 언론의 자유가 민주주의에 필수적이라는 주장은 논쟁의 여지가 없다. 그러나 언론의 자유는 민주주의뿐만 아니라 개인과 사회의 발전을 위해서도 보호받아야 할 필요가 있다. 언론의 자유는 개인들의 사상과 감정을 언론을 통해서 자유롭게 표현하고 언론은 이를 정치권력의 통제 없이 자유롭게 전달하는 자유이다. 언론의 자유는 정치권력에 대한 비판의 자유라는 측면에서 중요성이 더욱 크다. 언론 자유는 국민의 알권리를 보호할 뿐만 아니라 정치권력에 대한 비판과 견제, 그리고 사회의 비리에 대한 감시의 기능을 수행한다는 점에서 국민의 기본적 자유에 해당한다.

요컨대, 언론의 자유가 보호받고 적극적으로 추구되어야 할 이유는 첫째, 자연법사상에 바탕을 둔 것으로, 언론의 자유는 인간이 자신의 존엄과 가치를 지키고 자아성취를 위해서 필수적이기 때문이다. 둘째, 언론의 자유가 진리 추구에 필수적이기 때문이다. 이에 바탕이 되는 것이 밀턴의 '사상의 자유시장'(marketplace of ideas) 개념이다. 셋째, 언론의 자유가 민주주의 체제를 유지하는 데 필수불가결하기 때문이다. 다수에 의해 선택된 합법적인 권력이라 하더라도 전횡과 권력 남용의 우려가 있기 때문에 그들을 감시하고 비판할 언론이 필요하다는 것이다(장호순, 2004b: 24-25).

선진 민주주의 국가에서 언론의 자유는 오래 전에 정착되었다. 한국의 경우 언론의 자유는 숱한 우여곡절을 겪어 왔고 아직도 많은 과제를 안고 있다. 그 동안 가장 큰 과제는 정치권력으로부터의 자유였다. 권력기관은 정부에 대해 비판적인 기사나 정치권력에 대한 부정적인 내용의 보도를 통제했다. 심지어는 경쟁자에 대한 탄압의 수단으로 특정 정치인에 대해 부정적인 내용은 확대 보도하고 긍정적인 내용은 축소하든가 아니면 아예 보도 자체를 통제한 예도 적지 않았다. 한국의 권위주의 시대에 언론의 통제와 조작은 통치의 가장 유용한 무기로 동원되었다.

정치적 민주화로 언론이 권력으로부터 자유로워진다고 해서 언론 자유에 대한 제약이 종식되는 것은 아니다. 언론의 운영에는 막대한 자금이 소요되고, 이 자금의 대부분의 광고에 의해 의존하게 된다면, 그리고 소수 대자본에 의한 언론의 독점과 지배가 나타난다면, 언론의 자유는 자본으로부터의 또 다른 형태의 영향권에 놓이게 된다. 이른바 '자본으로부터의 통제'가 언론의 자유를 위협할 가능성이 높아지게 되는 것이다.

오늘날 정보혁명의 영향으로 각종 뉴미디어(new media)의 출현과 급속한 발전 속에서 언론은 외견상 그 어느 때보다도 양적인 풍요를 누리고 있다. 그러나 새로운 미디어 기술의 발전과 미디어의 양적 성장이 자동적으로 미디어의 질적 발전을 담보하는 것은 아니다. 맥체스니(R. McChesney)의 저서 『풍부한 매체, 빈곤한 민주주의』(Rich Media Poor Democracy)가 상징하는 바처럼, 그는 정보화시대가 되면서 각종 매체에서 쏟아내는 다양한 메시지가 폭발적으로 증가하고 있지만, 시민의 삶은 점점 내파가 진행되고 있는 모순에 빠지게 되었다고 한다. '소비자'로서의 미국인들은 미디어 생산품이나 메시지를 엄청나게 소비하고 있지만, '시민'으로서의 미국인들은 공적인 또는 정치적인 현안에 대해서 갈수록 무관심해짐으로써 미국의 민주주의는 엔트만(R. Entamn)이 말하는 '시민 없는 민주주의'(democracy without citizen) 상태에 이르게 되었다는 것이다.[2] 오늘날 미국 언론은 점점 공적인 책임을 포기하고 사적인 이윤추구에만 몰두함으로써 '반민주적 세력'(antidemocratic forces)으로서 '민주주의의 독약'(poison pill for democracy)으로 전락하게 되었다는 것이다(McChesney, 1999: 1-2).

이 점에 대해 이미 쉴러(H. Shiller)는 공공의사 표현의 사유화라는 비판을 통해 지적한 바 있다. 그는 문화산업이 발전함에 따라 기업이 언론을 포함한 문화, 예술이나 공공 정보자원을 사유화하고 상업화하여 이윤 창출과 지배의 수단으로 이용하고 있다고 주장한다(Shiller, 1989). 그로 인해 언론의 자유는 언론 기업들의 '이윤추구의 자유'와 정치권력의 '여론조작의 자유'로, 일반 시민의 '언론권'은 언론 기업들의 '재산권'과 정치권력의 '정권홍보권'으로 전화되고 있다고 비판한다. 이와 같은 오늘날의 언론 상황은 결국 소수 대자본에 의한 언론의 독점적 지배의 강화와 언론 민주화의 관건이라고 할 수 있는 공

---

2) 미국의 정치학자 엔트만은 오늘날 자유주의 언론의 대표격인 미국 언론과 언론 환경이 안고 있는 모순을 ① 성숙 없는 풍요, ② 책임성 없는 공격성, ③ 개혁 없는 압력, ④ 통제 없는 권력의 네 가지로 지적하고 있다(Entamn, 1989: 8-9).

중의 접근과 참여 폭의 축소라는 상반되는 현상으로 귀결되고 있는 것이다.

자유주의 언론이론에 의하면, 언론은 정부의 권력남용을 막고 공중의 다양한 의견과 가치를 대변하고 공적 중요성이 있는 사안에 관해 공중에게 필요한 정보를 제공함으로써 민주주의를 유지하고 발전시킬 수 있다. 그러나 이상과 현실은 극명한 대조를 보이고 있다. 언론의 이상은 민주주의의 보호자인 동시에 촉진자이지만, 현실 언론은 이윤 추구의 논리에 매몰되어 민주적 여론의 형성과 성장에 대해 무관심하거나 심지어 이를 방해하고 있다. 자유주의에서 말하는 언론의 자유는 정치권력으로부터 언론이 독립된 상태, 즉 정치권력에 대한 정부의 개입이나 통제로부터 자유로운 상태를 의미했다. 이러한 소극적 의미의 언론자유는 흔히 더 협소하게 언론 기업의 자유를 의미하는 것으로 재해석, 왜곡되고 있다. 이러한 자유주의적 시각에서는 언론에 대한 국가의 규제란 어떤 형태의 것이든 부정적으로 보면서 언론을 시장에 맡기는 것만이 언론자유를 보장하는 가장 확실한 실이라고 주장한다(이효성, 1993: 17-18).

그러나 자유주의적 시장경쟁 논리는 상업주의의 압력과 정부의 통제력으로 인해 언론의 자유를 보장하는 언론의 자율성과 다양성을 단지 규범적 수준에서만 강조할 뿐이다.3) 시장 이외의 다른 제도들의 역할을 최소화하고 시장과 이윤 창출의 역할을 최대화하는 것은 막대한 자본력을 가진 언론 기업의 성장과 번영을 강화하는 반면, 그렇지 않은 언론에게는 성장과 발전의 족쇄로 작용하게 된다. 이로 인해 언론산업은 빈익빈 부익부의 기형적 구조로 발전하게 됨으로써 시장구조의 왜곡과 불균형으로 나타나게 된다. 그리고 이는 공중의 정당한 관심사와 공익을 반영하기보다는 언론 기업의 이윤 극대화에 몰두하게 만든다. 결과적으로, 언론의 소유가 자본가 세력과 소수 집단의 수중에 집중되고 독점될 경우 언론이 생산하는 메시지의 다양성은 크게 침식되고 현실에 대한 획일적 정보제공과 해석이 지배적인 상황으로 전개됨으로서 민주주의 발전

---

3) 언론의 자유시장 경쟁이 의견과 가치의 다양성을 가져온다는 소비자주권론에 대한 비판은 커랜(Curran, 1991: 91-97) 참조.

에 역행하는 결과를 가져오게 된다.

요컨대, 언론이 이러한 핵심적인 민주적 임무를 수행할 수 있으려면 정부의 영향으로부터 벗어나야 할 뿐만 아니라 사적 이해관계에 의해서도 지배당하지 않는 독립적인 존재여야 한다(Beetham and Boyle, 1995: 11-13). 정치권력으로부터의 자유는 언론 자유의 필요조건일 뿐이며, 여기에 덧붙여 자본으로부터의 자유가 달성될 때 비로소 언론 자유를 실현할 수 있는 최소한의 조건이 충족되었다고 할 수 있을 것이다.

언론 자유는 과거 권위주의 시대에 언론 통제의 철폐를 의미하는 소극적 언론자유로부터, 보다 적극적인 의미로 재해석되고 적용되어야 한다.4) 개인들이 자신의 능력을 최대한 발휘할 수 있도록 국민의 알권리를 강조하고 그들의 사상과 의견을 적극적으로 형성할 수 있도록 하는 적극적 의미의 언론 자유가 필요하다.5) 소극적인 측면에서의 언론자유는 국가로부터의 정치적 통제에 대해서는 나름의 의미를 가질 수 있지만, 자본의 경제적 통제로부터는 그 의미가 제한될 수밖에 없다. 특히 지역신문 시장에 대한 중앙 언론의 잠식으로 인해 지역 여론이 과소대표되는 것은 외부의 제재나 타율에 의한 강제가 없다는 점에서 소극적 언론자유를 제약하는 것은 아니다. 그러나 지역 여론의 형성을 위한 지역주민 개개인의 사상과 의견 형성에는 중대한 제약을 가한다. 따라서 지역신문 시장의 건전한 발전은 지역여론의 형성과 나아가 지역주민 개개인의 자유로운 의견 형성을 위한 필수조건이 된다고 할 수 있으며, 이를 위한 정부의 정책적 개입은 적극적 언론자유의 구현을 위한 불가피한 조치로 해석될 수 있다.

---

4) 소극적 언론자유와 적극적 언론자유의 의미를 분명히 하는 데는 이사야 벌린 (Isaiah Berlin)이 말하는 자유의 두 개념, 즉 '소극적 자유'(negative freedom) 와 '적극적 자유'(positive freedom)이 참고할 만하다(Berlin, 1969).

5) 전통적인 언론의 자유는 국가로부터 부당한 간섭을 받지 아니하고 누구든지 자유롭게 말하고 쓰고 발표할 수 있는 자유였다면, 이제는 언론의 자유가 공정성과 다원성(다양성)의 확보, 국민의 알권리 보장, 정보의 권리 요구 등을 포함하는 개념으로 확대된 것이다(박선영, 2002: 32).

## 3. 신문산업, 신문개혁, 그리고 언론산업정책

자본주의 사회에서 사적 기업의 시장 활동은 가장 근본적인 생산 활동의 하나이다. 언론기업 역시 사적 기업으로서 뉴스(기사)와 광고라는 두 가지 상품을 판매하기 위해 시장 활동을 한다. 신문의 경우, 기업은 물리적인 상품인 신문을 독자에게 판매하는 동시에 광고주들에게는 독자에의 접근이라는 서비스를 판매한다. 따라서 신문시장은 '독자시장'과 '광고시장'이라는 이중적 시장으로 구성되어 있다.

이 두 가지 시장은 상호의존적이며 서로 영향을 미친다. 독자를 많이 확보하는 신문은 광고주에게 더 유용한 매체가 되고 또 더 많은 광고를 실은 신문이 때로는 독자들을 더 확보할 수 있다(Picard and Brody, 1997). 즉 구독자의 수가 곧 광고시장에서 상품으로 전화한다는 이중상품(joint product)의 특성을 지닌다. 구독시장에서 공급되는 구독부수는 광고시장에서 구독자 상품으로 전화되는데, 신문사는 구독자의 지불가격에 의존하기보다는 신문을 구독하는 독자를 광고주에게 다시 판매함으로써 주된 수입을 확보한다. 즉 신문기업은 하나의 산출물로 두 가지 거래를 하는 것이다(박소라·신동표, 1999: 21-22).

이러한 기본적인 신문시장의 경쟁 원리에 따르면, 먼저 독자들은 신문시장에서의 다양한 신문정보 상품들을 요구하게 되고 신문은 이에 부응하기 위해 다양한 스펙트럼의 신문 발행과 다양한 주체들을 다루는 종합 정보지로서의 역할을 하게 된다. 따라서 이러한 사상의 공개시장에 따라 다양한 목소리가 신문에서 반영되는 다양한 신문정보 상품들이 제공되고 소비될 수 있다. 즉 고급지와 대중지, 보수지와 진보지의 다양한 공존이다(한국언론연구원, 1994: 271).

그러나 자본주의적 생산 활동에 허용된 무제한적인 자유는 많은 사회문제들을 낳고, 특히 시장의 질서 및 원리를 파괴하게 되었다. 역사적인 관점이나 산업구조적 측면에서 볼 때도 시장에서 공정한 경쟁이 이루어지지 않을 경우 신문산업은 독점화되고 공론장의 역할을 상실하게 된다. 여기서 국가가 시장질서를 바로잡기 위해 개입해야 할 필요성이 생긴다.6) 사적 기업의 시장 활동에 대한 국가개입은 이러한 경제적 병폐들을 치유하고 해결함으로써 경제활동의 성과가 전체 사회 구성원들에게 균형 있게 분배되고, 나아가 건전한 경제구조를 확립하는 데 주요한 목적이 있다. 자본주의 제도를 채택하고 있는 거의 모든 국가들이 어떠한 형태이든 시장에 대한 국가개입을 하는 것이 바로 이러한 이유에서이다(한국언론재단, 1999: 21).

특정산업이 한 국가의 경제구조 내에서 차지하는 위치에 따라 시장개입의 정도와 양상이 다르게 나타날 수 있다. 신문산업의 경우 신문이라는 상품이 가지는 경제외적인 특성은 정부의 시장개입에 많은 변수를 불러일으킨다. 그럼에도 불구하고 신문산업 역시 이윤추구를 생산활동의 가장 중요한 목적으로 하는 자본주의 기업이기 때문에, 경제 활동의 부정적인 외부효과를 통제함으로써 건전한 시장구조를 확립하기 위한 정부의 시장개입은 필연적일 수밖에 없다(한국언론재단, 1999: 22). 즉 신문산업에서도 시장의 법칙이 효율적으로 작동되도록 국가가 개입하여 법적 · 제도적인 장치를 마련해야 하는 것이다.

신문시장에 대한 국가의 개입은 대개 시장진입 및 행위규제, 특혜 대우 및 보조, 과제 등의 형태로 이루어진다고 볼 수 있다. 신문산업에서 각국은 자국의 정치경제적 필요와 조건들을 고려하여 이러한 방법들을 적절하게 혼합하여

---

6) 공공재 국가이론 또는 시장실패 국가이론은 신고전주의자들의 근본적인 가정의 부정이 아니라 신고전주의자들의 가정이 완성되기 위한 필수적 조건으로 국가를 등장시킨다. 즉 애로우(K. Arrow)가 이야기한 바와 같이 "시장이 '적정 상태'에 도달하는 데 실패할 때 사회는, 적어도 어느 수준까지는, 그 갭을 인지하게 되고 비시장적 사회기구가 그것을 매우기 위해 등장하게 된다." 국가는 바로 대표적인 비시장적 사회기구이다. 즉 공공재 국가이론은 시장이 사적 재화의 공급을 담당하는 것을 부정하지 않으나, 공공재의 공급 그리고 사적 재화와 사회적 수익률의 불균형의 시정은 국가에 맡겨야 한다는 것이다(임혁백, 1994: 63).

시장에 개입하고 있다. 물론 이러한 시장개입이 시장이 사적 재화의 공급을 담당하는 것을 근본적으로 부정하는 것은 아니다. 단지 공공재의 공급 그리고 사적 재화와 사회적 수익률 불균형의 시정은 국가에 맡겨야 한다는 것이다(임혁백, 1994: 63).

신문시장에 대한 국가의 개입은 여타의 산업과 달리 동전의 양면처럼 서로 밀접하게 연관되어 있는 신문의 성격에 대한 이해를 바탕으로 이루어져야 한다. 근대 시민사회 및 민주주의의 발전과 밀접한 관계를 맺고 있는 신문은 '공공성'과 '상업성'이라는 양면적인 성격을 띠고 있다. 신문은 한편으로는 자유민주주의의 근간인 시장의 원리에 따라 사적 자본에 의해 운영되어 이윤을 추구하는 기업이지만, 다른 한편으로는 시민사회의 민주주의 발전을 위해 객관적이고 균형 있는 정보 전달뿐만 아니라 시민들이 다양한 목소리를 반영하고 토론을 통해 공론을 형성시키는 공론장으로서의 역할을 하며, 나아가 사회·정치적 권력과 환경에 비판·감시의 역할을 담당한다.

신문의 '공공성'과 '상업성'은 시대 변화 속에서 상대적 비중이 다르게 나타나는 것으로 보인다. 한국 신문기업들의 경우, 역사적 조건과 사회적 상황의 변화과정 속에서 양적인 면에서나 질적인 면에서 '공공성'과 '상업성'에 대한 상대적 비중을 달리해 왔다.[7] 1987년 이후 급격히 늘어난 신문사 수로 인해 무한경쟁 구조가 심화되고 이에 따라 신문의 공적인 책임과 의무, 즉 공공성보다는 기업으로서의 경쟁논리, 즉 상업성이 더 중요한 가치로 인식되었다. 그 결과 양적으로는 신문기업이 더욱 소수화 되는 가운데 거대해졌으며, 질적으로는 신문기업의 비판적 기능이 약화되고 영리 추구적 경향이 더욱 두드러지는

---

[7] 19세기 말 처음으로 근대적 언론매체가 등장할 때, 유럽이나 미국의 초기 신문이 사업가들의 상업적 동기에서 간행된 것과는 달리 한국에서는 관과 민의 '유지'(有志)들이 계몽주의적 동기에서 신문을 창간했다. 구한말 신문의 이러한 비상업주의적, 계몽주의적 발행 동기는 일제 식민통치하에서도 전통이 민족지에 계승되어 왔다(한국언론 2000년 위원회, 2004).

특징을 보이고 있다(한국언론연구원, 1994: 80). 이제는 국가의 개입과 통제에 의해서가 아니라 시장에 의해서 공공성의 종속 또는 왜곡이 일어날 수 있는 상황을 맞이하게 된 것이다(김남석, 1999: 49).

이와 같은 신문의 양면적 성격에서 볼 때, 신문정책의 기조는 크게 두 가지가 될 수 있다. 하나는 신문이 시민사회에서 공론장으로서의 역할을 할 수 있도록 하는 것이고, 다른 하나는 산업적인 의미를 띠고 있는 신문이 국내외의 다른 매체들의 경쟁 속에서 경쟁력을 확보할 수 있도록 하는 것이다. 그러나 신문의 성격 변화를 감안한다면, 경쟁지상주의와 시장의 과도한 영리추구적 경향 속에서 신문의 공공성을 상징하는 공론장으로서의 기능 약화 가능성에 대한 정책적 관심을 높여야 할 필요가 있다.

'공공성'과 '상업성'이라는 신문의 이중적 특성에 대한 이해 없이는 현실적으로 설득력 있는 신문개혁 방안을 제시하기 힘들다. 신문의 경영이나 지면구성 등 신문에 관련된 모든 것은 바로 신문이 사회에 가지는 '공공성'이라는 잣대와 기업활동으로서 신문이 가지는 '상업성'이라는 척도에 의해서 그 기능이 평가되고 조정되어야 한다. 신문의 상업성을 무시하고 정치사회적 기능만을 강요할 수는 없을 것이다. 신문은 엄연히 기업에 의해서 이윤창출을 위해 만들어지는 상품으로서의 면모도 가지고 있기 때문이다. 신문에게 독자가 없다면 그것은 이미 신문으로서의 기능을 잃은 것이다. 신문은 문화매체로서 기사보도에 있어서의 사회적 책무를 의식해야 하는 동시에 나름대로 독자 확보를 위해 다른 신문사와 경쟁을 벌이게 된다(한국언론연구원, 1994: 79).

이제 오늘날 언론정책8)의 목표는 단순히 공익적 차원에서 신문의 공론장으로서의 역할을 강화하는 데서 그치는 것이 아니라 신문기업들간의 건전한 경쟁체제와 이를 가능케 하는 시장구조를 형성하는 데까지 확장되게 되었다. 이

---

8) 언론정책이란 "미디어의 조직적 문제, 법적 지위, 기능양식 및 그 인적·물적 장치와 관련된 것으로, 이것을 통해 이상 추구와 특정 체제의 조건적 목표를 달성하려는 체계의 행위"로 정의되고 있다(한국언론연구원, 1994: 276).

는 곧 언론정책이 공공정책적 성격의 언론정책뿐만 아니라 언론산업의 경쟁력
강화를 위한 산업정책적 성격의 언론정책도 필요하게 되었음을 의미한다.9) 신
문에 대한 이러한 이중적 성격의 정책, 즉 공공정책적·산업정책적 성격의 필
요성은 신문의 본질적 성격과도 긴밀하게 연계되어 있다.10)

　신문의 공공성과 상업성의 관계, 그리고 신문정책의 공공정책과 산업정책의
관계는 반드시 모순적이고 적대적인 것만은 아니다(박소라·김은미, 1999; 한
국언론연구원, 1994).11) 신문이 가지고 있는 이 두 가지 성격과 신문정책의
두 가지 성격은 상호 조화를 이루면서 신문의 정체성과 신문기업의 발전을 확
보해 가는 것이다. 따라서 언론(산업)정책은 민주주의의 실현과 시장경제 원리
에 따른 건전한 경쟁을 대원칙으로 하여 공론장으로의 기능과 경쟁력 있는 신
문산업 또는 신문기업의 발전을 기본 목표로 추진해야 할 것이다. 그런데 경쟁
력 있는 신문산업 또는 신문기업의 발전을 위해서는 규제와 촉진이라는 양면
적 정책수단이 필요하다. 즉 한편으로 건전한 경쟁을 위한 시장구조를 확립하
기 위해서는 신문시장 질서를 확립하기 위한 규제정책이 필요하고, 다른 한편
으로 신문산업의 경쟁력을 강화하기 위해서는 신문기업의 발전을 촉진하는 정
책적 지원 등 성격이 상이한 정책수단의 적절한 활용이 필요하다.

---

9) 산업정책(industrial policy)은 변화·발전하는 기술수준에 다라 국제경쟁력을
　가질 수 있도록 끊임없이 산업간 자원배분을 재편성하는 과정을 뜻하는 '산업
　구조정책'(industrial structure policy)과, 특정 산업조직 내에서 경쟁에 대한 확
　실한 규칙을 제시하고 그것을 준수하게 하는 산업 내 자원배분정책, 보다 구
　체적으로는 독과점을 방지하여 경제의 효율성을 제고시키려는 '산업조직정
　책'(industrial organization policy)을 통칭한다(한승수, 1994: 206).
10) 이에 대해 김남석(1999: 51)은 신문산업에 대한 국가의 정책을 언론정책적
　측면과 시장정책적 측면으로 구분한다. 즉 공론영역에 대한 개입을 언론정책
　적 측면으로, 언론시장에 대한 개입을 시장정책적 측면으로 구분한다.
11) 한국의 신문사들은 경영효율이라는 문제에 직면하고 있고, 경영의 투명성과
　효율성은 저널리즘의 질적 향상을 위한 선결과제이기도 하다. 왜냐하면 사회
　적 감시자로서의 역할은 우선 건실한 경영기반을 근거로 해서 나타나는 것이
　기 때문이다(박소라·김은미, 1999: 11-12).

민주주의와 시장경제를 국가 지배이념으로 채택한 나라에서 독점과 불공정 행위는 '공공의 적'이다. 언론산업에서의 독점과 불공정 경쟁은 자본·권력·정보의 집중을 초래하고 사회 전체를 부익부 빈익빈이라는 불평등 구조로 고착시키는 데 기여할 수 있다. 따라서 언론의 독점과 불공정 행위를 시정하기 위한 언론산업정책이 필요한 것이다. 오늘날 한국 신문개혁의 핵심 아젠다는 소유집중과 독점 방지로서 시장구조와 경영구조의 문제로 인식되고 있다. 권력의 통제로부터 상대적으로 자유로워진 오늘날 언론의 독점은 곧 상업성의 독점으로 끝나는 것이 아니라 공공성의 독점과도 연계된다. 그것은 여론과 시장의 독과점의 형태로 나타나고 여론의 다양성과 다원주의, 시장의 건전성과 경쟁력 제고를 위한 국가의 언론정책이 필요해지게 된다. 따라서 오늘날 신문개혁을 위한 언론(산업)정책은 ① 신문의 공론장으로서의 기능을 수행하도록 하고, ② 건전한 경쟁적 시장구조를 확립하며, ③ 신문산업의 발전을 위해 정책적 지원을 하는 등 세분화된 정책 방안이 필요하다고 할 것이다.

## 4. 지역신문 구조개혁 논의의 틀

언론정책은 각국의 헌법, 역사, 정치시스템, 사회의 합의체제, 문화, 이데올로기 등의 차이를 반영하듯 매우 다르다. 그러나 대체로 방송에 대해서는 그것의 경제적·산업적 가치는 물론 국민에 미치는 문화적·도덕적·미학적 영향력을 감안하여 시기별로 규제와 탈규제를 오가는 방송정책을 시행한다. 이에 비해 신문에 대해서는 자유주의, 민주주의의 기본 틀을 고수하기 위한 비규제, 무규제, 탈규제를 지향한다(유선영 외, 2004: 85). 그러나 신문이라 하더라도 시장의 불균형과 왜곡이 심각하고 그로 인해 여론의 다양성이 심각하게 제약된다면 이에 대한 그에 대한 정책적 개입은 불가피하다. 물론 이러한 심각한 상황을 신문기업들 스스로 인식하고 문제해결을 위해 스스로 나선다면 굳이 개입은 필요치 않을 것이고, 신문기업들 스스로의 자율적 규제를 통해 개혁해 나가는 것이 바람직하다.

그러나 문제는 한국의 경우 지금까지의 경험에 비추어 볼 때, 자율규제에 의해 언론의 문제점들이 치유된 경우가 거의 없다. 한국에서 언론개혁은 주로 신문산업에서의 소유집중과 독과점 방지 문제에 초점이 맞추어지고, 그에 따른 개혁 방식도 주로 정부의 규제에 의한 것이었다.12) 그런데 언론개혁의 수준을 지역 수준(local level)으로 낮추면 규제보다는 정부의 지원과 육성에 의한 지역신문 활성화에 초점이 모아진다. 따라서 언론개혁은 언론정책의 문제이며, 정부의 역할이 독립변수가 된다. 이러한 관계 설정을 통해서 볼 때, 지역신문 구조개혁에 관한 이론적 논의의 핵심 대상은 정부와 언론의 관계에 놓여진다. 이와 관련하여 정부의 시장개입을 둘러싼 정당성 문제나 정부의 역할, 그리고 동원 가능한 정책 수단 등을 둘러싸고 다양한 논쟁이 벌어지고 있는 것도 이런 이유 때문이다.

현실적으로 언론과 정부는 밀접한 관계를 맺고 있다. 현대 대중민주정치 자체가 언론의 존재와 활동이 전제되지 않고는 성립할 수 없을 정도로 양자 간에는 불가분의 관계가 성립되고 있다. 양자가 서로 떨어져서 별개로 존재한다는 것은 불가능하기도 하고 사실이 아니기도 하다. 그런데 지역신문에 대한 지원에 대해서 언론계의 약자에 대한 지원을 통해 정보와 의견의 다양성을 실현하자는 데 다수가 동의하고 있지만, 일부에서는 정부가 언론사를 지원할 경우 지원에 기반한 통제가 필연적이라면서 어떠한 지원도 있어서는 안 된다고 주장하기도 한다. 그렇다면 언론에 대한 정부의 지원이나 개입은 정당한가? 아니면 언론에 대한 정부의 지원이나 개입은 있어서는 안 되는 것인가? 개입이나 지원이 불가피하다면 어느 정도까지 어떤 방법으로 개입하는 것이 바람직한가?

언론에 대한 국가의 개입이 원칙적으로 금지된 것은 아니다. 국가는 일반국

---

12) 언론개혁에 대한 접근방법으로는 시장접근, 국가개입, 자율규제 등 세 가지로 분류된다(한국언론2000년위원회, 2000).

민의 언론자유가 현실적으로 실현될 수 있는 구조를 마련해줄 의무가 있다. 의회가 언론의 자유를 억압하는 어떠한 법률도 제정할 수 없다는 수정헌법 1조를 자랑하는 미국에서도 방송을 규제하고 있다. 방송과 관련해서 가장 기본적인 '방송할 수 있는 자유'조차 방송 허가제도를 통해 제한하고 있다. 방송과 달리 신문에 대해서는 대부분의 국가가 이러한 허가제도를 인정하지 않는 것은 물론, 다른 형태의 규제와 간섭을 가능한 한 배제하는 것을 원칙으로 하고 있다. 그 이면에는 다양한 현실 정치적인 고려가 있지만, 표면적인 이유는 무엇보다도 신문산업이 '개인의 표현의 자유'에 기반해 있고 시장진입 비용이 방송보다 저렴하며 사적 개인들의 표현이 사회 전체적으로는 의견의 다양성을 구현하는 공적인 기능을 수행할 수 있으며, 신문은 제작·발행이 상대적으로 쉽기 때문에 많은 수가 존재하며, 그렇기 때문에 국가가 특별히 규제하지 않아도 일반국민들이 신문을 통해 자신의 의견을 자유롭게 반영할 수 있다는 것이다(한국언론2000년위원회, 2000; 김영욱, 2004).

그런데 언론이 시민사회와 국가를 유기적으로 중재하는 공론영역으로서 역할을 하는 것이 발전적인 유형이라고 한다면 현재 한국의 언론 시장구조로는 이러한 발전을 기대하기 어렵다. 두 가지 점에서 현재의 시장구조가 우려되는데, 그것은 왜곡된 시장구조와 시장실패와 관련된 것이다. 시장에만 맡겨서는 효율적이고도 최적의 언론활동을 기대하기 어렵다. 왜곡된 시장구조를 개선하고 자유롭고 안정된 시장을 보장하는 것이 국가의 기본 기능 중의 하나이다. 이런 관점에서 국가는 시장질서를 조정하는 정책을 펴 나가야 한다. 그리고 효율적이면서 최적의 자원배분, 즉 언론활동을 전 시민사회적으로 보장하기 위해 독점 경향과 편향적인 언론활동을 완화할 수 있는 정책적 개입이 필요하다(김남석, 1999: 72).

논의의 수준을 낮춰 지역신문에 초점을 맞출 경우 언론에 대한 정부의 개입의 필요성은 더욱 커진다. 한국의 지역언론은 다른 나라와는 비교하기 힘들 정도로 독특한 모습을 보이고 있는데, 그것은 바로 지역언론의 부재이다. 그 원인은 다양하다. 한국 사회의 중앙집중적 구조, 전국지의 공격적인 과점정책, 전국지와 일부 지역지에 대한 역대 정권의 비정상적 지원을 들 수 있다. 무엇보다 중대한 것은 지역신문이 주민들의 외면을 받고 있다는 사실이다. 지역신문이 주민들에게 필요한 정보를 제공한다는 신뢰를 잃었기 때문이다. 소유주들이 신문 외적인 동기로 신문을 운영하는 것도 자주 지적된 원인이다. 다른 사업을 위한 방패막이나 수주를 위한 수단으로 신문사를 운영하는 경우가 적지 않다는 것이다(김영욱, 2004).

지역주민의 의견을 반영할 수 있는 언론이 부재한 상황은 헌법 제21조가 규정한 언론자유에 대한 심각한 침해이다. 그리고 지금의 상황은 시장의 메커니즘으로 치유되거나 개선될 수 있을 것으로 보이지 않는다. 오히려 그 반대로, 방송채널이 늘어나고, 인터넷이 다른 어느 나라에서보다 중요한 언론 미디어 역할을 하고 있지만, 이를 통해 지역주민의 다양한 의견이 유효한 정도로 반영되는 방향으로 발전될 조짐은 보이지 않고 있다. 전국지의 기세는 더욱 높아지고 있고, 중앙 방송 3사의 영역은 점차 확대되고 있다(김영욱, 2004). 따라서 '고사' 직전의 지역신문 활성화를 위해서는 정책적 개입 이외의 다른 수단은 없어 보인다. 언론이 정상적으로 기능하도록 하기 위해서 정부는 오늘날 공익의 담지자로서 무질서를 해소하고 언론 영역에 폭넓게 공정한 질서가 자리 잡을 수 있도록 자신에게 부여된 책임을 다할 것을 요구받고 있다(류한호, 2003a).

그러면, 지역신문을 활성화시키기 위해서 정부는 어떤 역할을 해야 되는가? 이 문제는 앞에서 살펴본 바 있는 언론정책의 목표와 연관되어 있다. 오늘날의 언론정책은 신문의 공론장으로서의 역할을 강화함과 동시에 신문기업들간의 건전한 경쟁체제에 기반한 시장구조 형성을 목표로 하고 있다. 따라서 언론정책은 단순한 공론영역의 건전성을 담보하기 위한 차원에 국한되는 것이 아니라 건전한 언론시장의 질서를 형성하기 위한 산업정책적 측면도 중요해지게 된다. 즉 언론정책은 민주주의의 실현과 시장경제 원리에 따른 공정한 경쟁을 대원칙으로 하여 공론장으로의 기능과 경쟁력 있는 신문산업 또는 신문기업의 발전을 기본 목표로 추진해야 할 것이다.

신문개혁에 대한 산업정책적 시각과 접근의 필요성은 피폐한 지역신문 시장의 경우 더욱 절실하다. 지역신문은 협소한 독자시장과 광고시장으로 인해 '규모의 경제'를 실현하기 어렵다. 중앙집권적인 정치경제적 구조 하에서 독자시장과 광고시장의 수도권 집중으로 전국지와의 경쟁관계 속에서 불리한 위치에 있다. 또한 새롭게 등장한 뉴미디어의 지역신문 시장 잠식 효과에 대한 도전에도 직면해 있다. 이런 측면에서 지역신문에 대한 국가의 개입은 단순히 건전한 경쟁적 시장구조를 위한 독점과 불공정 행위에 대한 정책적 '규제'뿐만 아니라 지역신문시장의 경쟁력 확보를 위한 정책적 '지원'의 필요성이 크다고 할 수 있다. 이를 보다 구체적으로 보면, 공론장의 활성화를 위한 정책, 건전한 경쟁적 시장구조를 확립하기 위한 규제정책, 그리고 신문산업의 발전을 위해 지원정책 등으로 구분할 수 있다. 그러나 이 책은 언론산업정책이라는 시각에서 주로 지역신문의 경영구조와 시장구조 개혁을 통한 지역신문 활성화 방안에 대한 논의이다.

여기서의 언론산업정책이란 언론산업을 대상으로 한 산업조직정책으로서, 시장의 실패가 존재할 경우 정부가 의도적으로 시장에 개입하여 특정 시장의 구조 및 기업의 시장행태에 영향을 미침으로써 특정 산업의 시정성과를 국민경제를 위해 바람직한 방향으로 개선하도록 행하는 각종 노력을 말한다(한승수, 1994: 213). 언론산업정책의 핵심은, 따라서 독점을 금지하거나 규제하고 경쟁을 촉진하는 시장구조의 개혁과 시장지배력의 남용, 비가격경쟁(non-price competition), 불공정거래 행위 등과 같은 시장에서 기업의 불공정 행위에 대한 규제이다. 이러한 연구 범위의 설정에 따라 지역 공론장 활성화를 위한 정책은 구체적인 논의의 대상에서는 제외한다.

이 책은 한국의 언론개혁이라는 거시적 측면을 도외시하지 않으면서 지역신문의 활성화를 위한 구조개혁 방안을 도출하는 연구이다. 특히 지역신문사의 경영구조와 지역신문 시장구조의 개혁을 위한 정책방안을 도출함으로써 지역신문 활성화의 방향을 제시하는 것이다. 따라서 이 책에서 정부의 역할은 지역신문사의 건전한 경영구조와 지역신문 시장구조의 정상화를 위한 정부의 지원정책뿐만 아니라 언론 본연의 기능으로부터 일탈된 행태를 보이는 지역신문에 대한 규제정책도 함께 필요하다는 관점을 견지한다.

이 책의 주된 논의의 대상은 지역신문 활성화를 목표로 건전한 경쟁적 지역신문 시장구조를 확립하기 위한 규제정책과 지역신문의 경영위기를 개선하기 위한 지원정책을 중심으로 이루어진다. 그러나 지역신문의 활성화와 장기적 발전이라는 시각에서 보면, 지역신문들 스스로의 자율적 개혁 의지와 노력이 없이는 불가능한 문제이다. 그리고 지역신문의 활성화는 곧 지역주민들로부터의 신뢰 회복과 직접적으로 연관된 문제이기 때문에, 이를 위한 지역 시민사회와의 상호 연대 역시 필요하다. 따라서 이 책은 지역신문의 경영구조와 시장구조의 정상화를 위한 규제 및 지원정책, 지역신문 내부의 자율적 개혁과 이에 대한 정부의 지원 및 시민사회와의 연대 등의 측면을 중심으로 정책 방안을 제안할 것이다.

# Ⅲ. 한국 지역신문의 구조적 위기

## 1. 지역신문의 시장구조와 경영실태

### 1) 지역신문의 시장구조

2004년 3월 현재 정부(문화관광부)에 등록된 일간신문은 총 138종으로, 그 가운데 전국지가 58종, 지역지가 80종이다. 이들 중 경제지, 스포츠지, 소년지, 외국어지 등 특수 일간지를 제외하면 중앙이 28종, 지방이 78종으로 총 106 종에 이른다. 시·도별 현황을 전반적으로 보면, 충남을 제외한 모든 지역에 복수의 지역신문이 경쟁하고 있다.[1] 경쟁이냐 독점이냐 라는 시장구조의 형태 만을 놓고 보면 한국의 지역신문 시장구조는 지역별로 경쟁적 구조를 보이고 있으며, 이는 크게 보면 바람직한 경쟁적 시장구조라고 할 수 있다(유선영 외, 2004: 51).

그러나 언론기업을 운영할 수 있는 시장 규모가 작은 데도 불구하고 다수의 지역신문들이 존재한다는 것은 단순히 시장구조의 형태적 측면에서만 파악할 수 있는 문제는 아니다. 그것은 지역신문의 난립을 의미하고, 지역신문의 문제 도 바로 여기서부터 비롯되는 것이라고 볼 수 있다. 따라서 지역 신문산업의 위기를 초래한 중요한 요인은 특정 지역의 제한된 시장 규모에 비해 지나치게 많은 수의 신문사들이 난립해 이들 사이에 경쟁이 가열됨으로써 모두가 경영 상 어려움을 겪고 있다는 점이다.

지역신문의 수요는 인구요인에 의해서만 결정되는 것은 아니다. 일반적으로 신문의 시장조건은 신문의 발행 및 배포 지역의 인구규모와 밀도, 지역경제 규

---

[1] 문화관광부 홈페이지(http://www.mct.go.kr), 시도별 일간신문·통신등록 현황

모와 다른 지역과의 산업, 지리적 관계 등을 고려한다(임영호, 1995). 그러나 지역인구는 잠재적인 지역신문 시장의 크기를 결정하는 기본 요소이다. <표 1>의 지역별 인구 대비 신문사 비율에서 나타나는 것처럼, 지역별 편차가 크게 나타나는 가운데 인구규모와 경제규모 면에서 영남 지역보다 불리한 호남 지역에 이처럼 많은 지역신문들이 난립해 있다는 것은 해당 지역에서 발행되는 지역신문의 시장조건을 악화시키는 주요 요인이라 할 수 있다.

〈표 1〉 지역별 인구 및 신문사 수(단위: 천 명)

| 구분 | 인구 수* | 신문사 수** | 인구/신문사 |
|------|--------|-----------|-----------|
| 인천 · 경기 | 11,459 | 18 | 637 |
| 강원 | 1,487 | 2 | 744 |
| 충북 | 1,467 | 5 | 293 |
| 대전 · 충남 | 3,214 | 5 | 643 |
| 전북 | 1,891 | 9 | 210 |
| 광주 · 전남 | 3,349 | 14 | 239 |
| 대구 · 경북 | 5,206 | 8 | 651 |
| 부산 · 울산 · 경남 | 7,656 | 13 | 589 |
| 제주 | 513 | 4 | 128 |

　* 통계청(2001), 2000 인구 주택 총 조사 보고서.
** 문화관광부(2004. 3. 17), 시도별 일간 신문·통신 현황.

미국의 경우 한 지역에서 복수의 신문사가 존재하는 도시의 수가 지난 수십 년 간 계속해서 감소하는 추세를 보이는 것과 비교하면,[2] 1987년 언론기본법

---

2) 미국의 경우 1954년에는 88%의 지역에서 복수의 신문사가 존재했지만, 2000년 현재 30% 미만의 도시에서만 복수의 신문사가 존재하고 있다. 최근에는 신문사 체인(chain newspaper)이 규모의 경제로 지역 신문시장을 장악하고 있다. 이 같이 지역신문 시장이 독점화되는 경향은 언론기업을 운영할 수 있는 시장의 규모가 작은 데 기인하는 것으로 이는 비단 미국만의 문제는 아니다(김민남, 2003: 14-15).

폐지 이후 매우 높은 시장경쟁 수준을 꾸준히 유지하고 있는 것으로 나타나고 있다. 그러나 한국의 지역신문은 열악한 지역경제 환경에 비해 그 수가 상대적으로 지나치다고 할 만큼 많다고 할 수 있다. 따라서 한국 지역신문의 위기를 야기하는 가장 큰 문제 중의 하나는 한정된 시장 속에서의 신문사의 난립으로 인한 과당경쟁이다.

한국 지역신문의 일차적인 문제는 이처럼 지역 내의 독점의 문제보다는 과당 경쟁의 문제이고, 종합 일간지의 숫자는 전국지(28종)보다 지역지(78종)가 2.7배 많다. 그러나 구독자 수에서는 지역지의 수적 우세에도 불구하고 반대의 상황으로 나타난다. 신문사들이 발행부수를 공개하지 않아 정확한 통계는 없지만, 각종 조사 자료를 종합해 보면 지역신문의 구독자 수는 전국지의 10% 수준에 그치고 있다.

<그림 1> 신문 구독률의 변화

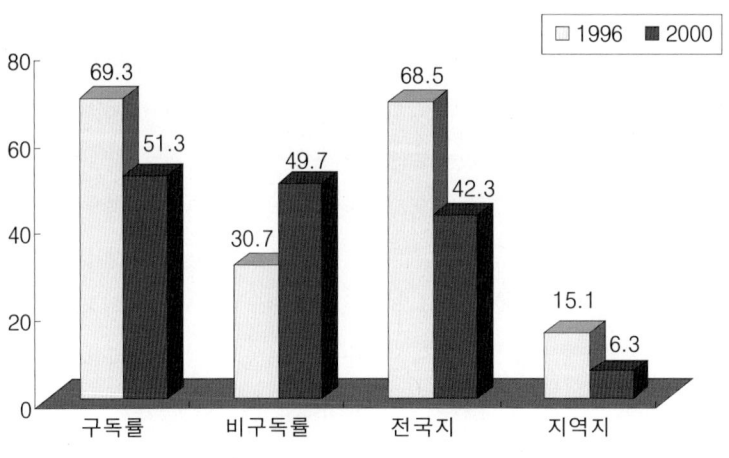

자료: 한국언론재단(1996); 한국광고주협회(2001)

한국의 신문구독자 수가 급속하게 줄어들고 있는데, 이러한 현상은 지역지뿐만 아니라 전국지의 경우도 마찬가지이다. <그림 1>을 보면, 지난 1996년 비구독률은 30.7%였으나 5년 후인 2000년에는 49.7%로 약 19% 포인트가 늘어났다. 1996년과 2001년의 가구 구독률을 비교해 보면, 5년 사이에 전국지 구독률은 68.5%에서 42.3%로 26.2%가 감소했고, 지역지 구독률은 15.1%에서 6.2%로 8.8% 감소했다. 전체 신문 구독률은 1996년 69.3%에서 18.0%가 감소하여 51.3%로 떨어졌다. 특히 지역지의 경우 지난 5년간 15.1%이던 가구 구독률은 6.7%로 떨어져, 지역지 구독률만 높고 보았을 때 1996년 대비 55.6%가 감소한 것이다.

지역지 시장의 위축은 전국지의 시장 확대 때문에 기인한 부분도 있지만, 신문구독 시장이 전반적으로 감소되면서 지역지 시장의 감소폭이 전국지보다 컸기 때문에 발생한 측면도 강하다. 따라서 지역지 시장 위축의 원인은 지역시장 내외의 다양한 측면을 고려하여 살펴볼 필요가 있다(차재영·강미은, 2004: 40-41). 그 중에서도 수용자들이 지역신문에 대한 낮은 수준의 만족도나 신뢰도 수준은 지역지 시장 위축의 중요한 원인으로 작용할 수 있다. 지역신문에 대한 만족도와 신뢰도는 대체로 평균 이하이며, 전국지에 비해서도 상대적으로 낮게 나타난다(한국언론재단 2002a). 지역별로는 지역지의 시장점유율이 다른 지역에 비해 상대적으로 높은 강원, 대구·경북, 부산·경남 지역에서 지역지에 대한 만족도와 신뢰도 역시 높게 나타나고 있지만, 이들 지역에서 지역지에 대한 신뢰와 만족의 정도는 타 지역에 비해 상대적으로 높은 것이지 전반적으로 '보통 이하'라는 평가가 지배적이고, 전국지에 비해서는 많이 떨어지고 있다. 또한 신뢰도에 비해 만족도가 더 떨어짐으로서, 지역지의 질(quality)에 대한 구독자들의 불만족을 유추할 수 있다(유선영 외, 2004: 42).[3]

---

3) 이처럼 전국지에 비해 지역신문의 구독률이나 만족도가 크게 낮은 것은 세계적으로도 보기 드문 현상이다. 대부분의 국가에서 전국지보다 지역지의 구독자수가 많기 때문이다. 2003년 세계신문협회가 발표한 자료에서, OECD 회원국들만 추출해 비교한 결과, 전국지의 발행부수가 지역지보다 많은 국가는 발행부수를 공개한 22개 회원국 중 11개 국가였다. 한국처럼 지역신문의 비율

〈표 2〉 전국가구 신문구독률 현황(2001년)

| 지역 | 신문 구독률 | 비구독 자비율 | 전체가구 중 3개 전국지 구독률* | 전체가구 중 10개 전국지 구독률 | 전체 가구 중 지역지 구독률 | 구독가구 중 3대 전국지 점유율** |
|------|------|------|------|------|------|------|
| 서울 | 58.9 | 41.1 | 47.3 | 55.1 | 0.0 | 80.3 |
| 경기 | 57.0 | 43.0 | 49.0 | 52.8 | 0.2 | 86.0 |
| 부산 | 49.5 | 50.5 | 19.0 | 21.9 | 27.3 | 38.4 |
| 대구 | 53.3 | 46.7 | 22.2 | 27.8 | 29.2 | 41.7 |
| 인천 | 50.8 | 49.2 | 40.6 | 44.7 | 0.2 | 79.9 |
| 광주 | 52.9 | 47.1 | 39.3 | 45.6 | 5.9 | 74.3 |
| 대전 | 49.8 | 50.2 | 41.7 | 45.8 | 2.9 | 86.9 |
| 울산 | 56.1 | 43.9 | 40.1 | 48.8 | 2.0 | 71.5 |
| 강원 | 36.4 | 63.6 | 23.7 | 29.4 | 9.4 | 65.1 |
| 충북 | 37.6 | 62.4 | 26.1 | 31.8 | 2.3 | 69.4 |
| 충남 | 41.7 | 58.3 | 29.4 | 34.1 | 1.0 | 70.5 |
| 전북 | 42.8 | 57.2 | 27.8 | 35.8 | 2.7 | 65.0 |
| 전남 | 35.4 | 64.6 | 18.6 | 25.8 | 7.2 | 52.5 |
| 경북 | 48.3 | 51.7 | 30.9 | 32.3 | 14.3 | 64.0 |
| 경남 | 48.4 | 51.6 | 35.9 | 40.1 | 6.7 | 74.2 |
| 제주 | 44.5 | 55.4 | 24.1 | 27.7 | 16.1 | 54.2 |
| 평균 | 51.3 | 48.7 | 37.0 | 42.3 | 6.3 | 72.1 |

* 3개 전국지 구독률은 조선·중앙·동아일보의 가구 구독률을 합한 수치임.
** 구독가구 중 3개 전국지 시장점유율은 신문구독 가구를 100으로 볼 때, 이들 가구 중에서 조선·중앙·동아일보를 구독하는(병독도 포함) 가구의 비율을 환산한 값임.
자료: 한국광고주협회(2001); 유선영 외(2004: 45-47) 재구성.

신문의 만족도와 신뢰도에 대한 수용자의 평가는 곧 신문의 질에 대한 평가로서, 한국의 신문 수용자들은 질적인 면에서 전국지보다 지역지의 수준이 떨

이 전체 신문의 10% 이하인 나라는 슬로바키아와 터키뿐이었다(장호순, 2004b: 257).

어진다고 평가한다. 지역신문의 질에서 가장 중요하게 평가되어야 할 부분 중의 하나가 지역 소식을 얼마나 충실하게 다루는가의 여부라고 할 수 있다. 이에 대한 수용자 의식조사 결과를 보면, 지역별로 큰 편차를 보이고 있다(한국광고주협회, 2001). 지역지가 상대적으로 우세한 부산·대구를 제외하고 나머지 대도시 지역이 일반 도 단위 지역보다 지역소식에 대한 중요성에 대해 더 낮게 평가하고 있다. 만족도에서는 지역지의 구독시장 점유율과 비례하여 제주, 부산, 대구, 강원 지역이 여타 지역보다 월등히 높게 나타나고 있다(유선영 외, 2004: 42-43).

<표 2>에서 보듯이, 2001년 조사에 의하면 전국지는 전체 신문 구독시장의 82.5%를, 조선·중앙·동아일보 등 3대 전국지가 전체 구독시장의 71.2% 이상을 차지하는 것으로 나타나고 있다. 3대 전국지 비율이 높은 지역은 대전·경기·서울 지역이고 부산·대구 등 지역신문이 활성화된 지역에서 전국지 점유율은 40% 내외로 상대적으로 낮은 편이다.

이상에서 살펴 본 바처럼, 지역 신문시장 내에서의 경합 구도는 경쟁적인 형태를 보이고 있지만, 제한된 시장규모에서 다수 또는 적어도 복수의 신문들이 경쟁하면서 오히려 과당경쟁의 양상을 보이고 있다. 이외에도 지역신문 구독자 수의 감소, 전국지에 비해 상대적으로 낮은 지역신문의 질, 그로 인한 지역신문에 대한 낮은 수준의 만족도와 신뢰도 등이 지역신문의 위기를 부채질하고 있다. 이러한 위기는 전국지가 지역 신문시장을 잠식함으로써 더욱 심각한 상황을 연출하고 있으며, 이런 측면에서 지역신문의 위기는 지역 전체 또는 개별 지역 신문시장 자체의 문제에 그치지 않고 한국 신문산업 전체의 문제와 연관되어 나타나는 구조적인 문제로 이해할 수 있다.

〈표 3〉 가구구독 점유율에 따른 지역신문시장 분류

| 분류 | 특성 | 지역 | 전국지 구독점유율 | 지역일간지 구독점유율 | 지역일간지 발행수 |
|---|---|---|---|---|---|
| 전국지 절대강세 시장 | 전국지 구독률 90% 이상 | 인천 | 99.6 | 0.4 | 3 |
| | | 경기 | 99.6 | 0.4 | 14 |
| | | 충남 | 97.2 | 2.8 | 0 |
| | | 울산 | 96.1 | 3.9 | 4 |
| | | 대전 | 94.0 | 6.0 | 4 |
| | | 충북 | 93.3 | 6.7 | 5 |
| | | 전북 | 93.0 | 7.0 | 8 |
| 전국지 우세시장 | 전국지 구독률 70% 이상 90% 미만 | 광주 | 88.5 | 11.5 | 10 |
| | | 경남 | 85.7 | 14.3 | 5(4) |
| | | 전남 | 78.2 | 21.8 | 2 |
| | | 강원 | 75.8 | 24.2 | 2 |
| 지역일간지 약진시장 | 전국지 구독률 60~70% 이상 | 제주 | 63.2 | 36.8 | 2 |
| | | 경북 | 69.3 | 30.7 | 2 |
| 지역일간지 우세시장 | 지역지 구독률 50% 이상 | 부산 | 44.5 | 55.4 | 2 |
| | | 대구 | 48.8 | 51.2 | 5 |

* 지역주간지 우세 시장은 본 시장유형 분류에서 제외했음.
자료: 유선영 외(2004: 62).

최근 지역신문지원법 제정 이후 신문지원제도의 모색 차원에서 한국형 모델을 탐색하는 한국언론재단의 한 연구는 지역 신문시장 유형을 5가지로 구분하고 있다(유선영 외, 2004).[4] 이 연구에 따르면, 지역 신문시장을 전국지와 지

---

[4] 이 연구는 한국의 지역신문 시장이 전반적으로 전국지 지배구조의 양상을 보이고 있지만 지역에 따라 전국지 지배 양상에 크고 작은 차이를 보이고 있기 때문에 지역에 따라 시장의 경쟁 정도나 차별적 현실을 반영한 새로운 시장 범주화의 필요성을 제기하고 있다(유선영 외, 2004; 61). 이에 따라 한국 지역 신문의 시장유형 구분은 단순히 전국지 대 지역지의 시장점유율 통계에 의한 분석이 아니라 세부적으로 특정 지역 내에서 개별 전국지와 지역지의 시장점유율을 토대로 구분했다는 점에서 유용성이 높다고 할 수 있다.

역지의 경합이라는 구도에서 보면, 시장 유형의 구분은 단순해진다. 한국의 지역 신문시장을 전국지와 지역지의 시장점유율의 크기에 따라 구분하면, 전국지 지배시장, 전국지와 지역지의 경합적 분점시장, 광역지 우세시장 등 3개의 시장군으로 구분할 수 있다.

그러나 한국의 지역 신문시장이 전반적으로 전국지 지배구조라는 점을 감안할 때 전국지가 지배하는 시장은 전국지가 90% 이상을 점유하는 절대강세 시장과 70~90%를 점유하는 우세 시장으로 세분화할 수 있다. 그리고 전국지가 50% 이상을 점유하면 전국지 우세시장에 포함될 수 있지만 전국지가 지배하는 전체 시장의 특성을 반영하여 전국지 구독률이 60~70%이면 전국지의 우세 속에 지역지가 약진하는 시장으로 구분하고 있다. 그리고 마지막으로 지역지 구독률이 50% 이상이면 지역지 우세시장으로 구분할 수 있다. 이러한 분류에 따라 <표 3>과 같이 4개의 시장군으로 한국 지역 일간신문의 시장 유형을 구분할 수 있다.

## 2) 지역신문의 경영실태

2002년을 기준으로 할 때, 지난 4년간 지역신문은 경기변동에 매우 민감하게 상승과 하강을 반복하는 양상을 보였다. 2002년에는 2001년에 비해 매출액이 상승하긴 했지만 아직도 IMF 이전 수준의 매출액을 올리지는 못하고 있다. 매년 적자는 누적되고 있고, 이로 인해 부채가 증가하고 금융비용이 늘어나면서 신문기업의 채산성은 더욱 악화되고 있다. 최근의 경기침체와 신문독자 감소세로 인해 당분간은 신문시장의 환경이 개선될 조짐은 보이지 않고 있다.

<표 4>가 보여주듯이 지역지의 매출 증가율은 1999년과 2000년에는 성장세를 기록했다가 2001년에 하강했고, 다시 2002년에 회복하는 추세를 보였다. 이는 지역 신문산업 자체가 역동성을 잃고 침체국면에 들어있기 때문이다. 지

역지는 영업이익율과 경상이익률 모두 4년 연속 적자를 기록해 수익성이 매우 불량한 상태이다. 부채비율 역시 2001년에는 무려 3453%에 달했다가 2002년에는 그 상당히 줄어들었지만 여전히 785%의 높은 부채비율을 보이고 있다.

지역지의 수익성 또한 매우 불량한 상태이다. 지역지의 영업이익과 경상이익은 4년 연속 적자를 기록하고 있다. 지역지들은 4년 동안 신문을 판매해 영업비용도 감당하지 못할 뿐만 아니라 채무 이자도 갚지 못하는 상황에 처해 있다. 이러한 원인 중으 하나는 막대한 부채로 인한 이자 등 금융비용 지출 때문이다. 최근 4년 동안 지역지의 부채비율이 낮아지긴 했지만, 2001년 무려 3453%, 2002년에는 상당히 줄었지만 여전히 785%로 매우 열악한 재무구조를 갖고 있다.

〈표 4〉 1999~2002년 지역신문 경영실적(단위: %)

| 구 분 | | 1999년 | 2000년 | 2001년 | 2002년 |
|---|---|---|---|---|---|
| 성장성 | 매출증가율 | 16.4 | 6.9 | -2.8 | 7.3 |
| | 자산증가율 | | 0.8 | -6.2 | -2.4 |
| 수익성 | 영업이익률 | -0.8 | -4.9 | -4.1 | -2.8 |
| | 경상이익률 | -6.7 | -10.0 | -9.2 | -6.5 |
| | 유동비율 | 52.2 | 48.8 | 48.9 | 77.2 |
| 안정성 | 이자보상배율 | (0.1) | (0.9) | (0.7) | (0.6) |
| | 금융비용부담률 | 8.6 | 5.5 | 5.9 | 4.5 |
| | 부채비율 | 1252.5 | 1201.7 | 3453.0 | 785.3 |

자료: 주은수(2004); 김성재(2004) 재인용.

지역신문사별로 볼 때, 부산, 대구 등 몇 개의 대도시를 거점으로 하고 있는 소수의 신문사를 제외하고는 대부분 매출액 규모도 적고, 적자가 누적되고 있는 실정이다. 80개의 지역지 가운데 부산일보, 국제신문, 매일신문만이 매출액 규모에서 그나마 군소 전국지와 견줄 수 있는 정도이고, 이 세 신문만 2002년도에 상당한 액수의 순이익을 기록했다. 그리고 2000년부터 3년 간 계속 흑자를 낸 경영 상태가 대체로 안정되어 있다고 볼 수 있는 신문사는 부산일보, 국제신문, 강원도민일보 등 3개에 불과하다. 그러나 강원도민일보의 경우는 사실상 적자를 겨우 면하는 수준이다(김중석, 2004: 106).

〈표 5〉 지역신문 광고비 변화 추이(단위: 억 원)

| 구분 | 1996년 | 1997년 | 1998년 | 1999년 | 2000년 |
|------|--------|--------|--------|--------|--------|
| 전국지(A) | 19,244 | 17,923 | 11,569 | 15,960 | 19,029 |
| 지역지(B) | 3,942 | 3,338 | 1,868 | 2,095 | 2,185 |
| 합계 | 23,186 | 21,261 | 13,437 | 18,055 | 21,214 |
| B/A | 20.4% | 18.6% | 16.1% | 13.1% | 11.5% |

자료: 윤석년·김덕모(2004: 16) 발췌 재정리.

이 같은 매출상태는 취약한 신문판매·광고시장과 무관하지 않다. 지역지의 매출액이 신문 시장 전체에서 차지하는 비중은 해마다 감소하고 있는데, <표 5>을 보면, 금액 상의 감소뿐만 아니라 전국지 대비 지역지의 광고비 비율은 해마다 감소되는 양상을 보이고 있다. 이는 한국의 산업구조가 지닌 중앙 집중적 특성과 무관하지 않다. 실제로 광고주, 광고대행사, 주요 구매층 등이 중앙에 집중되어 있고, 지역 경제의 활성화와 적절한 인구 분산이 이루어지지 않았고, 이로 인해 지역신문이 겪고 있는 광고 배정 불합리 현상은 해소되기 어려울 듯하다. 더욱이 전국지와의 경쟁은 물론 지역신문사의 난립으로 이중적인 경쟁구조 때문에 광고 유치에 더 많은 어려움을 겪고 있다.

지역신문은 이처럼 경영실적 상에서의 문제점도 많지만, 다른 한편으로 경영 그 자체의 문제점도 간과할 수 없다. 급변하는 미디어 환경과 치열한 경영 속에서 지역신문이 생존하고 지역공동체의 구성원으로서 바람직한 역할을 수행하기 위해서는 미디어에 대한 전문지식과 건전하고 효과적인 경영 마인드를 갖춘 전문가가 언론사를 경영해야 한다(Lavine and Wackman, 1989). 그러나 한국 지역신문 경영자들은 언론사업에 대한 소명의식보다는 다른 사업의 운영을 통해 축적한 부를 바탕으로 명예와 권력을 추구한다거나, 기존의 사업을 보호 또는 확장하기 위한 방편으로 신문을 경영하는 경우가 적지 않다. 특히 적자를 감수하면서 막대한 자본을 투자하여 지역 신문사업에 참여하는 재력가들 중에는 건설업 경영자들이 가수 존재하는데, 이들은 신문이 안전한 보수주의적 논조 속에서 공익적 역할보다는 자신의 사업보호 또는 영향력의 확장 등 신문의 본질 외적인 사안에 집중하고, 궁극적으로는 이를 위해서 지역신문을 경영한다(김영호·강준만, 1995: 99).

한편, 취약한 지역신문의 경영 사정은 언론종사자들의 저임금과도 연결되고 있다. 한국언론재단(2001)이 2001년 10월 전국 종합일간지를 대상으로 조사해 밝힌 임금상황을 보면, 평기자 평균월급의 경우 전국지는 225만원인데 비해 지역지는 107만원으로 절반 수준이었다. 지역별로는 경기·강원 130만 원, 충청지역 132만 원, 전라지역 124만 원, 경상지역 150만 원, 제주지역 84만원 등으로 경상지역이 비교적 나은 편이었으나 서울지역과는 75만원의 격차가 있었다.5) 전국지에 비해 상대적으로 취약한 지역신문사의 경영구조는 지역신문의 경쟁력에 직접적인 영향을 미쳐 거의 모든 신문사가 판매 확장·광고수주 증대를 위한 훈련된 인적자원의 확보 및 마케팅 부문의 투자에는 엄두를 내지 못하고 있다.

미디어경영연구소가 분석한 신문산업의 고용현황을 보면, 지역지의 고용 현

---

5) 지역신문사의 열악한 임금구조로 인해 타격을 받고 있는 것은 오랜 기간 양성된 중견기자들의 재경언론사 전출이다. 특히 강원·경기 등 수도권에 위치한 지역신문의 경우 증면경쟁이 불붙을 때마다 스카우트 몸살에 시달리고 있는데 강원도민일보의 경우 2001년 하반기부터 2002년 상반기 사이 편집 기자를 중심으로 무려 10명 이상의 기자가 재경 전국지로 전직해 충원에 큰 곤혹을 치러야했다.

황이 얼마나 열악한지 알 수 있다(주은수, 2004; 김성재, 2004 재인용). <표 6>에서 보듯이, 신문산업의 매출액을 고용인원으로 나누어 계산하면 2002년도 신문산업 고용인원의 1인당 매출액은 전국지가 3억2,700만원, 경제지가 2억 2,000만원, 지역지가 9,800만원으로 나타났다. 신문산업의 1인당 인건비를 보면 전국지는 4,400만원, 경제지는 3,300만원, 지역지는 2,100만원으로 나타났다. 지역지의 1인당 인건비는 중앙 종합지의 절반도 안 된다. 신문산업의 인건비율은 매출액에서 인건비가 차지하는 비율로서 매출액 규모가 높은 전국지가 낮게 나타나고 매출액 규모가 작은 지역지가 높게 나타나고 있다. 즉 전국지 14%, 경제지 17%, 지역지 24%이며, 평균은 15%이다.

〈표 6〉 신문유형별 1인당 매출액·인건비(단위: 백만 원)

| 신문별 | | 1999년 | 2000년 | 2001년 | 2002년 |
|---|---|---|---|---|---|
| 1인당 매출액 | 전국지 | 283 | 317 | 290 | 327 |
| | 경제지 | 175 | 226 | 193 | 220 |
| | 지역지 | 82 | 88 | 89 | 98 |
| | 산업 평균 | 211 | 240 | 219 | 249 |
| 1인당 인건비 | 전국지 | 36 | 40 | 43 | 44 |
| | 경제지 | 29 | 33 | 34 | 37 |
| | 지역지 | 16 | 17 | 19 | 21 |
| | 산업 평균 | 26 | 30 | 32 | 34 |

자료: 주은수(2004); 김성재(2004) 재인용.

## 2. 지역신문의 위기

세계적으로 신문시장의 규모는 일부 개발도상국을 제외한 대부분의 국가에서 점진적인 감소세를 보이고 있다(WAN, 2004; 김세은, 2004: 26-39). TV

와 인터넷, 그리고 새로운 미디어의 출현과 이에 따른 경쟁의 격화가 신문을 주류 미디어의 자리에서 밀어내고 있다. 한국의 신문시장 역시 예외는 아니다. 1997년 외환위기를 맞아 한국의 신문산업은 역사상 유례없는 시장 위축을 경험했다. 특히 1990년대 중반 이후 지역신문의 전반적인 몰락은 신문의 위기를 보여주는 징후 가운데 하나라고 할 수 있다.6)

지역 신문시장에서 지역신문의 점유율은 급격하게 하락했고 신문사별 언론 종사자의 수도 크게 줄었으며 개별 지역신문의 발행부수 역시 큰 폭으로 떨어졌다. 기자를 포함한 지역신문 언론노동자의 임금 수준은 최저 생활비에도 못미칠 만큼 하향 조정되었고, 그나마 정상적으로 지급된다고 평가할 수 있는 경우는 드문 현실이다. 주요 신문사들의 판매 및 광고수입이 크게 줄고 있으며, 계속 기업으로서의 존속 가능성이 의문시된다는 진단이 나올 만큼 지역신문사의 경영 상태는 악화되었다. 요컨대, 지역신문사들은 독자 확보가 용이하지 않고, 따라서 광고효과가 떨어지는 '시장의 실패', 경영난이 가중되면서 언론 노동에 대한 적정 보수를 지급할 수 없게 되는 '경영의 실패', 그리고 지역신문사는 경영 압박으로 인해 인력을 줄이게 되고 이는 다시 저널리즘의 부실로 나타나는 '저널리즘의 실패'라는 악순환이 지속되고 있으며, 이는 하나의 고리를 형성하면서 구조적 악순환 현상으로 나타나고 있다(이의정·민형배, 2004: 217). 이러한 한국 지역신문의 위기는 신문시장의 왜곡과 불균형이라는 장기화된 구조적 요인들이 경기침체 같은 단기적인 요인과 결합되어 나타나는 결과라고 할 수 있다(장호순, 2004b: 67; 이의정·민형배, 2004: 213).

지역신문이 안고 있는 문제들은 다양하다. 지역신문의 문제는 영세한 시장 규모와 열악한 경영환경, 그리고 지역 저널리즘의 왜곡 등 복합적 요인들이 작용하고 있다. 이외에도 지역신문 내외부의 다양한 요인들이 지역신문의 발목을

---

6) 이의정·민형배(2004: 217)는 지역신문들이 처한 현실을 '삼각파도에 휩싸인 위기'라고 표현한다. 즉 콘텐츠에서는 전국지에 밀리고, 광고시장에서는 생활 정보지에 눌리고, 독자와의 친근감에서는 지역주간신문에 쫓기는 상황이라는 것이다.

잡고 있다. 지역신문이 위기에 처해 있다는 이른바 '지역신문 위기론'은 여러 언론학자들에 의해서도 다양한 부문에서 관찰되고 지적되어 왔다. 이 책은 한국 지역신문의 위기를 구조적 위기로 규정한다. 지역신문 시장의 왜곡과 파행적 경영은 그 자체의 위기로서만 끝나지 않는다. 이러한 위기는 언론 본연의 기능을 취약하게 만들어 다수의 지역신문사들로 하여금 저널리즘 기능 또는 언론의 사회적 기능에 충실할 수 없게 한다. 그리고 지역공동체와 지역발전에서 지역언론이 갖는 위상을 감안할 때, 시장의 위기와 경영의 위기, 저널리즘의 위기는 지역사회 전체의 위기로 확대된다. 그리고 이러한 총체적 위기는 현재 국가 차원에서 중점적으로 추진하고 있는 국가균형발전의 걸림돌이 될 것이고, 지방분권화를 위한 다양한 정책의 실효성을 제한하는 역기능을 가져올 것이다.

여기서는 한국 지역신문의 위기를 이러한 구조적 차원의 위기로 보면서 상호 밀접하게 연관된 위기의 수준들을 살펴볼 것이다.

### 1) 시장의 위기

한국 지역신문에서 나타나는 '시장의 위기'는 모든 지역에서 일률적으로 동일한 현상으로 나타나는 것은 아니지만 대체로 과당경쟁이 주된 원인이라고 할 수 있다. 제한된 시장에서 지나치게 많은 수의 지역신문들이 경쟁함으로써 공멸하는 형태가 가장 대표적인 위기 현상이라고 할 수 있다. 이는 전반적인 신문 구독률의 하락 추세와 지역신문에 대한 만족도와 신뢰도의 저하 현상과 맞물리면서 '고사 위기'로 발전하고 있다. 특히 지역신문의 '공적'으로 까지 표현할 수 있는 전국지와의 경쟁은 마치 '다윗과 골리앗의 싸움'처럼 희망 없는 싸움으로 보이기까지 한다.

지역신문 시장규모의 영세성과 산업구조적 문제점이 이러한 지역신문의 위기를 가중시키고 있다. 한 연구에 의하면, 자생적인 시장성을 가질 수 있는 지역은 서울 다음의 대도시인 부산, 대구 정도에 불과하다고 한다(임영호, 2002: 96). 실제로 앞의 <표 3>에서 시장유형을 분류한 데서도 지역신문의 우세 시장은 부산, 대구밖에 없었다. 그 이외의 지역신문 시장에서는 지역신문의 시장 점유율이 10%도 넘지 못하는 절대적 열세 시장이 대다수였다. 이러한 지역신문 시장에서 지역신문의 열세는 역사적이고 정치적인 맥락과 무관하지 않다. 지역 신문산업의 위기는 무엇보다도 과도한 중앙 집중화와 지방 공동화로 인해 지역신문의 자본, 인력, 상품 시장 기반이 취약해졌다는 점을 지적할 수 있다. 중앙에서 발행되는 전국지에 비해 지역지는 대규모 자본 투자를 유치하기도 어렵고, 능력이 뛰어난 경력 기자나 수습 기자를 충원하기도 쉽지 않으며, 다수의 독자나 거대 광고주를 확보하기도 불리하다. 이처럼 기본적으로 불리한 시장 조건 때문에 지역신문이 순조롭게 성장하는 데는 제약이 크다(차재영·강미은, 2004: 28).

지역 신문산업의 위기는 또한 지역경제의 침체를 비롯한 산업적 맥락과 연관되어 있다. 지역의 인구 감소 또는 정체와 아울러 경제력의 낙후로 인해 독자시장과 광고시장 모두 협소할 뿐만 아니라 무질서하다. 여기에다 유·무형 자원이 집중된 수도권의 유리한 시장 조건을 누리는 전국지들이 지역의 독자시장을 잠식해 왔다는 점도 지역 신문산업의 위기를 초래한 중요한 외부적 요인이다. 또한 생활 정보지와 시·군·구 단위의 주간 지역신문이 성장하고, 케이블 TV와 인터넷 등의 새로운 매체가 급속히 확산되면서, 지역일간지의 독자시장과 광고시장을 압박하고 있다(차재영·강미은, 2004: 28).[7]

---

7) 한 조사에 의하면, 지방 일간지 경영진들은 특히 광고 시장 부문에서 여러 매체들을 주요 경쟁 상대로 보고 있다. 생활 정보지를 경쟁상대로 간주하는 경영진은 45.2%에 이르고, 지역 공중파 TV는 32.3%, 지역 신문 29.0%, 일간지 25.8%, 인터넷 12.9%, 케이블 TV 3.2%, 무료지 3.2%로 나타났다(이원섭 외, 2002, 113). 다른 조사에 의하면, 소지역 신문 발행인들은 같은 지역에서 발행되는 다른 소지역 신문을 경쟁 대상으로 꼽는 경우가 가장 많았고(47.0%), 지방 일간지(23.2%), 생활 정보지(14.1%), 전국지(10%), 지역 유선 방송(8.1%)의

　따라서 신문기업의 독자적 생존이 가능한 정도의 시장규모를 만들어내지 못하고 있으며, 그 개선 가능성도 축소되고 있다(류한호, 2005: 202). 여기에다 신문발행이 자유로워짐에 따라 한정된 시장 규모에서 지역신문들의 난립으로 시장경쟁은 더욱 치열해졌고, 재정과 운영 등에서 여러 가지 문제점들을 드러내고 있다(권혁남, 1994; 2003; 김선남, 2001; 김세철, 1990; 김원태, 2000; 문종대, 2004).

　이와 같은 지역신문의 어려운 상황은 규모가 작은 지역신문은 원천적으로 '규모의 경제'(economy of scale)를 누릴 수 없다는 점과 연관되어 있다. 전국지와 달리, 지역신문은 시장이 지역사회로 한정되어 있기 때문에 발행부수가 많아질 수 없다. 그러나 인쇄시설, 컴퓨터 제작시설, 사옥 등 설비는 발행부수의 규모와 관계없이 하나의 신문기업이 존재하기 위해서는 최소한 일정 수준 이상으로 갖추어져야 한다. 따라서 지역신문의 설비투자 비중은 대규모 전국지에 비해서 발행부수나 매출액 규모가 작기 때문에 언제나 과중할 수밖에 없다 (류한호, 2005: 203). 결국 원천적으로 영세한 시장규모 하에서 다수의 지역신문들이 치열한 경쟁을 벌일 경우 '규모의 경제' 효과는 더욱 축소됨으로써 위기로부터 벗어나기는 점점 더 요원해지게 된다.

　한편, 지역신문 시장의 위기는 지역지간의 과당경쟁도 중요한 요인이지만, 전국지와의 경쟁 때문에 더욱 문제이다. 전국지의 지역신문시장 침투는 지역신문의 경영 악화를 가져옴으로써 자생력 확보 의지를 좌절시키고 있다. 전국지들이 보유한 막강한 자본은 지역 침투를 가속화하는 토대로 작용하고 있다. 일부 전국지들로부터 시작된 증면경쟁과 부수 확장을 위한 과당경쟁으로 말미암아 지역에서도 이른바 '신문전쟁'을 방불케 하는 상황에까지 이르고 말았다. 자본력을 바탕으로 일부 전국신문들은 지역에 분공장을 세우기도 하고 경품공세를 이용한 지역 침투는 갈수록 심화되고 있다(장익진, 2001: 152). 전국신문의 지역에서의 부수 확장이 이처럼 비정상적인 수단과 방법을 통해서 이루

───────────────

　순이었다(한국언론재단, 2002b).

어지면서 지역신문의 입지는 더욱 위축되고 있다.[8]

이러한 전국지의 지역 침투는 지역신문의 생존을 위협한다. 전국지가 영세한 지역 광고시장에 침투함으로써 지역신문의 광고수주는 날이 갈수록 어려워지게 된다. 특히 경영구조가 취약한 지역신문들의 경우, 어려워진 경영난으로 인해 일선 기자들의 근무여건도 더욱 열악해지고 심지어 신문사가 도산하는 사태마저 발생하고 있는 실정이다. 뿐만 아니라 지역사회의 문제를 지역사회와 지역주민의 관점에서 바라보기보다는 서울의 시각 또는 전국의 시각에서 자의적으로 재단할 가능성도 배제할 수 없다(최경진, 2004: 164; 류한호, 2004, 205).

## 2) 경영의 위기

신문의 경영은 일반산업의 동향에 의해 큰 영향을 받는다. 국가 차원의 경제 여건이 유리할 때의 기회는 서울과 수도권에 우선적으로 주어지고, 이와 달리 경제 여건이 불리할 때의 부담은 지역에 가중되는 불평등 현상이 존재한다. 이러한 현상은 특히 경제가 어려운 상황에서 지역신문 경영이 전국신문에 비해 더욱 불리하게 전개되도록 한다. 즉 지역의 높은 실업률과 어려운 기업 현실은 신문의 경영에 필수적인 판매부수와 광고수입을 감소시켜 지역신문 경영에 치명적인 타격을 가할 수 있다. 경영은 신문을 발행하는 신문사 조직의 안정적인 운영과 성장에 절대적인 측면이다. 경영이 취약할 경우 신문 조직의 존립이 위협받는 점에서 신문의 공익적 역할 역시 제한될 수밖에 없다(이진로, 2002: 531). 그러므로 지역신문이 내포하고 있는 경영문제의 해결 없이는 지역신문의 발전 또한 요원하다고 할 수 있다.

앞에서 검토한 지역신문의 경영 실태를 통해서 볼 때, 2002년 지역신문의

---

8) 광주 지역의 경우 1990년대 초반까지는 신문시장에서 차지하는 전국지의 비중이 40% 미만이었지만 지금은 80%를 상회하는 것으로 파악되고 있다(류한호·민형배, 1999: 232-233)

평균 자산규모는 전국지의 **8%**에 불과하다. 지역신문의 평균 매출액은 전국지의 10%이며, 지역신문 15개 사의 매출액을 다 합해도 조선·중앙·동아 등 3대 전국지 1개사의 매출에도 못 미친다. 여기에 지역신문 평기자의 임금은 전국지의 절반에도 못 미치는 경우가 허다한 실정이다. 이러한 지역신문의 경영 위기는 시장규모의 영세성과 한정된 시장 내에서의 과당경쟁, 그리고 전국지의 지역침투 등으로 인해 효율적이고 효과적인 경영을 제약 당한 결과라는 측면이 있는 것이 사실이다.

그러나 대구·경북 지역 등의 일부 지역신문을 제외하면, 지역신문의 취약한 경영능력이 경영의 위기를 가져왔다는 점을 부인하기 어려울 것이다. 대부분의 지역신문들은 대동소이하게 광역시나 도청 소재지를 중심으로 1개 혹은 2개의 도를 취재 및 배포 구역으로 삼고, 정치 중심적인 전국지 편집 스타일을 모방하고 있다. 최근 일부 지역신문이 편집 면에서 '지역성'을 강화하는 방향으로 변화를 모색하고 있는 사례들이 있다.9) 그러나 편집 면에서 볼 때, 여전히 대부분의 지역신문들은 각각의 지역성을 반영하기보다는 전국지를 모델로 하여 수렴되는 양상을 보이고 있다. 사실, 지역의 구독자들이 전국지와의 차별성도 없고, 그렇다고 전국지에 비길 만큼 읽을거리가 풍부하거나 레이아웃이 뛰어나지도 않은 지역신문을 구독할 만한 이유가 있을지 의문시된다(차재영·강미은, 2004: 30).

또한 한국의 지역신문들은 구독자들의 성향과 기호를 정확히 파악해 지면에 충실히 반영하기보다는, 과거부터 전승된 보도 편집 관행을 따라 언론인 중심의 시각에서 신문을 제작하고 있다(장호순, 1998). 독자들이 어떤 뉴스와 정보

---

9) 대표적인 사례가 강원도민일보이다. 이 신문은 2001년 4월 전국의 지역신문 가운데 처음으로 전 지면을 로컬 뉴스화 하는 정체성 선언을 하고 국내외 뉴스는 1개면으로 집합시켰다. 그리고 매일 1면 상단에 "본보는 지방뉴스에 최고의 가치를 둡니다"라는 컷을 신고 있다. 지역 뉴스에 최고의 가치를 두는 혁신적인 편집 모델의 도입 이후 구독부수의 증감 효과는 나타나지 않고 있지만, 하나의 실험적 사례로서 주목받고 있다(김중석, 2003).

를 원하고 어떤 기사에 흥미를 느끼는지에 관한 독자 조사 결과는 오늘날 성공적인 신문 상품 마케팅에 필수적인 요소다. 하지만 아직까지도 대부분의 지역신문사들은 과학적인 독자조사에 관심을 기울이지 않고 있다(차재영·강미은, 2004: 30). 결국, 이러한 지역신문들의 획일적인 편집이나 보도 스타일은 지역신문 경영자의 비전문성과 무관하지 않은 것으로 보인다. 물론 지역신문사들이 이처럼 지역성을 토대로 한 지역신문의 차별성이나 구독자 확충을 위한 체계적인 독자 조사에 나서지 못하는 데는 경영능력의 한계 때문이라고 볼 수 있다.

경영능력의 한계는 경영실적을 악화시키고, 더 나아가 지역신문의 효과적이고 효율적인 경영을 위한 인력 확보와 시설 투자에 악영향을 미치는데, 특히 낮은 임금 수준이 심각한 문제를 야기할 수 있다. 즉 낮은 임금 수준으로 인해 종사자들의 사기가 저하되고 이직이 빈번하게 이루어지는 반면, 우수한 지방 인재들을 충원할 수 없어 결국 신문의 질이 떨어지게 되는 것이다. 궁극적으로 지역지는 독자로부터 아예 외면당하게 되는 결과를 초래한다.[10] 김중석(2004)은 이것을 가리켜 지역지들이 '구독자 이탈-경영 악화-저임금-기존 인력 유출 및 신규 인력 수급난-신문의 경쟁력 약화-구독자 이탈'의 악순환에 빠져 있다고 주장한다.

지역신문 경영의 비전문성은 경영 악화에서 끝나는 것이 아니다. 지역신문 시장의 축소와 경영 악화에 따라 지역신문들은 경영 부조리나 비정상적인 형태의 생존유지 전략을 추구함으로써 지역신문의 위기와 함께 지역공동체의 위기를 증폭시키고 있다. 현재 대부분의 지역언론들은 극히 일부를 제외하고 독자적인 힘만으로는 정상적인 기능을 수행하기 불가능할 정도로 이미 그 자생

---

10) 참고로 한 조사(이원섭 외, 2002)에 의해 밝혀진 전국지(7개 사)와 지역지(31개 사)의 직급별 초임 월 평균 임금을 비교하면 다음과 같다. 전국지의 평기자는 172만 원, 차장급은 330만 원, 부장급은 362만 원, 국장급은 443만 원인 데 비해, 지역지의 평기자는 113만원, 차장급은 157만 원, 부장급은 188만 원, 국장급은 238만 원 선이다.

력을 상실하고 말았다(김영호, 2002a). 그런데도 신문사는 줄어들지 않고 주간 지 창간이 잇따르거나 일간신문사도 오히려 늘어나는 '이상현상'을 보이고 있다. 물론 이 중에는 건전한 경영에도 불구하고 주변 환경적 요소들로 인해 구조적으로 자생적 기반에 위기를 맞는 경우도 있지만, 언론 본연의 위상을 벗어난 행태로 인해 비판의 대상이 되는 경우도 있다. 이는 언론자본이 적어도 경제자본으로서 기능을 수행하기 어려울 만큼 문화자본이나 사회자본으로 전화 가능성을 목적으로 하고 있을 가능성이 크다는 사실을 짐작케 한다. 현재 많은 지역의 지역신문들은 이 같은 자본의 전화를 통한 '지대추구자'(rent-seeker)로서 존재하고 있다는 논리적 맥락이 존재한다. 지역신문산업의 구조적 특징 때문에 언론자본이 지대추구자로 존재한다면 이런 자본에 의해 운영되는 대부분의 신문사가 저널리즘 기능을 정상적으로 수행하기 어렵고, 저널리즘의 왜곡은 불가피하게 된다(이의정·민형배, 2004: 236-237).

대부분의 지역신문들은 시장의 위기 및 경영의 위기와 함께 지역 주민들로부터는 이류신문으로 취급받고 있다. 그럼에도 지역신문의 숫자는 줄어들지 않고 있다. 그 이유는 언론 사주들이 지역신문 그 자체를 사업성 차원에서 운영하기보다는 신문경영의 부산물로 얻을 수 있는 신문 외적인 이익이나 영향력 확대를 의도하기 때문이라는 지적이 있다(김영호·강준만, 1995; 이의정·민형배, 2004: 215).

또한 정기적으로 치러지는 지방선거는 지역사회에서 기득권을 향유하고 있는 지역적 지배세력의 사회관계망(social relational network)인 이른바 토호세력들과 지역신문이 유착관계를 형성하는 매개체로 활용되고 있다. 또한 계도지 등을 통한 관언유착 문제도 간과할 만한 수준을 넘어선다는 우려가 있다. 이와 같은 지역의 공적·사적 지배세력들과 지역신문은 후원-수혜관계 (patron-clientle)를 형성하여 공생하는 모순적 구조를 보이고 있으며 지역사회 민주주의의 암적 존재가 되고 있다(강명구, 2001; 박종빈 편, 2000). 지역의 여론을 주도하는 기득권층과 결탁한 지역신문은 이들의 이해관계에 취재와 보

도의 초점을 맞추게 되고 결과적으로는 지역이 안고 있는 풀뿌리 수준의 문제,
즉 민생의 문제 해결에 소극적인 태도를 보이게 됨으로써 지역사회의 공론장
으로서의 기능을 상실하게 되고 지역사회의 발전에도 걸림돌로 작용하는 결과
를 가져오게 된다.

## 3) 저널리즘의 위기와 지역의 위기

지역신문의 시장과 경영에서의 왜곡과 파행은 궁극적으로 왜곡된 공공 저널
리즘과 진정한 공론장 기능의 상실로 이어져 지역신문의 존재 가치를 약화시
킨다. 지역언론의 '고사위기론'은 곧 지역사회의 공론장과 공공 저널리즘이 그
기능을 잃고 있다는 의미이다. 현재 한국 언론의 대부분이 수도권 중앙에 집중
되어 있는 상황에서 지역언론이 정상적으로 발전할 수 없음은 주지의 사실이
다. 이러한 상황에서 지역정서와 지역의 정체성 또한 위축받지 않을 수 없다.
이로 인해 지역신문보다는 전국신문을 더욱 선호하는 현상이 나타나고 지역신
문의 급격한 쇠퇴에 따라 지역사회의 여론과 커뮤니케이션의 흐름도 획일적이
고 일방적으로 발생할 위험성을 드러내고 있다. 이러한 위기로 인해 지역신문
은 지역 공론장으로서의 역할을 정상적으로 수행하지 못하게 될 뿐만 아니라
근본적으로 지역의 풀뿌리 민주주의마저 고사하는 결과를 가져오게 된다.

극도로 열악한 지역신문의 경영 여건은 전국지가 지역 신문시장을 장악하는
원인으로 작용하고 있다. 또한 지역 신문시장에서 전국지의 독과점은 지역 여
론의 독과점을 의미한다. 이른바 '조·중·동'을 포함한 10여 개의 전국지들이
다루는 기사는 서울과 수도권 중심의 정치·경제·사회·문화 뉴스이고, 약 60
면에 이르는 전국지들이 지방의 뉴스에 할애하는 지면은 1~2개면에 불과하기
때문에 지역의 여론은 중앙의 여론에 종속되고 만다. 이러한 상황에서 지역성
을 담보할 수 있는 여론의 다양성은 결코 보장될 수 없다(김성재, 2004: 6).

이런 측면에서 일찍부터 몇몇 연구자들이 지역신문들의 정치·이념적 분화(진보자-중도자-보수지)나 질적 분화(대중자-권위지)는 말할 것도 없고, 지리적 분화(광역-대도시-소도시)조차 극히 미흡하다는 지적을 해왔다(김남석, 1997).

지역신문들이 위기를 겪고 있는 궁극적 요인은 지역신문에 대한 구독률이나 만족도·신뢰도에서도 드러났듯이, 지역신문들이 지역 독자들에게 거의 호응을 받지 못하고 있다는 점이다. 말하자면 시장에서 상품이 소비자들에게 그 가치를 인정받지 못하고 있는 것과 같다. 이렇게 된 데에는 무엇보다 지역지들의 차별화 실패와 독자들의 정보 수요를 무시한 데에 그 원인이 있다(차재영·강미은, 2004: 30). 따라서 지역신문은 보편적 저널리즘과 함께 지역성을 가미한 지역 저널리즘을 추구해야 한다. 이른바 '지역밀착형' 지역신문이 필요하다는 것이다. 이것은 지역 신문시장에서의 지역신문의 경쟁력을 높이는 수단으로서 뿐만 아니라 진정한 지역공동체의 공론장 기능을 할 수 있다는 점에서 현실과 이상 양면을 추구할 수 있는 수단이라고 할 것이다.

지역사회와 지역주민에 대한 지역신문의 역할은 중요하다. 지역이 발전함에 따라 기본적으로 지역사회의 다양한 문화적 인프라 구조가 형성되고, 이는 또한 지역신문의 지역주민들에 대한 문화와 정보제공 차원에서 서비스의 질이 향상된다는 것을 의미한다. 특히 보도의 경우 지역언론은 중앙(또는 전국) 중심적 보도보다 지역의 현안에 더욱 치중하게 되는 지역밀착형 보도가 가능해지는 것이다. 즉 지역분권과 지역 활성화 논의는 지역의 문화 및 정보 인프라 구조 그리고 지역신문의 역할 등 지역사회에 대한 포괄적인 이해와 함께 이루어질 수 있음을 유념해야 한다(김세철, 1997).

사실 그동안의 언론개혁에 대한 논의가 소수 전국지의 독과점 문제나 대규모 언론들의 병폐현상에만 치중한 결과 정작 지역언론들이 직면하고 있는 현실적인 위기 상황은 심도 있게 논의되지 못한 점이 없지 않다. 지역신문의 건전한 육성과 활성화는 자연적으로 중앙의 대규모 언론들의 불공정한 지역 진입 행위에 대한 해결의 상대적 효과로도 나타날 것이다. 이런 의미에서 언론개혁은 곧 진정한 지방자치제와 지역분권을 위한 국가운영의 전략이자 균형적인 국가발전을 위한 대안으로도 이해될 수 있다(김영호, 2002b; 문종대, 2004; 주동황, 1994).

최근 들어 지역언론의 건전한 육성과 활성화에 대해 특별한 관심이 모아지고 있는 것은 균형 있는 언론 발전의 필요성을 인식해 온 지역언론들과 관계자들에게 하나의 긍정적 가능성을 제시한다는 점에서 바람직하다고 하겠다. 이렇듯 지역언론 육성 논의가 지역분권 및 지역화 시대를 위한 논의와 더불어 활발히 진전되고 있음은 국가의 균형발전이라는 차원에서도 바람직한 현상이라고 할 수 있다(김종석, 2004; 성경륭, 2003).

지역신문의 성공 여부는 현재 참여정부가 의욕적으로 추진하고 있는 지역균형발전을 위한 지역분권의 성공적 추진 여부과 불가분의 관계에 있다고 해도 과언이 아닐 것이다. 진정한 국가균형발전의 실현은 지방자치제의 정착과 지역경제의 활성화 등 지역발전의 주체적 구성요소들과 유기적으로 함께 맞물려 이루어져야 하며, 그 통합기능의 중요한 축으로 중요하게 작용하는 것이 바로 지역언론이기 때문이다(류한호, 2003b). 지역발전의 불균형과 지역언론 시스템의 구조적 낙후, 그리고 지역공동체적 공론장 기능의 위축 등과 같은 구조적 문제들은 서로 복합적으로 연동되어 있으며 이러한 문제들의 해결 없이 지역신문의 정상화는 불가능한 문제라고 할 수 있다(최경진, 2004: 167).

## 3. 지역신문 위기의 원인과 성격

### 1) 위기의 원인

정보기술과 통신기술의 융합을 상징하는 디지털과 인터넷의 확산과 함께 다매체·다채널 시대로 접어들면서 다양한 매체들 간의 경쟁이 더욱 치열해 지고 있다. 활자화된 텍스트 중심의 신문매체의 경우, 새롭게 등장하는 뉴미디어 매체와의 경쟁, 이미지와 동영상 중심의 역동적인 문화에 익숙해 가는 독자의 변화, 광고시장의 세분화 등으로 점점 더 새로운 도전에 직면하고 있으며 미래에 대한 전망을 어둡게 만들고 있다. 지역신문의 경우는 매체환경의 변화에 따른 대처에 앞서 기존에 직면해 있는 도전에 대처하여 활로를 모색하는 데도 이미 한계에 직면해 있는 듯하다.

지역신문은 원천적으로 협소한 광고시장과 독자시장의 한계로 인해 규모의 경제를 실현하기가 어려운 데다, 중앙집권적 정치경제 구조 속에서 광고 및 정보, 독자시장의 수도권집중으로 전국지와의 경쟁에서도 불리한 위치에 있다. 지역 내에서도 다매체·다채널에 의한 지역 채널의 증가와 소 지역 신문 및 생활 정보지의 성장으로 광고시장을 잠식당하고 있다. 지역 케이블 TV는 자기 지역의 소 광고주인 음식점, 학원 및 대형 할인마트 등의 광고를 빠르게 흡수하고 있다. 생활정보지 역시 기존 신문의 소액 광고를 거의 흡수하고 있는 실정이다. 또한 군 단위나, 소 지역 단위의 주간 지역신문이 급속하게 성장함으로써 틈새시장을 공략하고 있다. 결국 지역신문은 위로는 중앙지로부터 아래로는 소 지역 신문 및 생활정보지, 케이블 텔레비전으로부터 이중적인 시장잠식을 당하고 있는 실정이다(문종대, 2004: 90-91).

한 조사연구가 지역신문 종사자들을 대상으로 현재 지역언론에서 발생하고 있는 문제점들을 5점 척도로 응답하게 한 결과 <그림 2>와 같은 결과가 나왔다. 즉 대부분의 수익을 광고에 의존하는 한국 신문산업의 성격상, 지역 광고시장의 협소는 당연히 지역신문의 열악한 재정구조로 이어지고, 여기에 전국지의 지역시장 지배 상황은 더욱 지역신문의 경영을 어렵게 만드는 요인으로 작용하고 있다(유선영 외, 2004: 54).

지역신문 시장의 실패 요인 중 대표적으로 꼽을 수 있는 문제가 협소한 지역광고시장 내에서 경쟁이 매우 치열하다는 것인데, 자사의 신문과 해당 지역에서 가장 경쟁관계에 있다고 판단되는 매체를 묻는 질문(복수응답)에 대해서는 그 지역에서 발행되는 지역일간지 77.0%, 조·중·동 등 전국지 74.2%, 지역주간지 16.2%, 한겨레, 경향 등 전국지 11.6%, 타지역 지역일간지 5.6%, 지상파 방송 4.9% 순으로 나타났다. 이러한 결과는 지역지 종사자들은 이종매체간 경쟁보다는 동종매체간 경쟁을 더욱 심각하게 인식하고 있다는 것과 지역지의 경우 동일 지역내에서 지역지간 경쟁뿐 아니라 전국지와도 경쟁해야 하는 어려운 현실을 반영하는 것이다(유선영 외, 2004: 55).

신문사 수입의 절대적인 부분을 차지하는 광고수익과 직결되는 '지역광고 유치'와 관련하여, 지역지들이 가장 경쟁이 되는 매체로 많이 꼽은 매체는 55%가 응답한 '해당지역에서 발행되는 지역일간지'였고, 다음은 13%가 응답한 '생활정보지'인 것으로 나타났다. 또한 실제로 지역광고가 많이 실리는 매체로는 이 지역에서 발간되는 다른 '지역신문'이라는 응답이 25.3%로 가장 많았고, 다음으로 '자사 신문'이라는 응답이 18.6%, '지상파 방송의 지역시간대' 15.1%, '조·중·종 등 전국지' 9.5% 순으로 나타났다. 이러한 조사결과는 지역신문들이 지역광고시장에서 지역지간 경쟁과 생활정보지와의 각축이 심한 가운데, 전국지(지역판)와도 광고시장을 두고 경쟁해야 하는 이중의 어려움을 겪고 있음을 알 수 있다(유선영 외, 2004: 55).

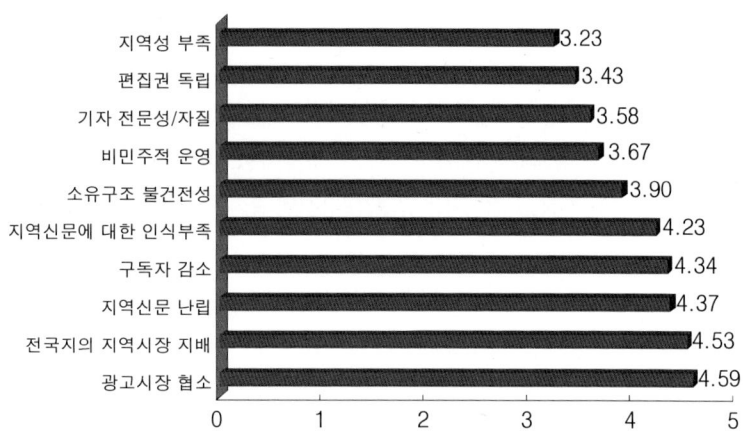

〈그림 2〉지역언론의 문제점(5점 척도)

자료: 유선영 외(2004: 55).

이와 같이 한국의 지역신문들은 독자시장과 광고시장에서 전국지와 지역내 이종 또는 동종 매체들과 2중 또는 3중의 경쟁구도를 형성하고 있다. 전국지 및 타 지역신문들과의 독자시장 경쟁과 지역 주간신문이나 생활정보지와의 광고시장 경쟁을 하고 있다. 독자시장에서는 전국지에 밀리고 광고시장에서는 지역내의 다양한 매체들에 밀리면서 양면 협공을 당하고 있다. 또한 많은 지역신문들은 자본금, 인력, 시설 규모 등에서 큰 격차를 보이고 경영상태도 허약하며 지방의 협소한 판매·광고시장에다 과당경쟁구조는 부실경영을 본질적으로 개선하기 어렵게 하고 있으며, 이러한 구조적이고 복합적인 문제들로 인해 사이비기자 문제와 같은 폐해가 계속 유발되고 있다.

## 2) 위기의 성격

이와 같은 한국 지역신문이 처해 있는 위기의 근원은 현상적인, 그리고 단순한 지역신문 자체 수준에서 형성된 것이 아니라는 데 문제 해결의 어려움이 있다. 즉 지역신문의 위기는 중앙집권화의 역사적 유산으로부터 유래된 것이고, 그러한 유산으로 인해 정치적으로는 분권화가 이루어지고 있지만 여전히 사회적·경제적·문화적인 측면에서는 중앙집중화가 건재한 상황이다. 한국의 권력구조 형태는 중앙집권적인 대통령 중심제이며, 이는 역사를 거슬러 올라가더라도 분권화의 경험이 거의 없다. 이런 권력구조하에서는 중앙정부는 지방정부의 자치권을 별로 인정하려 들지 않고, 그에 따라 중앙-지방의 관계도 수직적으로 고착화시킴으로써 중앙정부가 위치하고 있는 수도권을 중심으로 제한된 자원을 집중적으로 배치했다.

집권화의 역사적 유산은 한국의 언론 상황에도 지대한 영향을 미쳤다. 한국 사회가 지닌 중앙집권 특성으로 중앙과 지방간 경제 및 정보의 불균형은 양적·질적으로 지역언론에게 영향을 미쳐 왔다. 그에 따라 한국사회 언론구조 역시 중앙 중심으로 발전했다. 즉 신문의 경우 중앙지가 발행부수의 거의 70~80%를 차지하고 있고, 광고시장의 경우 80% 이상을 차지하는 비대현상을 보이고 있다. 사실, 중앙에 집중된 권력의 권력행사는 전국적인 영향력을 갖고 있어 뉴스가치가 매우 높을 수밖에 없다. 지역정부나 지역기업체가 지역에 미치는 영향력보다 중앙의 정치·사회·경제적 권력이 지역에 미치는 영향력이 더 큰 한국 현실에서 지역 뉴스는 중앙 뉴스에 비해서 뉴스가치가 낮을 수밖에 없다. 따라서 지역신문은 중앙지와의 뉴스 경쟁관계에서 매우 불리한 위치에 있다. 권력이 지역으로 분산되지 않는 한, 즉 교육·치안·행정 등 사회 전반에서의 지방자치가 확립되지 않는 한 지역주민들에게도 지역뉴스의 가치는 낮을 수밖에 없을 것이다.

물론 이런 문제점은 최근 지방자치의 실시로 개선의 여지가 없는 것은 아니지만 근본적인 변화의 기미는 보이지 않고 있다. 실제로 지방분권화의 수준이 높은 나라들은 대부분 지역신문이 활성화되어 있다는 점에서도 정치적 분권화와 분산화가 지역신문 활성화에 미치는 영향력의 정도를 가늠할 수 있을 것이다.

정치적 측면에서의 중앙집권화의 유산은 경제적 측면에서 1960년대 이후의 경제발전 과정을 거치면서 불균형적 지역발전의 형태로 나타났다. 한국의 산업화 과정에서 '집적의 이점'이 작용하면서 많은 기업들이 서울을 중심으로 하는 수도권에 자리잡게 되었고, 그 결과 수도권의 과잉발전이 조장되었다(성경륭, 1995: 355). 이로 인해 국가의 총량적 경제성장이 높아짐에 따라 지역간 불균형도 가속화되는 역기능을 초래했다. 초판비에 비해서 재판비가 매우 낮아 대량생산하면 할수록 규모의 경제가 발생하는 신문산업 특성상 인구와 경제력은 신문산업이 발전할 수 있는 중요한 요인이 된다. 그런데 지역간 불균형 발전은 수도권으로의 인구 집중과 경제력 집중을 초래함으로써 지역신문의 발전 가능성을 차단하는 중요한 요인이 되고 있다. 인구와 경제력의 수도권 집중으로 인해 지역을 목표시장으로 하는 지역신문은 규모의 경제를 실현하기 어려운 상황이 되고 있기 때문이다.

특히 경제력의 수도권 집중과 상대적으로 취약한 지역경제력은 지역신문들의 주 수입원인 광고시장을 열악하게 함으로써 지역신문의 발전 의지를 꺾고 있다. <표 7>에서 보듯이, 중앙 행정기관, 공기업 본사, 100대 기업 본사, 제조업체, 벤처기업, 금융 대출, 기업부설연구소, 20대 주요 명문대 등과 같은 주요 경제지표들의 수도권 집중도는 상당히 높은 수준에 있다. 이러한 지표들은 단지 경제적 측면에서의 수도권 집중도만을 나타내는 것이 아니라 지역신문의 광고시장의 열세를 상징적으로 보여주고 있다. 이들 지표들은 대부분 신문의 광고주이면서 동시에 광고된 상품이나 이미지를 소비하는 소비자라는 점에서 지역신문의 활로에도 심대한 영향을 미친다고 할 수 있는 것이다.

〈표 7〉 주요 경제지표로 본 수도권 집중도(2003, 단위: %)

| 구 분 | 중앙<br>행정기관 | 공기업<br>본사 | 100대<br>기업본사 | 제조<br>업체 | 벤처<br>기업 | 금융<br>대출 | 기업부설<br>연구소 | 20대주요<br>명문대 |
|---|---|---|---|---|---|---|---|---|
| 수도권 | 83.9 | 84.8 | 92.0 | 56.7 | 77.0 | 66.0 | 72.0 | 65.0 |
| 지 방 | 16.1 | 15.2 | 8.0 | 43.3 | 23.0 | 34.0 | 28.0 | 35.0 |

자료: 국가재정운용계획 균형발전 분야 작업반(2005: 1)

결과적으로 볼 때, 상품 및 매체 구매력이 높은 중상층이 과도하게 중앙에 집중되어 있는 현실에서, 분산되고 구매력이 낮은 지역 독자들의 시장은 광고주에게 그렇게 매력적인 시장이라고 할 수 없다. 그리고 경제권력의 입장에서 중앙권력에 대한 영향력이 적은 지역 신문보다 전국지를 관리하는 것이 더 효율적이다. 따라서 여론 관리와 광고효과 및 기업 PR에 유리한 여론 지도력이 높은 전국지에 광고가 집중될 수밖에 없다. 그 결과 지역신문에 광고를 하는 대 광고주는 거의 찾아보기 힘들다(문종대, 2004: 88).

이런 이유로 인해 중앙 언론은 과대 성장하여 수도권의 독자 및 광고시장뿐만 아니라 지역 신문시장에까지 영향력을 확대하고 있다. 전국의 유력지들은 수도권을 목표시장으로 하면서 지역을 부수 시장으로 간주하고 지역시장으로 세를 확장하고 있다. 전국지의 무차별적인 지역신문 시장의 침탈로 지역신문은 심각한 수준의 위협을 당하고 있다. 협소한 독자 시장 및 광고시장, 상대적으로 낮은 지역뉴스의 뉴스가치 등 전국지와의 경쟁구조 관계에서 지역신문이 우위에 설 수 있는 요소는 거의 없다고 해도 과언이 아니다. 전국지가 언론의 본질적인 언론활동을 통해서가 아니라 경품제공 및 무가지 살포 등을 통해서 자본력이 취약한 지역언론사를 위협하고 있는 것이라는 데 문제의 심각성은 더욱 크다고 할 수 있다. 독자시장이 과포화된 상태에서 기존 언론사들간에 물량 공세에 의한 독자 쟁탈전이 가속화될수록 지역신문은 시장구조상 불리한 위치와 취약한 자본 때문에 독자쟁탈전의 희생자가 될 수밖에 없는 '구조적

약자'인 셈이다. 그리고 이러한 전국지의 비정상적인 방법을 동원한 무차별적인 지역신문 시장 침투는 지역신문의 시장 질서를 왜곡할 뿐만 아니라 궁극적으로는 민주주의 질서 및 언론자유를 위협하는 결과를 가져오고 있다.

지역신문의 위기는 이러한 역사적이고 구조적인 요인들에 의해서만 촉발된 것은 아니다. 지역신문 내부의 문제 또한 간과할 수 없는 요인으로 작용하고 있다. 그 중에서도 대표적으로 지적할 수 있는 것이 지역신문의 비합리적인 시장구조이다. 언론이 갖는 공론장으로서의 공적 기능 때문에 신문사는 생래적으로 권력적 속성을 갖고 있다. 지역에서도 이러한 속성은 예외가 아니다. 물론 지역이라는 점에서 권력의 정도의 차지가 있기는 하겠지만 지역신문의 권력으로서의 기능을 전면 부인하기는 어려울 것이다. 열악한 지역신문의 경영환경에도 불구하고, 신문사를 유지하고 있는 이유는 바로 여기에 있는 것이다. 예컨대, 부동산, 건축업, 유통업 등으로 자본을 축적한 지역 토호세력들이 신문사를 소유하면서 자신의 개인적인 이해를 지면에 반영시키는 등 권력 확장과 행사의 수단으로 활용하고 있다. 언론사를 소유함으로써 지역의 유력자로서 위상을 높이고, 언론권력을 활용하여 자신의 기업 활동을 보호하거나 이권에 개입함으로써 신문사를 언론 외적인 수단으로 활용하고자 하는 의도가 숨어 있는 것이다.

이러한 숨은 의도로 운영되는 지역신문은 경영 부실로 인한 퇴출로만 끝나는 것이 아니다. 오히려 경영 부실로 인한 손실을 메우기 위해 비정상적인 언론활동을 한다. 즉 관공서나 언론에 취약한 사람들에게의 신문강매, 광고강매, 관급 공사 및 지역 이권사업 등에 개입함으로써 사이비 언론으로 변질된다. 그 결과 지역신문 시장에서는 지역신문들이 난립하게 되고 그로 인해 건전한 언론사까지 신뢰 저하와 동반 부실을 초래하게 된다. 따라서 지역신문의 저널리즘은 찾아 볼 수 없고 경쟁력은 더욱 추락하여 지역의 독자들도 외면하는 신문이 되고, 그로 인해 전국지에 시장을 잠식당하게 되는 것이다.

또 한 가지의 지역신문 내부로, 지역신문사의 신문 상품의 경쟁력이 낮아 전국지 상품에 대한 경쟁력에서 뒤떨어진다는 점이다. 지역신문의 부실 경영으로 인해 기자의 노동조건은 매우 열악한 상태에 있다. 취약한 재정능력으로 유능한 인재를 채용하기 어렵고, 그나마 능력 있는 인재들도 전국지로 유출되고 있는 현실에서 지역신문 상품이 전국지에 대해 질적인 경쟁력을 갖기는 쉽지 않다. 뿐만 아니라 지역신문이 전국지보다 비교우위에 있을 수 있는 요소는 지역뉴스인데, 이 역시 지역뉴스의 상대적인 가치 하락으로 인해 여기에서도 경쟁력을 얻기 어려운 실정이다.

이상에서 검토한 바처럼, 한국의 지역신문 시장의 위기는 경영의 위기로 파급되고, 결국에는 지역신문의 저널리즘의 위기로 전이되고 있다. 그 원인도 중앙집권화의 역사적 유산에서 비롯된 정치·경제·사회적인 중앙 집중화와 전국지의 지역 신문시장 침투, 그리고 지역신문 시장 내부의 과열경쟁 구조와 지역신문들의 비효율적 경영 등 다양한 층위의 원인들이 복합적으로 나타나고 있다는 점에서 지역신문 시장은 실패할 수밖에 없는 구조적 조건에 처해 있다고 할 수 있다. 지역신문의 시장 실패는 지역신문사의 경영실패에만 기인하는 것이 아니라 한국사회의 중앙과 지역간 관계 구조의 모순에서 비롯된 결과인 것이다.

〈표 8〉 한국 지역신문 시장의 실패요인

| 유형 | 구성 요인 |
|------|-----------|
| 기본요인 | • 중앙 집중화된 정치·경제·사회·문화시스템<br>• 전반적인 신문 열독률의 감소와 신문산업의 퇴조 |
| 지역<br>요인 | • 지역의 경제적 자립도 및 지역경제 기반 취약(부산·대구 지역은 상대적으로 지역경제 자립도가 높고 지역 일간지들의 경영실적도 양호)<br>• 중앙 정치·행정으로부터 미분화<br>• 지역간 경제발전 정도의 차이 심화<br>• 지역 거점 대도시를 제외한 중소도시 및 군지역의 인구 감소로 인한 시장기반 약화(신문 유료 구독시장 및 광고시장의 취약화)<br>• 지역의 정치·경제·언론계 연합 토착세력의 지대추구로 인해 지역언론에 대한 지역민의 불신 |
| 시장<br>요인 | • 토착 지대추구세력의 신문사 난립으로 인한 과열 경쟁구조 지역주민의 낮은 신문 열독률<br>• 방송, 케이블, 인터넷, 무가지, 생활정보지 등 타 매체에 의한 광고시장 잠식<br>• 지역민의 중앙지향성으로 인한 전국지 선호<br>• 전국지의 지방 분사체제 확립 및 무차별 시장 침투 전략(무가지·경품을 통한 시장 점유율 제고) |
| 지역신문<br>요인 | • 지역신문의 (전국지 대비 현격한) 품질 저하<br>• 지대추구적 신문사주의 이권추구에 동원(지면의 사유화)<br>• 경영의 비합리성(시장의 선택에 의한 퇴출 불가능)<br>• 불법적 판매행위 |

자료: 유선영 외(2004: 52-53)


결국, 한국에서 지역시문 시장의 실패는 다양한 차원에서 복합적인 요인들이 중층적으로 작용한 결과이다. 지역신문의 실패요인을 <표 8>과 같이 기본요인, 지역요인, 시장요인 그리고 지역신문요인의 4개 차원으로 범주화해서 분석한 한 연구는 이러한 4개 요인의 중층적 결정(over-layered determination) 了 도 때문에 지역 신문시장의 재조정이 결코 쉽지 않음을 보여준다고 지적하고 있다(유선영 외, 2004: 52). 다시 말해, 지역신문 시장의 문제는 전국지의 시장침투나 지배, 혹은 지역신문의 이권추구, 사주들의 지면 사유화, 난립과열 구도 등 어느 하나가 더 중요하거나 결정적인 요인이라고 말하기 어려울 만큼 뿌리 깊은, 그만큼 쉽게 해소하기 어려운 복잡한 문제점을 안고 있다는 것이다.

지역신문의 위기는 한국처럼 정치·경제·문화가 중앙 집중화된 사회에서, 식민역사를 거치면서 지역간 불균등 발전이 뿌리내린 사회에서, 30여 년의 군사독재 치하에서 형성된 비민주적이고 비합리적인 가치관리 지배적인 사회에서는 오히려 당연한 귀결이라고까지 말할 수 있다(유선영 외, 2004: 54). 역사적으로 형성된 정치적·경제적 중앙집권화가 지역간 불균형 발전의 된 것처럼, 지역신문의 불균형 발전도 역시 이러한 역사적 유산의 결과이며, 이런 측면에서 왜곡된 지역신문 시장이 자유시장 메커니즘에 의한 자율적 조정을 통해 건전한 경쟁적 시장으로 전화되기를 기대하는 것은 무리일 것이다. 이러한 구조화된 지역신문의 위기구조를 혁파하고 지역모순으로 인한 불평등한 시장구조를 정상화시키기 위한 정부 차원의 '의식적인' 노력이 없을 경우 지역신문의 고사는 당연한 귀결인 것처럼 보인다.

# Ⅳ. 한국의 지역신문 활성화 정책

## 1. 배경과 맥락: 언론개혁 운동과 정책

한국에서 지역신문을 활성화시키기 위한 정책이 시작된 것은 비교적 최근의 일이다. 지역신문이 정부의 정책 대상으로 부각될 수 있었던 데는 1990년대 말부터 언론개혁시민연대와 같은 광범위한 언론개혁 연합체의 등장과 활발한 언론개혁 운동이 비교적 진보적 성향의 김대중·노무현 정부의 언론개혁 의지와 맞물리면서였다. 그리고 이 과정에서 지역신문 위기론이 부각되면서 지역신문의 고사 위기를 해결해야 한다는 언론계·학계·정계의 광범위한 동의가 형성되어 2004년 3월 '지역신문발전지원특별법'의 제정되면서 공식적인 지역신문 활성화 정책이 등장하게 되었다.

1980년대 후반까지 한국의 역대 정권들은 형식상으로는 헌법에서 언론의 자유를 보장했음에도 불구하고 매우 강력하게 언론을 통제해 왔다. 언론의 자유를 제한하는 가장 효과적인 수단은 권위주의적인 법률 제정을 통해서 이다. 그 중에서도 언론매체의 숫자를 제한하여 체제에 순응하는 언론들로만이 생존할 수 있도록 하는 진입규제는 가장 효과적인 언론통제의 한 방식이었다. 제5공화국의 등장과 함께 1980년 '1도 1사'를 규정한 '언론기본법'은 기존의 언론사들을 통폐합하고 시설기준이나 허가제를 통해 엄격한 시장진입 제한 규정을 두어 언론매체의 숫자를 제한했고, 특히 정치권력이 선택하거나 그들과 타협한 소수만이 독점적으로 언론자유를 향유할 수 있도록 만들었다.[1]

---

1) 언론자유에 대한 정부의 통제는 언론매체의 설립제한, 정보접근 통제, 사전검열, 사후처벌 등 단계적으로 구별할 수 있다. 사전검열이나 사후제재는 언론보도뿐만 아니라 개인의 표현의 자유에 적용되는 포괄적 규제 영역이라면, 언론매체의 설립제한과 정보접근 통제는 취재보도를 통한 영리추구를 목적으로 존재하는 언론기관에 국한된 규제 영역이라 할 수 있다. 언론기관에게 적용되는

이러한 권위주의 시대의 언론통제는 적어도 '외형적'으로는 신문산업을 안정화시켰다. 1980년부터 1988년 언론기본법이 폐기되기 전까지 한국의 신문산업은 6개 전국지의 과점과 지역신문시장의 지역지 독점체제로 유지되었다. 이른바 신문시장의 카르텔 체제가 형성되었던 것이다. 따라서 신문들은 성장을 위해 질적 경쟁을 통한 다양한 경영 합리화를 시도하기보다는 카르텔 체제에 안주하여 이윤 확보에만 주력했다. 권위주의적 통제에 기반한 이러한 독과점적 신문시장 하에서 각 신문기업들은 안정적인 수입을 유지하면서 상당한 흑자를 누적시킬 수 있었다. 그러나 법률에 의한 강요된 진입제한의 결과, 한국의 언론매체는 정부감시의 기능을 제대로 수행할 수 없었고 정치적 공론의 장으로서의 기능도 수행하기 어려웠다.

한국의 언론통제는 정치적 민주화에 의해 해체될 수 있는 계기가 마련되었다. 1987년 민주화 이후 신문산업에 대한 진입규제가 풀리면서 급격하게 경쟁체제로 전환되었고, 그동안의 소수 신문기업 중심의 독과점체제는 붕괴되었다. 1990년대 들어서는 사전검열이 대폭 축소되고 국민 개인의 언론의 자유도 크게 확장되었다. 그러나 과거 정권의 비호 아래에 형성되었던 독과점체제는 단순히 진입규제가 풀렸다고 해서 자동적으로 '건전한' 경쟁체제로 전환될 수 있는 성격은 아니었다. 카르텔 체제가 해체된 상황에서도 질적 경쟁보다는 자본투자에 의한 경쟁에 주력했다. 사전검열과 사후제재는 크게 완화되었으나, 사실상 사전검열의 효과를 발휘하는 언론매체의 시장진입규제나 정보접근 통제는 여전히 그 효력을 발휘하고 있었다. 새로운 언론시장 진입자들은 기존 신문기업들과의 경쟁에서 출발조건의 불평등으로 인해 구조적인 열세에 놓일 수밖에 없었다. 그동안의 독과점 체제 하에서 구축해 놓은 기존 신문기업들의 막대한 자산과 보급망 체계의 절대적 우위로 형식상의 경쟁체제일 수밖에 없었다. 기

---

설립제한이나 정부접근 통제기 효력을 발휘하면, 언론보도에 대한 사전검열이나 사후제재의 필요성은 줄어들게 된다(장호순, 2002a). 이런 측면에서 '1도 1사 원칙'을 규정한 '언론기본법'은 강력한 언론통제의 법적 수단이었다.

존 신문기업들은 그동안 쌓아놓은 시장지배력을 활용하여 무한경쟁체제에서도 여전히 독점적 지위를 유지하면서 더욱 자신들의 기득권을 축적해갈 수 있었다.

언론의 독점은 시장의 문제일 뿐만 아니라 정치사회적인 차원에서 더욱 중요한 문제이다. 따라서 신문시장의 문제는 경제적 정의와 시장경쟁의 질서 확립이라는 차원이 언론 독과점의 폐해에 대한 시정과 언론의 다양성·공공성 확보라는 문제와 맞물리면서 언론개혁의 담론을 만들어냈다. 그 중심에는 시민사회의 언론개혁 운동이 자리하고 있었다.

1990년대 이후 시민사회 내부에서 언론개혁에 대한 논의가 꾸준히 지속되어 오는 가운데, 개혁의 목소리가 더욱 높아지게 된 계기는 1996년에 발생한 신문지국 판매원 사건이었다. 경기도 고양시의 조선일보와 중앙일보 지국 판매원들이 신문판촉 경쟁을 벌이던 과정에서 한 지국원이 피살당한 사건으로, 과도한 신문판매 경쟁의 대표적 사건이었다. 그 이후 언론개혁의 제도적 장치 마련을 위한 정기간행물법의 개정과 언론발전위원회의 구성을 요구하며 1998년 8월 41개 단체가 모여 결성한 '언론개혁시민연대'(언개연)가 출범하면서 언론개혁의 목소리는 더욱 커지게 되었다.2)

---

2) 언개연이 신문개혁의 과제로 제기한 쟁점들로는 첫째, 언론사의 권력기관화이다. 신문사의 소유구조가 특정 가문, 종교, 재단, 향토자본 등에 의한 전근대적 사유 형태를 띠고 있으며, 소유구조나 지면에서 최소한의 형식적인 공공성도 찾아볼 수 없다는 것이다. 언개연은 이에 대한 대안으로 신문사를 공적인 소유구조로 개혁하고 소유·경영·편집을 분리해 내부적인 견제구조를 정착시켜야 한다고 주장했다. 둘째, 신문시장에서 '시장 실패' 현상이 심각하다는 점이다. 이는 공정경쟁 질서의 붕괴(무가지와 경품 살포)와 함께 '사이비 언론'의 각종 비리형태로 나타나고 있으며, 판매·광고시장의 독과점 체제가 심화되고 있는 것도 문제점으로 부각되고 있다. 언개연은 이러한 문제에 대한 대책으로 신문기업에 대한 특혜 철폐, 신문발행부수공사(ABC) 제도 실시, 경영의 투명성 확보 등 공정경쟁이라는 시장기제의 회복을 제시했다. 셋째, 신문의 편파·왜곡보도와 언론보도에 의한 인권 침해, 직업윤리 실추 등 직업윤리와 연관된 것들이다. 이에 대해 언개연은 신문사 내부적인 견제제도 도입과 더불어, 언론의 부당한 행위를 막고 수용자 주권을 확립하기 위한 외부적 견제장치를 제안했다(언론개혁시민연대, 2001).

이후 언론개혁에 대한 논의가 본격화되고 또 이를 정책적 차원에서 검토하기 시작한 것은 2001년 김대중 대통령의 연두기자회견에서 언론개혁 문제를 거론하면서부터였다. 이를 계기로 2001년 3월 30일 시민단체들이 주축이 되어 '신문개혁국민행동'이 결성되었고, 이 단체는 김 대통령의 연두기자회견의 취지에 부응하여 정기간행물법의 개정과 언론사에 대한 국세청의 세무조사를 요구했다. 이에 정부는 언론개혁의 출발점으로 국세청에 의한 언론사 세무조사를 실시했고, 국세청은 23개 중앙언론사와 그 계열기업 및 대주주 등에 대한 세무조사를 실시, 탈루소득이 1조 3,694억에 이름을 밝혀내고 5,056억 원의 세금을 추징했다. 또 공정거래위원회는 13개 신문·방송사에 대한 부당내부거래를 조사, 총 5,434억 원 규모의 부당한 지원성 거래를 적발하여 시정명령과 함께 242억 원의 과징금을 부과했다. 신문사주들 중 일부는 사법 처리되기도 했다.3) 이에 대해 일부 언론들은 언론탄압 기도라고 비난했으며, 야당(한나라당)은 여권이 작성한 언론대책 문건에 따라 이루어진다면서 음모론을 제기했다.

세무조사에 이어 2001년 7월에는 언론개혁을 위한 김대중 정부의 핵심 정책인 '신문고시'(신문업에 있어서의 불공정거래행위의 유형 및 기준) 실시가 발표되었다. 규제완화 차원에서 1999년 폐지된 신문고시를 2001년 공정거래위원회가 다시 제정해 시행하자 신문시장의 3/4을 차지하고 있던 조선일보, 중앙일보, 동아일보 등의 과점 신문들은 이를 두고 비판적인 언론을 길들이기 위한, 더욱이 헌법에 보장된 기본권을 유린하는 것이라는 주장을 편 바 있다. 아래의 인용문은 이러한 신문사들의 위헌 주장에 대한 답변을 담고 있다. 즉 헌법재판소는 신문고시 조항이 재산권 제한에 있어서 헌법 제37조 제2항에 근거한 과잉금지의 원칙에 위배되지 않고, 나아가 헌법 제119조 제1항에 정한 자유경제질서에도 위반되지 않는다고 확인하였다4).

---

3) 이 시기에 20세 이상 전국의 성인남녀 1,000명을 대상으로 실시한 여론조사에서 응답자의 67.4%가 세무조사가 언론개혁에 기여할 것이며, 83.8%는 불법행위가 확인될 경우 언론사주라고 하더라도 법대로 처벌해야 한다는 의견을 보였다(양동식, 2001: 75-77).

이 사건 조항은 신문판매업자가 거래상대방에게 제공할 수 있는 무가지와 경품의 범위를 유료신문대금의 20% 이하로 제한하는 것을 내용으로 하고 있으므로 신문판매업자의 사업활동의 자유와 재산권 행사의 자유를 제한하는 측면이 있기는 하나, 앞서 본 바와 같이 신문판매업자에 대한 이러한 행위제한은 무가지와 경품등의 과다한 살포를 통하여 경쟁상대 신문의 구독자들을 탈취하고자 하는 신문업계의 과당경쟁상황을 완화시키고 신문판매·구독시장의 경쟁질서를 정상화하여 민주사회에서 신속·정확한 정보제공과 올바른 여론형성을 주도하여야 하는 신문의 공적 기능을 유지하고자 하는데 주 목적이 있다고 할 것이며, 나아가 무가지 살포와 경품 제공은 결국 신문의 구독강요에 흐를 위험이 큰 점을 고려할 때 일반 국민인 신문구독자가 내용상 자신이 선호하는 신문을 자유로이 선택할 권리를 침해당하는 것을 억지하고자 하는 목적도 아울러 가지고 있다고 할 것이므로 이러한 사정을 종합하면 이 사건 고시 내용에 의한 신문판매업자에 대한 규제는 신문업에 있어서의 시장의 지배와 경제력의 남용을 방지하기 위한 경제적 규제로서 헌법 제119조 제2항에 의하여 정당화될 수 있는 정도의 것이며, 따라서 결국 이는 헌법 제119조 제1항을 포함한 우리 헌법의 경제질서조항에 위반되지 아니한다고 할 것이다.

세금과 과징금을 추징당한 해당 신문사들의 저항이 정치권의 이해관계와 맞물리면서 정파간 혹은 그 후원세력들 간에 원색적 전면전이 벌어지기도 하였다. 한 축에서는 정부의 조치를 언론개혁의 일환으로 환영한 반면, 반대하는 측에서는 그것을 정략적 조사라고 주장했다. 이러한 입장의 차이는 정치권과 언론계뿐만 아니라 사회 전체로 확대되어 우리 사회에 만연되어 있는 정치적 배타주의를 부추기고 정권에 대한 지지세력과 비판세력, 진보세력과 보수세력 간의 대립과 갈등을 심화시켰다(윤영철, 2001: 1-2; 양승목, 2001: 79; 이승

---

4) 헌법재판소 2002.7.18. 2001헌마605

84

선, 2004).5)

또한 3대 신문사들은 정부의 신문고시 실시 조치에 대해 강력하게 반발했으며, 이를 무력화시키기 위해 다양한 수단들을 동원했다. 그 중에서도 가장 핵심적인 언론개혁 무력화 전략은 언론개혁과 김대중 정부의 실정을 연관시켜 보도함으로써 언론개혁 주체의 정당성을 훼손하는 것이었다. 그리고 언론개혁을 둘러싼 정부와 일부 신문기업 간의 갈등을 과거 권위주의 시대의 언론탄압을 연상시키도록 언론과 정부의 대립구도로 포장함으로써(김연종, 2004: 43), 언론개혁은 점차 실종하게 되었다. 이러한 개혁의 실종은 김대중 정부의 실정이 연이어 들춰지면서 심화되었다. 따라서 언론개혁의 중심 아젠다로 등장했던 신문고시의 부활과 언론사 세무조사가 이루어졌지만 정기간행물법의 개정은 무산되었다.

노무현 정부 들어서도 김대중 정부의 언론개혁의 기조를 이어가면서 언론개혁의 의지를 표명했다. 이에 부응하여 한국기자협회는 2003년 2월 구체화되고 명료한 언론개혁의 6가지 과제6)를 제시했고, 10월 하순에는 전국언론노조를 중심으로 시민사회단체, 학자, 법률가들이 참여하여 그동안 추진해 온 '신문개혁 3대입법안', 즉 신문독과점규제에 관한 법률, 정기간행물법 개정, 지역신문발전지원법을 입법화의 추진을 선언했다. 초기 노무현 정부와 시민사회의 노력

5) 물론 국민들 간의 갈등은 서로 간의 이념적 간극이 깊어서라기보다는 현실정치와 관련된 소수의 극좌와 극우가 이념적 표어를 사용해 신문사의 자사 이익과 정치적 세력화를 위해 남용하면서 야기된 것으로 볼 수도 있다(정재철, 2001: 141-142).

6) 한국기자협회가 노무현 정부의 출범과 함께 '새 정부의 언론과제'로 제시한 6가지 과제는 ① 신문고시의 엄격한 적용을 통한 시장 정상화, ② 매체사에 의해 결정되는 광고 단가 결정구조의 시정, ③ 국회 내 언론발전위원회의 설치, ④ 장기적으로 신문시장의 독과점을 해소하여 다양한 여론형성을 도모(신문사 및 통신사 소유집중 억제, 경영투명성 확보, 편집권 독립, 독자권익 보장, 정간물의 공적 책임, 신문발행 조건 제시 내지 완화, 독자위원회 신설, 신문광고 조항, 정보공개·반론보도청구권 등의 제도화, ⑤ 여론시장 독과점 완화책, ⑥ 국세청 세무조사 정례화 등이다(『한국기자협회보』. 2003. 2. 1).

에도 불구하고 성과는 아직 미미하다. 기자실 개방이나 브리핑 시스템 전환 등 기존의 취재 관행을 개선하는 데는 나름의 성과를 보였지만, 보다 근본적인 법·제도적 차원의 실효성 있는 언론개혁의 성과는 보이지 않고 있다.

17대 국회에서 열린우리당이 과반수 의석을 차지하면서 언론개혁이 다시 재추진되는 분위기로 바뀌었다. 열린우리당은 사법개혁과 더불어 언론개혁을 최우선의 과제로 선정했다. 원내진출을 이룬 민주노동당 역시 언론개혁에 관해 적극적인 의지를 표명하고 있어 언론과 관련한 입법과 이에 근거한 언론환경의 법·제도상 변화가 예상되었다. 정부 밖에서는 언론 현업단체를 비롯해 참여연대, 언론정보학회 등 총 216개의 단체가 연대한 '언론개혁국민운동'이 신문고시 강화 등 신문시장 정상화, 가칭 신문법 제정, 방송의 사용화를 막고 공공성을 지키는 것 등을 핵심과제로 정하고 언론개혁법안 입법에 총력을 기울일 방침이라고 밝혔다(김연종, 2004: 44).

이상에서 볼 때, 1990년대 이후 한국의 언론개혁 문제는 초기 시민사회에서의 '운동' 차원에서 시작되어 2000년 이후부터는 '정책' 영역의 이슈로 등장했다. 한국의 신문들은 1990년대를 기점으로 정치권력의 압력으로부터는 상대적으로 독립되었지만, 김영삼 정부의 등장과 더불어 신문은 권위주의 정치권력의 공백상태를 파고들어 강력한 여론형성력을 바탕으로 또 다른 권력, 즉 신문권력으로 자리 잡으면서, 사회적 의제설정에서 막대한 영향력을 행사하고 있으며, 더욱이 문제는 거의 비슷한 시장지배적 신문들에 의해 사회적 의제가 결정되고 여론이 좌우된다는 것이다. 이러한 신문의 문제에 대한 공론화 과정에서 광범위한 사회적 동의가 형성되었다. 즉 다양한 스펙트럼을 가진 신문의 의견이 국민들에게 전달되어 사회적 의제가 합리적이고 비판적인 공론과정에 의해 결정될 수 있는 환경인 사상의 공개(자유)시장을 조성해야 한다는 것이다.

신문개혁 운동은 1987년부터 시장경쟁에 돌입한 신문산업이 시장 독과점 현상이 두드러지고 신문판매 경쟁이 과열되어 사회적 문제로 제기되면서, 신문산업의 구조 개혁과 신문 콘텐츠의 질 제고, 신문산업의 공정경쟁을 통한 공익

적 시장질서 실현과 신문시장 정상화, 지역신문을 포함하는 중소신문들의 육성
지원을 통한 여론다양성 제고 등을 그 목표로 진행되어 왔다(이용성, 2004).

이런 언론 환경 속에서 일부 시민단체를 중심으로 지역신문에 대한 육성책
과 고사상태에 빠진 지역신문을 지원하자는 논의가 공론화되었고, 2004년 3월
'지역신문발전지원특별법'이 국회 본회의를 통과하고 9월 시행령이 통과됨으로
써 비록 6년이라는 한정된 기간이지만 경영위기에 빠진 지역신문을 실질적으
로 지원할 수 있는 법적 근거를 마련하게 되었다.

지역신문 지원은 '지역 수준'(local level)에만 국한된 단순한 문제가 아니
라는 점이 지적될 필요가 있다. 지역신문의 문제는 한국의 언론개혁이라는 거
시적인 맥락과 긴밀하게 연계되어 있으며, '지원' 역시 단순한 지역신문 부양
차원에서만 논의될 사안은 아니다. 지역신문의 시장구조와 경영 실태에서 검토
된 바 있듯이, 지역신문의 문제는 전체 '국가 수준'(national level)의 문제로
서 특히 전국지의 지역 침투로 인한 독자시장과 광고시장의 잠식과도 깊은 연
관을 갖고 있다. 또한 지역신문의 문제는 지역경제의 침체, 제한된 구독시장과
광고시장, 취약한 지역신문사의 경영능력 등 지역 내부의 문제와 직접적인 관
련이 있다. 따라서 지역신문의 지원은 곧 지역신문의 활성화를 의미하며, 이것
은 단순한 지원이 아니라 지역신문의 자생적 기반 마련과 경쟁력 확보라는 스
스로의 개혁노력을 전제로 한 것이다. 결국 지역신문의 활성화는 개혁과 지원
의 병행을 의미한다는 점에서 거시적인 언론개혁을 지역적 수준에서 합리적으
로 추진하기 위한 하나의 방안인 것이다.

## 2. 외국의 신문지원정책

정보와 여론의 다양성 유지를 위해 선진국들은 다양한 방법으로 지역신문을
지원해왔다. 이에 비해 한국에서는 언론시장 독과점과 여론 독과점을 상쇄하기
위해 지역신문을 육성하거나 전국지를 견제하기 위해 지역신문을 지원해야 한
다는 등의 적극적인 대안이 제시되기보다는 중앙의 언론 대기업에 대한 소유
제한, 편집권 독립 법제화 등 기존의 시장구도를 그대로 유지한 채 소수 개인
이나 자본의 영향력을 줄이는데 주로 관심을 보였다. 그 이유 중의 하나는 여
론의 다양성 보장을 위해 각종 지원제도를 실시하고 있고 그러면서도 언론의
독립성을 잃지 않고 있는 사례들이 충분히 제시되지 못했고, 자유시장 경쟁논
리에 따라 언론에 대한 억압이 상대적으로 적었고 따라서 정부간섭 배제를 주
로 강조하는 영국과 미국의 사례가 강조되었기 때문이다.

그러나 최근 주요 외국의 여러 언론들이 지역신문의 활성화 문제를 어떻게
해결해 왔는지를 살펴보는 연구들이 꾸준히 진행되어 왔다(성욱제, 2001; 심영
섭, 2001; 이선필, 2001; 이원섭, 2001; 장호순, 2001b). 이런 선행 연구들
은 외국의 지역신문 활성화 정책 및 법제도적 장치의 사례들은 한국의 지역신
문 활성화 담론에 선험적인 선례가 될 수 있었으며, 나아가 지역신문 지원을
위한 정책결정이나 법·제도적 장치 마련에 도움이 되었다.

정보통신혁명과 세계화의 조류는 언론산업을 다국적·다매체 경쟁 환경으로
탈바꿈시켜 놓고 있다. 이런 환경에서 신문산업은 독자시장과 광고시장에서 자
국 내의 다른 매체들은 물론 다국적 언론기업들과의 생존을 위한 경쟁을 하고
있다. 신문이 정치사회적으로 차지하는 위상 때문에 세계 각국에서는 신문의
생존과 발전을 위한 체계적인 지원 시스템을 마련하여 신문의 독과점 현상을
방지하고 군소 신문들의 자생적 기반 마련에 노력하고 있다.

국가별로 언론지원을 위한 정책은 목적과 이유, 그리고 국가별 상황 등에

따라 다양하다. 그러나 각국은 언론지원제도의 필요성에 대한 인식, 그리고 지원방식의 포괄성과 구체성의 정도에 따라 크게 '적극적 지원국가'와 '소극적 지원국가'의 두 가지 유형으로 대별할 수 있다(장호순, 2002a; 유선영 외, 2004: 123). 여기에는 기본적으로 언론시장의 자유경쟁 논리와 국가의 언론지원 필요성이라는 상반된 정책이념이 반영되어 있다. 그에 따라 적극적 지원국가들은 신문산업에 대한 별도의 지원법안과 정책을 토대로 정부 혹은 별도로 설립된 언론위원회가 신문에 직접적이고 적극적인 지원을 행하고 있다. 적극적 지원제도를 지닌 국가들로는 스웨덴, 프랑스, 노르웨이, 오스트리아, 이탈리아, 네덜란드 등이 있다. 이에 비해 소극적 지원국가들은 특별한 신문지원 정책을 가지고 있지 않지만, 세제 지원 등과 간접지원을 통해 언론자유의 큰 틀에서 다른 언론과 함께 신문을 지원하고 있다. 소극적 지원제도를 지닌 국가들로는 독일, 미국, 영국, 일본 등이 대표적인 경우이다.[7]

이러한 국가별 신문지원제도의 차이는 신문의 사회적 역할이나 이상적인 언론의 모습에 대한 시각차이에서 기인하기보다는 신문산업의 발전에서 국가 역할이 무엇인가에 대한 정치철학의 차이에서 비롯되고 있음을 간과할 수 없을 것이다(유선영 외, 2004: 173-174). 즉 신문지원제도의 존재 여부는 국가별로 국가와 시장의 관계, 정부와 언론의 관계에 대한 정책이념의 차이를 반영하는 것이며, 이에 대한 국민적 합의와 지원정책의 효용성 등에 의해 영향을 받는 것으로 보인다. 즉 국가의 시장개입에 대한 역사적 경험이 있는 국가일수록 언론시장에 정부가 개입하여 인위적으로 시장구조를 조정하려는 경향이 강하다는 것이다. 따라서 소극적 지원국가들은 기본적으로 언론자유는 신문산업에 대한 정부의 최소간섭 속에서 적절히 추구될 수 있다고 생각하는 반면, 적극적 지원국가들은 정부의 적극적인 개입을 통해서 언론자유를 지킬 수 있다고 생각하

---

7) 한국언론재단의 한 연구는 국가별 언론지원제도를 두 가지의 유형으로 구분하여 지원 배경, 기인 기긴, 지원 부문, 지원 자격, 지원 내용 등에 관해 상세하고 체계적으로 정리하고 그에 대한 평가와 시사점을 도출하고 있다. 이에 대해서는 유선영 외(2004)를 참조할 것.

고 있다.

적극적인 지원국가들인 서구와 북구의 유럽국가들은 지역언론을 지원하는 정책을 오랫동안 실시해왔다. 특히 시장경쟁에서 도태되는 군소 지역신문들을 중점적으로 지원해왔다. 소수 거대언론에 의한 여론독점을 막고, 민주주의에 필수요소인 다양한 여론의 형성을 위한 것이다. 즉 다수 신문의 경쟁을 통해 시민의 정보 접근권을 보장하고, 시민들이 다양하고 정확한 정보를 근거로 정치과정에 참여할 수 있도록 하기 위해서였다. 유럽 국가들이 경쟁력이 뒤진 신문을 지원하는 방법은 직접적인 보조금 지급, 공동배급 및 인쇄에 대한 지원, 부가세 면제, 우편요금감면, 항공료나 육상운송료 요금 감면, 인쇄기 수입시 관세혜택, 정부광고 신문배정, 언론인 교육 프로그램 제공 등이다. 이밖에 판매세와 전화통신료 감면, 통신사 지원, 금융대출 우대 등도 이루어진다. 이러한 지원책을 통해 군소 지역신문의 경제적 부담을 덜어줌으로써, 전국적으로나 지역적으로 소수가 장악한 거대 자본 신문에 의한 여론독점을 예방하고 있는 것이다.

한국의 지역신문 시장은 다수 신문사들이 난립하고 여러 측면에서 전국지에 열세를 보이는 데 반해, 유럽 국가들의 경우는 지역신문이 전국신문보다 발행부수, 신문구독률, 광고매출액 등에서 오히려 우위를 보인다. 그럼에도 유럽, 특히 북구와 서구의 여러 국가들은 1960년대부터 신문지원제도를 운영하고 있다. 이들 국가들이 신문지원제도를 도입, 운영하는 주요한 목적 중의 하나는 언론의 다양성을 국가 차원에서 보장하는 데 있다. 이를 위한 지원정책의 초점은 시장집중의 문제, 그 중에서도 특히 독과점의 문제를 해결하는 데 두고 있다.

적극적인 신문지원 국가들은 신문지원제도를 통해 신문시장에서 열세에 처해 있는 소규모 신문들의 활성화를 유도할 수 있었고, 신문의 소유 집중도를 완화하는 데도 일정 부분 기여했다는 평가를 받고 있다. 그러나 신문지원제도가 운영되고 있는 국가들에서도 지역신문에만 특화된 지원제도가 있는 국가는 없다. 전체 신문을 대상으로 한 지원제도 속에 지역신문의 활성화를 위한 지원제도가 존재하는 것이다. 지역신문이 활성화되어 있음에도 신문지원제도를 채택하고 있으며 비교적 성공적인 사례로 꼽히는 국가들로는 스웨덴, 노르웨이, 프랑스가 대표적인 국가들이다.

그러나 신문산업에 대한 적극적 지원을 해오던 국가들이 시종일관 동일한 정책을 고수하고 있는 것은 아니다. 그동안의 지원에 대해 평가를 통해 신문지 원의 목표와 방향, 그리고 구체적인 지원방식을 보다 폭넓게 재조정하고 있다 (유선영 외, 2004: 175). 예컨대, 네덜란드와 같이 적극적인 지원을 행하던 국가가 그러한 지원에 대한 실효성과 언론산업의 경제적 자유를 이유로 이전 의 지원제도를 축소하여 거의 없애버리는 경우가 있는가 하면, 스웨덴과 같이 어려운 정당 관련 소수신문들에 대한 효율적인 지원을 위해 더욱 새롭고 창의 적인 방식을 생각하고 도입하고 혁신해 가는 국가도 있다. 프랑스와 같이 21 세기 디지털 정보화 시대에 맞춰 이러한 현대화나 정보화 분야에 대한 지원을 신설하고 강화하면서 전반적 지원의 규모를 넓혀가는 국가도 있다. 또한 오스 트리아 같이 1978년 일괄(일반)지원으로 시작했다가 1985년 특별(선별)지원을 추가하고, 지난 25년간 총 지원금의 별 변화가 없었던 일괄지원과는 달리 특 별선별지원의 액수를 3배 이상(2000년 현재) 증가시킨 국가도 있다.

국가의 정책적 차원에서 신문지원을 하는 것은 단순히 군소신문의 존립을 위한 지원이 아니라 여론의 다양성을 보호한다는 목표 하에서 신문 환경의 변 화에 따라 끊임없이 새로운 지원 방식과 지원 부문들을 모색하고 있다. 결국, 외국의 신문시장에서 지역신문들이 전국지들과 균형 있는 비율을 이루면서 안 정된 시장을 구축하고 있는 것은 일차적으로 지역신문들의 자생적 기반을 마 련하기 위한 자구 노력도 있었지만, 이보다 더 중요하게 작용한 것은 정책적 차원에서 국가가 지역신문 시장에 적극적으로 개입하여 지역신문이 성장, 발전 할 수 있도록 성장 가능한 시장 환경을 만들어 주었기 때문이다.

그러나 정부의 지원을 통해 신문시장을 근본적으로 재구조화시키기는 어렵다 는 점도 유념해야 할 필요가 있다. 1960년내 이후 지속적인 지원정책에도 불 구하고 신문시장 자체가 완전경쟁이 가능할 만큼 경쟁적인 시장으로 전환되었느가의 문제는 군소 또는 지역신문들이 경쟁적 환경에 적응할 수 있는 역량을 갖추었는가에 의해서 판단되어야 한다. 이런 점에서 보면, 단순히 지원정책만이 유일한 대안은 아닐 것이다. 지원은 내부 개혁을 전제로, 그리고 경쟁력 확보를 위한 부문에 집중되어야 할 것이다. 여기에 덧붙여 특정 신문의 시장독점을 금지하는 법률, 그리고 보다 적극적으로 소유권에 대한 법적인 제재 등을 병행하지 않으면, 군소·지역신문의 시장 내에서의 존립은 가능하지만, 자생적 기반을 확보하여 자유로운 시장경쟁체제에서도 존립할 수 있기는 어려울 것이다.

## 3. 지역신문 지원의 필요성과 당위성

지역신문은 지역사회 발전과 지방자치 실현에 필수적인 요소이다. 그럼에도 불구하고 최근까지 지역언론을 육성해 지역주민의 알권리를 보호하고, 이를 바탕으로 지방자치를 활성화하려는 사회적 공감대나 정책적 의지는 찾아보기 어려웠다. 지방자치의 시행은 정치적·행정적 분권화 차원에서 점진적인 다양한 제도적 발전을 추진해왔고, 이를 위한 엄청난 예산을 지출해왔다. 그러나 정부는 건전하고 건실한 지역언론이 지역사회 발전과 지방자치 실현에 기여하는 역할 자체를 그리 큰 비중을 두고 인식하지 않았고, 이를 위한 제도적 방책의 수립에도 별다른 의식이 없었다.

사실, 언론의 활성화 없는 정치적·사회적 민주화를 기대할 수 없는 것처럼, 지역언론의 발전 없이 지역사회의 발전과 지방 자치제의 성공을 생각하기는 쉽지 않다. 지역사회 발전을 위해서는 해당 지역사회가 해결해야 할 제반 문제에 대한 여론을 조성·수렴·반영하고, 지역민의 참여를 유도하는 동시에 지역문화를 발굴·육성·전수하며, 지역 주민의 정치 사회화를 촉진하는 등 지역의 자립화를 위해 지역언론이 일차적으로 기능해야 한다. 이런 점에서 지역언론의 활성화는 지역사회 여타부문의 발전에 우선 되어야 한다. 또한 올바른 지방화

시대를 열어가기 위해서는 먼저 지역주민의 여론을 대변하고 합의를 바탕으로 지역내의 제반 문제를 조정해 나갈 수 있는 지역언론의 역할이 절대적으로 필요하다. 그것은 지역 민주주의의 실현과 그 지역의 특수성에 맞는 지역사회 개발을 목적으로 하고 있는 지방자치제 실시의 성패가 결국 지역주민의 의사를 전달하고 반영시켜서 자율성을 확보할 수 있는 지역언론의 역할에 달려 있음을 의미하는 것이다(김세철, 1997).

이러한 지역언론의 지역사회 발전과 지방자치제의 실현에 기여할 수 있는 중차대한 역할에도 불구하고 그간 지역언론의 활성화를 위한 제도적 지원에 대한 실질적인 논의는 거의 없었다. 물론 <표 9>에서 보는 것과 같이, 신문에 대해 지원이 전혀 없었던 것은 아니지만 지원제도의 설립을 통해 체계적으로 이루어지지 않았다. 특히 지역언론에 대해서는 정부 광고나 계도지 구입, 촌지 등을 통해 회유하고 이용하려고만 했을 뿐 건실한 지역언론 육성을 위한 근본적인 대책은 마련하지 않았다. 이러한 계속되는 지역언론에 대한 정부의 무관심과 무대책으로 인해 지역신문은 파행적 경영과 불균형적 시장구조의 악순환을 거듭해왔다.

〈표 9〉 한국의 기존 신문 지원 유형

| 유형 | 지원 내용 |
|---|---|
| 세제지원 | • 부가가치세와 특별소비세 면제<br>- 언론에 대해 부가가치세(10%)와 영사기 등의 물품에 부과되는 20~40%의 특별소비세, 그리고 외신기자클럽에서 소비되는 식품 등에 부과되는 10% 특별소비세 및 주류세를 면제함. 또한 지방세법으로서 지방소비세는 방송과 함께 50% 세제 감면. 단 광고에 대한 세금은 부과됨<br>• 준조세로서 채권매입 면제<br>- 언론사업 수행에 직접 사용되는 비사업용 자동차 등록의 경우, 도시철도채권 매입이 면제되며 또한 언론사업 수행에 직접 사용되는 건물 건축허가나 부동산 등기의 경우 채권매입이 면제됨 |
| 우편과 철도 운송요금 할인 | • 특정 지역을 대상으로 월 1회 이상 보급되는 유료 정기간행물로서 일반 우편요금의 약 70%의 할인혜택이 이루어짐. 철도운송의 경우는 철도청 승인을 받은 신문의 경우 일반운송요금의 약 10% 할인 지원 |
| 언론인을 위한 세제 지원과 언론인 교육 지원 | • 소득세 감면<br>- 일간신문의 기자는 방송관계 종사 기자와 함께 월 20만원까지의 취재수당을 실비 변상적 성격의 급여로 인정하여 소득세에서 비과세<br>• 언론인 재교육<br>- 언론인 연수와 저술사업을 위한 자금 지원 |
| 임대료와 사업비 보조금 지원 | • 직접지원 방식으로서 신문협회나 기자협회 등과 같은 언론 유관 단체의 경우 프레스센터의 건물 임대료를 비롯하여 사업비 일부에 대한 자금 지원 |

자료: 유선영 외(2004: 94)


결국, 정치적으로나 사회적으로 중앙집권화된 제도와 관습의 존속, 그리고 지역언론을 배양할 지역경제의 척박한 토양은 지역신문의 자생력의 기반을 뿌리부터 흔드는 구조적인 요인으로 작용하고 있다. 이러한 구조적 원인에 대한 치유 없이 지역신문의 활성화를 기대하기는 어렵다. 이러한 구조적 원인의 제거는 단기적으로 해결될 수 있는 문제가 아니라는 점에서 한국의 지역신문은 제도적 지원책이 마련되지 않는 한 소생하기 힘든 지경에 이르렀다고 할 것이다.

그런데, 지역신문에 대한 정부 정책이라는 것이 단순한 문제는 아니다. 앞에서도 지적한 바 있듯이, 언론은 언론자유와 국민의 알권리를 충족시키기 위한 공적 기능과 언론기업으로서의 이윤을 추구하는 사적 기능 등 '이중적 기능'을 수행한다는 데서 일반적인 산업처럼 단순한 육성과 지원만이 능사는 아니다. 또한 그에 따른 부작용과 국가의 언론자유에 대한 개입의 문제 등 복잡한 문제가 내포되어 있다. 언론의 '이중적 기능'에 따라 신문은 어떤 국면에서는 언론자유를 내세우기도 하고 다른 국면에서는 사기업의 자유를 내세우기도 한다. 이러한 사익과 공익의 동시 추구라는 신문의 양면성이 공공성의 구현이나 사회적 책임을 회피하기 위한 방편으로 활용되어서는 안 될 것이다. 신문의 사적 이익도 공적인 표현 행위를 통해 얻어지기 때문이다. 따라서 신문이 공익보다 사익을 중시하고 다양한 의견의 유통을 막는다면 이는 언론의 자유로 보호받기 어려울 것이다. 언론에 대한 정부의 개입이 최소화되는 것은 당연하지만 이는 책임 있는 언론이 언론자유를 구현하여 민주주의 사회가 지향하는 가치를 담보할 때 한정된다고 볼 수 있다(이용성, 2004).

언론의 특성상 사적 기능의 약화는 공적 기능 부전으로 파급된다. 정부는 언론의 공적 기능을 회복시키기 위해서 언론정책을 채택해야 한다. 심지어 기업으로서의 언론의 사적 기능 약화에 대해서도 정부는 시장개입을 해야 한다. 독점적 시장구조는 어디에서나 개입의 대상이 되기 때문이다. 결국 국가가 언론시장에 정책적으로 개입하는 것은 시장에서 실패하는 공공의 이익을 위해서뿐만 아니라 건전한 시장구조를 위해서도 그 필요성과 정당성이 인정되는 것이다.

특히 지역사회에서 지역언론의 사적 기능의 약화는 중앙 언론의 지역언론 시장 침투를 가져오고, 따라서 중앙 언론이 득세하는 지역언론 시장구조는 시장 독점의 폐해에 그치지 않고 중앙 여론의 과대대표와 지역 여론의 과소대표라는 형태로 지역 여론을 불균형적으로 반영함으로써 지역언론의 공적 기능을 약화 또는 심지어 마비시킬 수 있다. 이러한 중앙 언론의 시장과 여론 양면에 서의 독과점은 지역민의 언론자유에 대한 권리를 침해한다는 점에서 문제의 심각성이 더 크다고 할 수 있다.

언론의 자유를 자기의 사상이나 신념을 사회적으로 공표 할 수 있는 권리라고 보았을 때, 지역민들의 의견이 지역이나 중앙정부 또는 전국적으로 알려지는 데 제약받는다면 그것도 적극적인 의미의 언론자유를 침해하는 한 형태라고 할 수 있다. 지역 주민들이 언론을 통해 알아야 할 정보를 제대로 알 수 없다면 자기의 사상이나 신념이나 의견을 형성하기 어렵기 때문이다. 따라서 중앙의 독점적인 소수독점 언론에 의한 여론독과점 시장구조와 지역언론의 시장실패는 시민주권에 바탕을 둔 민주주의를 왜곡시키고 지역자치제의 실현을 어렵게 하기 때문이다. 중앙 언론의 독과점적 시장구조는 다양한 취향과 계층, 지역민의 여론을 체계적으로 배제하고 다양한 사상 및 여론의 형성 및 흐름을 억압하고 있다(문종대, 2004: 107).

언론사의 언론활동의 첫 번째 목적은 국민의 언론자유를 실현하는 것이다. 언론사의 활동이 국민의 언론자유 실현에 실패한다면, 국민의 언론자유를 더 잘 실현할 수 있도록 정부가 언론시장에 개입하는 것은 정당하다. 정부의 언론시장 개입이 소수 독점언론에게는 손실이 될 수 있다할지라도 국민의 언론자유라는 공적 이익을 실현할 수 있다면 정부의 시장개입은 정당하다 할 수 있을 것이다. 다양한 사상과 여론이 자유롭게 흐를 수 있도록 시장조건을 개선하는 것은 국가의 공적인 의무이기도 하다. 과도하게 집중된 중앙권력과의 유착관계를 통해서, 중앙 집중적 권력구조에 기반해서 독점적 언론이 형성되고 그 독점적 언론사가 다양한 언론사 등장의 진입장벽으로 작용한다면 그 진입장벽을 완화시켜주는 것은 정당하다(문종대, 2004: 017-108).

지역언론에 대한 국가의 지원은 지역 주민의 여론이 왜곡된 언론시장구조에 의해서 왜곡되거나 차단당하고 있는 시장실패에 대한 정당한 대응이라 할 수 있다. 그러나 2001년 6월 제24차 서울 총회에서 국제기자연맹(International

Federation of Journalists: IFJ)은 결의문을 통해 민주화와 남북화해를 위해 한국 언론이 취해야 할 필수적인 조치에 지역언론에 대한 지원을 포함시켰다.[8) IFJ는 이 총회에서 세 가지를 주요 내용으로 하는 결의문을 채택했는데,[9) 여기서 "민주사회의 요체인 다양성 유지를 위해 신문기업의 경영은 투명해져야하며 특히 지역신문을 포함하여 사회적인 지원대책이 마련돼야한다"고 주장했다.

국가의 시장실패에 대한 정책적 개입은 언론이라고 해서 예외일 수 없다. 적어도 지역신문을 중소기업이며, 지방기업이며, 문화예술의 매개체이고, 지역 내의 주요한 공익기관으로 본다면, 정부가 개입하여 지원해야 할 충분한 명분이 있다(장호순, 2002a).[10) 그리고 언론이 갖는 공적 기능 때문에 공적기능을 실현하는 데 시장의 자율적 조정기능이 실패한다면 정책적인 시장개입을 통한 지원사업의 필요성은 더욱 높다고 할 수 있다. 다만 시장의 자율적 조정기제에 대한 국가의 개입이 언론의 본질적인 활동에 대한 개입이나 그러한 활동을 위축시킨다면, 국가 개입의 정당성은 상실될 수밖에 없고 언론자유 실현에 대한 정책실패로 귀결될 것이다. 따라서 국가의 언론시장 개입은 공정한 시장질서 확립과 언론의 경제적인 시장실패에 대한 지원 사업으로 국한되어야 할 것이다.

중앙 집권과 수도권 집중이 극심한 한국에서 여론의 다양성과 사상의 다원

---

8) http://ifjseoul.journalist.or.kr

9) 이 외에 두 가지는 다음과 같다. ① 보도와 논평 과정에 대한 언론사주, 대자본, 정부의 간섭은 배제되어야 한다. ② 소모적 물량경쟁을 지양하기 위해 신문기업의 경영은 투명해져야 하며 신문시장의 거래질서는 정상화돼야한다.

10) 한국 정부는 1990년대 들어서면서 각종 법령을 통해 지역간 균형발전, 중소기업 육성, 문화예술발전, 학술 및 시민운동을 법적으로 지원하고 있다. 특히 대기업으로부터 중소기업을 보호육성하기 위해 중소기업진흥 및 제품구매촉진에 관한 법률, 소기업 및 소상공인 지원을 위한 특별조치법, 중소기업창원지원법 등을 제정해 시행하고 있다. 문화분야는 문화산업진흥기본법, 문화예술진흥법, 박물관 및 미술관 진흥법, 영상진흥기본법, 영화진흥법 등을 통해 이루어지고 있다. 이밖에도 학문의 진흥을 위해 학술진흥법, 시민운동의 활성화를 위해 비영리민간단체지원법이 제정 운영되고 있다. 지역간의 차별을 해소하기 위해서도 지방문화원 진흥법, 지방소도읍육성지원법 등을 통해 정부의 지원이 이루어지고 있다.

화; 지방의 논리를 개발하고 의제를 설정하며 이를 확산시켜나가는 주체로서 지역신문의 기능과 역할은 아무리 강조해도 지나치지 않을 것이다. 그동안 오랜 중앙 집권과 수도권 집중 속에서 지역신문은 전국지에 대해서는 경쟁력을 상실하고 지역주민들에게는 신뢰를 상실하는 위기에 처해 있다. 지역신문이 지방의 다양한 여론을 수렴, 대변하고 독특한 지역문화를 창출하는 한편, 지역주민의 삶의 질 향상과 지역균형발전을 선도적으로 이끌어 갈 수 있도록 하기 위해서는 지역신문에 대한 육성과 지원은 반드시 필요하다(김중석, 2003). 특히 분권적 지역자치와 지역경제 활성화가 단기간에 이루어질 수 있는 것이 아니기 때문에, 이러한 지역의 활성화를 위해서도 단기적으로 국가의 지역신문 활성화 정책이 요구된다.

## 4. 지역신문 활성화 논의와 지원법 제정

지역분권화의 정착과 지역언론 육성을 위한 담론이 활기를 띠기 시작하면서 학계와 언론계, 시민단체 그리고 정치권을 중심으로 지역신문의 발전을 지원하기 위한 제도적 장치에 관해 논의가 구체화되기 시작한 것은 2002년부터였다. 그간 지역언론의 위기와 더불어 지역언론을 살려야 한다는 원론적 차원의 논의는 많았으나 이를 구체적으로 실현하는 방법론과 대안에 대한 논의로까지 발전하지는 못했다. 고사 직전의 지역신문은 지방의 건전한 미래를 기약할 수 없으며 지방분권시대, 지역균형발전시대를 앞당길 수 없다는 자각이 언론계를 비롯한 언론관련 학계와 시민단체에서 제기되기 시작했고 지역 신문의 구조적 한계 상황을 뛰어 넘기 위한 다양한 의견들이 개진되기에 이르렀다. 그동안 지역신문을 어떻게 육성 지원해야 하는가에 대해서는 수차례의 세미나에서 여러 가지 대안들이 제시되었는데, 공통적으로 제기된 대안은 역시 지역신문을 육성할 수 있는 법률을 제정하자는 것이었다.

지역신문에 대한 정책적 지원의 필요성이 공식적으로 제안된 것은 2001년 12월 한국기자협회 회장 선거에 출마한 이상기 한국기자협회장이 공약 사항으로 '지방언론 생존권 보장 특별대책위' 구성을 제안하면서 시작되었고, 그가 당선된 이후 지역을 순회하며 '지역언론활성화 토론회'를 개최하기 시작하면서 공론화의 과정으로 들어서기 시작했다. 이러한 분위기에 따라 지역신문지원법안을 처음으로 구체화시킨 것은 2002년 2월 5일 강원도민일보의 김중석 상무가 '지역신문 건전육성을 위한 특별법안'을 마련, 전국 지역 신문사에 배포하면서이다. 법안의 골자는 정부가 지역신문발전위원회와 발전기금을 설치해서 지역신문의 경영, 연구, 교육 등을 지원하자는 것이었다. 대신 지역신문에는 경영진과 편집·제작진이 동수로 참여하는 편집위원회를 설치하도록 했다. 지원 대상은 서울을 제외한 지역에서 발행되는 종합일간 신문사로 국한했다(장호순, 2004a: 107).

한국기자협회도 2002년 4월 26일 협회 산하에 '지방언론육성특별위원회'를 구성하여 '지역언론육성지원법안' 용역을 의뢰해 같은 해 7월 11일 국회의원회관 소회의실에서 시안을 발표하고 토론회를 가졌다(김중석, 2003). 기한국자협회의 법안은 지역신문을 지원하자는 취지에서는 강원도민일보안과 동일했으나 지원대상과 방법은 조금 달랐다. 지원대상을 "전국을 대상으로 하지 않고 일부 시·도 혹은 시·군·구 지역만을 대상으로 뉴스와 정보를 제공하는 언론매체"로 규정하고 발행주기에 관계 없이 중소기업기본법 시행령에 따라 중소기업에 해당되는 신문사로서 대상을 넓히되, 발행부수공사 등록을 조건으로 제시했다(장호순, 2004a: 107). 그리고 전국언론노동조합도 2002년 지역신문지원법 제정을 역점사업으로 채택하여, 같은 해 9월에 '2002년 대선공약화를 위한 언론개혁 9대 과제'에 '지역신문 정상화 및 진흥'을 여섯 번째 과제로 포함시켜 '지역신문 정상화지원기금 설치'와 '지역신문정상화 지원법 제정', '소수 중앙지의 지역신문시장 독과점규제방안 미련' 등을 세시했다(문종대, 2004: 94).

세부적인 항복들에서는 약간의 차이가 있었지만, 강원도민일보, 한국기자협회, 전국언론노동조합이 제시한 법안들은 언론개혁과 지역사회의 균형적인 발전을 위해 지역신문을 지원해야 하며, 지역신문의 공정성과 독립성을 해치지 않도록 지원해야 한다는 원칙은 모두 동일했다(장호순, 2004a: 107). 지역신문의 활성화를 위한 지역신문법 제정 운동은 '지방분권과 국가균형발전'을 주요 공약으로 내건 노무현 대통령이 당선되면서 더욱 탄력을 받게 되었다. 노무현 대통령은 지역 토론회나 지역신문과의 인터뷰에서 지방대학과 함께 지역신문을 지원하겠다는 분명한 의지를 밝혔다.[11] 그리고 이후 지역신문 활성화에 대한 언론계와 정치권의 관심도 점점 높아지기 시작했다.[12]

이와 같은 지역신문 지원에 대한 법률 제정 추진 과정에서 언론 현장, 언론 관련 시민단체, 언론학계에서 각각 논의되던 논의를 공론화하고 실천할 수 있는 연대의 필요성을 절감한 단체들은 '지역언론개혁연대'(이하 지역언개연)를 출범시켰다. 지역언개연은 언론인 단체로 한국기자협회, 전국언론노조, 바른지역언론연대, 시민단체로는 민주언론운동시민연합과 지방분권연대, 학술단체로는 지역언론학연합회와 한국언론정보학회가 참여했다. 그리고 지역언개련은 정책위원회를 구성하고 3개의 제안된 법안을 단일화하기 위한 논의를 거쳐 '지역신

---

11) 2003년 2월 4일 노무현 대통령 당선자가 춘천에서 가진 '강원도지역 토론회'에서 지역언론 육성과 관련, "지금 지방언론들이 많이 어렵다. 모든 언론이 중앙언론에 집중되어있기 때문에 지방언론이 살아나가기도 어렵거니와 지방언론이 지방의 경제와 사회 문화를 주도해나가는 구심점으로 충분히 역할을 하고 있지 못하다고 생각한다. 지방언론과 지방대학이 함께 손잡고 시민사회와 경제계 지방정부 이렇게 함께 해나가는 지방의 구조가 만들어지는 것이 필요하지 않을까 생각한다. 그래서 지방대학과 언론의 지원육성을 포함시켜 볼까 한다"며 지방언론의 역할과 육성방침을 시사했다(김중석, 2003).

12) 한국기자협회가 2002년 7월 전국 일선 기자 400명을 대상으로 실시한 설문조사결과 86%가 특별지원법제정에 찬성(이중 51%는 경영투명성을 전제로)했으며, 경향신문이 2003년 1월 국회문공위원 16명을 대상으로 조사한 설문답변에서도 8명은 찬성했고 1명은 반대한 것으로 나타났다. 또한 한국언론재단이 2003년 2월호에 발표한 '새 정부의 언론과제'에 대한 설문조사에서 '지역신문의 제도적 지원'에 대해 지역신문 종사자의 86.6%가 찬성, 언론학자의 72.5%가 찬성한 반면, 중앙지나 중앙방송, 지역방송은 40% 안팎으로 낮게 나타났다(김중석, 2003).

문발전지원특별법'(시안)을 마련했다.

지역언개연의 법안 단일화 과정에서는 지엽적인 문제보다 지역신문 활성화 및 개혁이 절실하다는 데 공감했기 때문에 한국기자협회의 법안(기협안)과 전 국언론노조의 법안(언노련안)이 순조롭게 하나로 수렴될 수 있었다. 그렇다고 논란이 없었던 것은 아니다. 당시 논란이 되었던 쟁점들을 통해 지역신문발전 지원특별법의 취지와 내용을 파악할 수 있다. 논란이 되었던 주요 쟁점들은 다음과 같다(문종대, 2004: 95-100).

첫째, 지원 대상을 신문에 한정할 것인가 아니면 뉴스와 정보를 제공하는 모든 매체로 할 것인가 하는 문제이다. 기협안은 모든 언론매체를 대상으로 하고 있었고, 언노련안은 지역신문으로 한정하고 있었다. 모든 매체를 포괄하는 법을 만드는 경우 매체 시장상황이 매우 달라 포괄할 수 있는 지원법을 만들기가 현실적으로 어렵고, 현재 지역언론 중 시장실패가 가장 극심한 지역신문만으로 한정하는 것이 타당한 것으로 정리되어 지역신문에 한정했다.

둘째, 지역의 여론 독과점에 대한 규제조항 삽입의 문제이다. 언노련은 법 제정의 목적과 법안 제안 이유에서도 독과점 규제를 강력하게 천명하고 있었다.13) 중앙 언론의 지역시장 독과점은 규제되어야 할 필요성과 정당성이 충분했지만, 독과점 규제에 대한 현실적 어려움에 대한 문제 지적과 자칫 '독과점 규제' 조항에 대한 논란으로 지역신문발전지원법 자체까지 무산될 수 있는 불필요한 논쟁거리를 제공할 필요가 없다는 취지에서 '독과점 규제' 조항은 삭제되었다.

셋째, 지역신문 발전과 지원을 위한 '지역신문발전위원회'의 정부부처 소속과 구성에 대한 문제이다.14) 언노련 안에는 위원회 소속에 대한 규정은 없는

---

13) 언노련은 시안 제16조(지역여론 독과점 금지)에서 "지역언론 활성화를 위해 광역시·도의 경우 전국을 대상으로 발행, 배포되는 발행 부수 상위 3개 신문사의 총판매부수가 45%를 넘지 않도록 하고, 이를 초과하는 부수에 대해서는 부과금을 부과해 지역언론 활성화 기금으로 사용한다"라고 규정하고 있었다

반면, 기협안에는 문화관광부 내에 '지역신문발전위원회'를 설치하는 것으로 되어 있다.15) 위원회의 소속과 위원 자격, 위원 임명권자에 대해서는 원칙적으로 정치권 및 행정부로부터의 간섭을 배제할 수 있어야 한다는 데 의견일치를 보았지만, 그 방안에 대해서는 더 시간을 두고 연구하기로 했다. 그리고 위원회의 구성에 대해서는 '지역사회와 지역신문에 관하여 전문성과 경험을 갖춘 각계 인사 중에서 지역별로 균형 있게 선정하는 것'이 필요하다는 데 의견을 모았다.

넷째, 지역신문발전기금을 어떤 사업에 사용할 것인가에 대한 문제이다. 언노련안은 시설개선, 취재지원, 인력양성, 사원복지, 경영개선 등 주로 신문사 지원사업 중심으로 한정한 반면, 기협안은 언론사 지원 사업 외에 지역사회 소외계층의 지역언론 접근 향상 및 지역언론 공익성 제고사업에도 지원해야 한다고 했다. 여기서의 논란은 지역 소외계층 지원 문제였으나,16) 논의과정을 거

---

14) 지역신문발전위원회는 ① 지역신문 발전을 위한 조사 및 연구사업, ② 지역언론인 양성 및 교육 지원 사업, ③ 지역신문 지원을 위한 심의 및 실사, ④ 지역신문 발전을 위한 정책 수립, ⑤ 지역신문 발전기금의 운용 등의 임무를 수행하는 등 지역신문발전지원법을 실질적으로 집행하는 기관이라 할 수 있다.

15) '지역신문발전위원회' 구성에 대해서 언노련안은 '정부 대표와 전국 언론노동조합, 한국기자협회, 한국신문협회, 언론재단이 포함되는 언론단체, 학계인사 등 12인 이내로 구성하되 여기에는 경인·강원권, 충청권, 호남·제주권, 영남권의 권역별 위원 3인 이상이 반드시 포함될 것'을 제시하고 있었다. 반면에 기협안은 '지역사회와 지역언론에 관하여 전문성과 경험을 갖춘 자 중에서 문화관광부 장관이 위촉하는 9인의 위원으로 구성한다'라고 규정하고 있었다.

16) 지역 소외계층 지원에 대한 반대 입장은 이 지원이 기존의 "계도지" 폐해와 같은 동일한 문제를 발생시켜 불건전한 사이비 언론 및 시장 실패한 지역언론사의 생명을 연장해 주는 기능을 할 수 있으며, 전국지와 형평성 문제를 야기할 수 있다고 주장했다. 반면에 찬성론자들은 지역주민의 경우 전국지뿐만 아니라 지역신문 모두 보아야 한다는 측면에서 정보접근 비용이 두 배로 발생하는 문제가 있고, 지역 소외계층의 경우 두 신문 병독은 상당한 부담이 될 수 있다고 주장하면서 지역자치 실현을 위해서 이들에게 지역 정보접근권을 향상시키는 것은 이 법의 입법취지와 일치한다고 주장했다.

쳐 입법 취지와 소외계층의 정보 접근권을 향상시키기 위해서 소외 계층의 지역신문 접근 향상을 위해서도 지원할 수 있어야 한다는 데 의견일치를 보았다.

다섯째, 지역신문발전기금을 지원 받을 수 신문사에 대한 지원조건에 대한 문제이다. 기협안과 언노련안 모두 지역신문발전기금의 지원을 통한 건전한 지역신문 육성과 함께 불건전한 신문의 시장 퇴출을 통한 언론개혁을 동시에 추구하고 있었다. 언노련안은 언론개혁 의지를 크게 반영하여 지원조건을 매우 엄격하게 규정한 반면에 기협안은 신문 뿐만 아니라 언론매체 모두를 지원하는 것을 목적으로 좀 더 보편적인 기준을 내세움으로써 다소 느슨하다는 문제가 있었다.17) 논의 과정에서 지역신문 발전과 언론개혁을 동시에 이룰 수 있도록 해야 한다는 데 의견일치를 보았고, 그 결과 지원 전제조건으로 ① 1년 이상 정상적 발행 및 최근 1년간 광고 지면이 50% 이하일 것, ② 매출액 임금 납세실적 등 경영내역 위원회 제출, ③ 지배주주 및 회사대표가 언론사 운영과 관련돼 벌금이나 금고이상의 형을 받지 않을 것, ④ 노사 대표가 동등하게 참여하여 편집규약 제정·공표·시행하는 신문사만을 지원해야 한다는 것으로 의견일치를 보았다. 그리고 지역신문발전기금을 지원하는 경우 ① 지역사회 기여도, ② 자본의 건전성 및 경영의 투명성, ③ 편집권 독립의 정도, ④ 근로기준법 준수 정도, ⑤ 신문윤리·광고윤리·판매윤리 강령 준수 여부, 신문윤리·광고윤리 실천요강 및 신문판매공정경쟁규약 준수 여부 등을 평가기준으로 삼아야 한다는 데 의견이 일치했다(문종대, 2004: 99).

---

17) 언노련안은 ① 3년 이상 발행이 지속되고 1년간 광고비중이 전체 지면의 50%를 넘지 않고 ② 언론노조, 기자협회, 신문협회 등 3개 언론단체 중 최소 하나 이상 소속되어야 하며, ③ 편집국장 직선제나 임명 동의제·중간평가제 등 사전·사후 승인제를 마련하고 학계·시민단체·독자 등이 참가하는 독자위원 설치·운영, ④ 편집권 독립을 보장하는 편집규약 제정·시행, ⑤ 매출액·임금·납세실적 등 경영내역 공개, ⑥ 지배주주 및 회사대표가 언론사 운영과 관련돼 벌금이나 금고이상의 형을 받지 않아야 한다고 규정하고 있었다. 반면에 기협안은 ① 중소기업법 시행령에 따라 중소기업에 해당되는 신문사, ② 1년이상 정기적으로 발행한 신문사, ③ 광고비율이 절반이하인 신문사로 규정하고 있었다.

여섯째, 언노련안이 제시한 '정부 및 공공기관 광고 지역 할당제 및 세제·금융·행정적 지원'에 대한 조항의 삽입 여부의 문제이다. 그러나 지역신문사에 언론의 본질적인 편집권에 대한 개입이 아닌 광고 지원정책을 통한 지역신문의 건전성을 지원할 필요가 있다는 차원에서는 동의하면서도, 이러한 광고 지원정책이 군소 신문의 난립을 초래하고 불건전하고 경영이 부실한 언론사를 유지하는 기능을 함으로써 오히려 건전한 신문사의 경영까지 어렵게 할 수 있다는 주장이 제기되었다. 지역신문발전지원법에 의해서 건전한 언론사로 평가받은 언론사를 대상으로 정부 및 공공 광고가 집행되도록 유도하는 것이 바람직하다는 결론에 이르러 이 조항들은 삽입시키지 않기로 했다.

한편, 한나라당에서도 지역신문법 제정에 적극 나섰다. 한나라당에서는 고흥길·이원형 의원의 '지방언론 지원에 관한 특별법안'과 목요상 의원의 '지역신문 지원에 관한 법률안'이 발의되었다. 그리고 한나라당은 자체적으로 '지방언론지원에 관한 특별법안'이라는 명칭으로 정기간행물법에 대한 특별법 형태로 마련하여 국회에 제출했다. 열린우리당은 '지역신문발전지원법안'이라는 이름으로 독자적인 안을 만들어 국회에 제출했는데, 그 내용은 실제로는 지역언개연이 마련한 법안을 협의를 거쳐 수정한 것이다. 지역신문 발전을 위한 정부 지원의 정당성 문제에 대해서는 일부 언론사들이 정부의 언론통제 위험이나 정치적 목적 달성용이라는 등 몇 가지 이유를 들면서 반대했으나, 한나라당과 열린우리당 의원들이 국회에 발의해 놓은 상태였기 때문에 정당성이 폭넓게 인정받고 있었다.

그러나 문제는 어떤 기준에 따라 지원할 것인지와 어느 부분에 지원을 할 것인지 였다. 지역신문에 대한 지원은 이구동성으로 환영하면서도 구체적으로 지원기준을 위한 심의에 관해서는 지역신문사들 간에, 특히 지역의 메이저신문들과 약소신문들 간에도 이해가 엇갈리는 경우가 있어 민감한 문제로 대두되기도 했다. 또한 여야 양당간에도 의견 차이가 컸고 국회가 파행으로 치달으면서 법안 통과가 불투명해지게 되었다. 이런 상황에서 지역언개연이 나서서 설

득과 압력을 병행한 결과 2004년 3월 5일 국회는 지역신문발전지원특별법을 통과시켰다. 본회의 참석의원 193명 전원이 법률 제정에 찬성표를 던졌다. 지역신문의 개혁과 지원의 필요성에 대한 공감대가 한국사회에 광범위하게 형성되었음을 보여준 것이다. 이로써 한국은 지역신문만을 지원하는 제도를 가진 적극적인 신문지원국가가 되었다.

2004년 3월 22일 법률 제7206호로 제정된 '지역신문발전지원특별법'은 제1조에서 '지역신문의 건전한 발전기반을 조성하여 여론의 다양화, 민주주의의 실현 및 지역사회의 균형발전에 이바지함을 목적으로 한다'고 명시하고 있다. 또 국가 및 지방자치단체는 지역신문의 건전한 발전을 위해 필요한 시책을 강구해야 한다고 강제 조항을 뒀으며, 지역신문의 육성과 지원을 위한 시책을 실시하기 위해 필요한 법제, 재정, 금융상의 조치를 할 수 있다(법 제4조)고 규정하고 있다. 이어 문화관광부장관은 3년마다 지역신문의 발전과 신문산업으로서의 기반을 강화하기 위해 지역신문의 발전지원계획을 수립, 시행해야 한다(법 제6조)고 의무 규정화했다. 지역신문이 정확하고 공정하게 보도하고 지역사회의 공론장으로서 다양한 의견을 수렴해야 한다는 책무를 둔 것(법 제5조)은 물론이다.

법적으로는 중앙정부나 지방자치단체가 지역신문의 언론자유 증진과 유통구조 개선, 조사, 연구, 기술개발, 교육, 인력양성 지원 등 거의 전반에 걸쳐 지원할 수 있는 길을 터놨으나 이에 소요되는 예산확보 방안 미비, 2010년 9월까지 6년간 효력을 갖는 한시법이라는 점에서 한계가 있다.

지역신문발전 지원계획으로는 지역신문의 언론자유 증진과 자율성 보장, 지역신문 발전 지원의 기본 방향, 지역신문 발전을 위한 중장기 및 연도별 지원계획, 지역신문의 유통구조 개선을 위한 조사·연구·기술개발·교육 및 인력양성 지원에 관한 사항을 법에 명시했다. 법 제15조에서는 지역신문발전기금의 용도로 지역신문의 경영여건 개선을 위한 지원과 지역신문의 유통구조 개선에 관한 지원, 지역신문 발전을 위한 인력양성 및 교육·조사·연구, 지역신문의 정보화 지원, 지역신문의 경쟁력 강화와 공익성 제고를 위해 필요한 사업으로서 대통령령이 정하는 사업 등으로 다양한 지원이 가능하도록 하고 있으나 실제 지원은 기금 규모에 따라 결정될 수밖에 없는 실정이다.

또 법 제16조는 기금의 지원 기준으로 1년 이상 정상적으로 발행할 것, 광고 비중이 전체 지면의 1/2을 넘지 아니할 것, 한국 ABC협회에 가입할 것, 지배주주 및 발행인, 편집인이 지역신문 운영과 관련하여 대통령이 정하는 사항에 대해 금고 이상의 형을 받지 아니할 것 등으로 명시, 건전신문을 선별적으로 육성하겠다는 뜻을 분명히 밝히고 있다. 따라서 지배주주 및 발행인, 편집인이 지역신문 운영 등과 관련해 정기간행물의 등록에 관한 법률, 근로기준법, 노동조합법·노동관계조정법, 독점규제 및 공정거래에 관한 법률, 형법, 변호사법, 직업안정법 등과 관련 금고 이상의 형을 받을 경우는 지원받을 수 없게 된다.

법은 또한 기금을 지원받고자 하는 지역신문은 전년도 경영실적과 재무상태, 그밖에 대통령이 정하는 사항을 문화관광부장관에게 제출해야 하며, 지역신문 중 편집 자율권 및 재무 건전성의 확보 등 대통령이 정하는 기준에 해당하는 지역신문에 대하여 기금을 우선 지원할 수 있도록 규정했다. 즉 이 법은 건전한 지역신문들에게 일정 정도의 자금을 지원함으로써 그들의 건전성을 강화시키는 데 목표를 두고 있다.


## 5. 지역신문정책에 대한 잠정적 평가


대부분의 지방언론은 종업원 수나 매출규모 등에 있어 중소기업체의 수준이다. 따라서 지방중소기업체를 육성지원해주고 있는 여러 법제의 혜택을 받게 돼있고 세제상으로도 지방세법상 사업소세의 50/100 경감조치라든가 우편·통신료의 감면, 신문판매 및 도서에 대한 부가가치세 면세, 월 20만원 한도의 취재비용에 대한 비과세 등 여러 유형의 직·간접지원을 받고 있다. 그러나 이 같은 지원책으로는 80대 20의 경제력을 갖고 있는 재경 언론사의 거대자본에 맞설 수 있는 경쟁력을 갖추기는커녕 자생력 확보조차 힘겨운 상황이다 (김중석, 2003).

그동안 한국에서 지역신문에 특화된 제도적 지원은 전무했다. 비로소 2004년 3월 국회에서 지역신문발전지원특별법이 통과되고, 9월에는 시행령이 제정되면서 지역신문에 대한 제도적 지원이 가능해지게 되었다. 한국처럼 정부가 신문에 직접적인 지원정책을 펴고 있는 국가로는 오스트리아, 벨기에, 덴마크, 에스토니아, 노르웨이, 핀란드, 프랑스, 이탈리아, 룩셈부르크, 말리, 러시아, 스웨덴 등이 있다. 그러나 이들 국가의 경우 한국처럼 지역신문만을 위한 지원제도는 없다. 따라서 한국의 지역신문정책은 세계적으로도 획기적이라고 할 만하다.

지역신문발전지원특별법의 제정을 계기로 비록 6년이라는 한정된 기간이지만 지역언론 활성화 차원에서 지역신문에 대한 국가적 지원체제가 가동될 수 있게 되었다. 이 법은 지역언론계뿐만 아니라 학계와 시민단체의 오랜 염원을 입법한 것으로, 위기에 처한 한국 지역신문의 재건을 위한 청사진이다(한국언론재단, 2004a: 3). 그만큼 이 법은 고사 위기 직전의 한국 지역신문을 구할 구세주로 여겨져 많은 지역신문사들에 기대감을 불러일으키고 있다.

물론 비판과 논란이 없는 것은 아니다. '독버섯에 거름주기'라거나 '죽은 나무에 물 붓기'식의 생명 연장의 한 방편에 불과하다는 등 지역신문을 법적으로 지원하는 것에 대해 회의적인 시각도 상존하는 게 사실이다(민경명, 2004: 1). 법 통과 이후 시행령 제정을 둘러싼 각 단체의 서로 다른 입장과 이해갈등은 향후 지원의 목표, 효용성, 합리성, 공정성 등에 대해 시비와 논란이 끊이지 않을 수 있음을 예고하고 있는 것인지도 모른다. 법안의 제정과정에서 일부 단체들을 중심으로 제정반대 여론이 있었지만, 여·야 모두 원칙적으로 지역신문 시장의 위기에 대한 인식과 활성화 방안 마련에 대해서는 의견이 일치했다는 점에서 정부의 언론에 대한 개입이라는 원론적 수준의 시비와 논란은 크지 않다.

그러나 앞으로의 문제는 지원을 둘러싼 효용성, 합리성, 공정성 등의 논란으로 인해 또 다시 원점으로 돌아가 정부의 언론 개입 논란으로 번질 가능성도 배제할 수는 없을 것이다. 그럼에도 불구하고, 독자시장과 광고시장에서 전국지와 지역내 이종 또는 동종 매체들과 2중 또는 3중의 경쟁을 벌이고 있는 열악한 환경의 지역신문의 활로를 개척할 수 있는 계기를 마련했다는 점에서는 긍정적인 평가를 해야 할 것이다.

지역신문발전지원특별법의 핵심 내용은 지역신문의 회생을 위해 정부가 재정지원을 하되, 언론의 정도를 걷는 건강한 지역신문에게만 지원 혜택이 돌아가도록 함으로써, 지역신문의 건강성 회복과 난립으로 인한 과열경쟁 상황의 해소가 동시에 이루어지도록 유도하자는 것이다(한국언론재단, 2004a: 201). 이런 측면에서 이 법은 지역신문을 일괄적으로 지원하는 것이 아니라 선별 지원하도록 규정하고 있다. 즉 지역신문 중에서도 건전한 언론활동을 하는 지역신문을 대상으로 경쟁력을 갖출 수 있도록 선별하여 지원하는 시스템이다.

따라서 현재 지역신문들이 처해 있는 극심한 난립과열 경쟁구도 속에서 자생력을 갖춘 건실한 지역신문으로 거듭날 수 있기 위해서는 외부적 지원과 내부적 개혁의 상호작용, 즉 '지원을 통한 개혁'이라는 이중적 과제를 실현해야 한다. 지역신문에게 1980년 '1도 1사'를 규정한 권위주의적 언론기본법이 법을 통한 언론통제였다면, 2004년 지역신문발전지원특별법은 생존과 발전을 위한 지원이라고 하지만, 지역신문 내부 개혁을 담보로 하고 있다는 점을 간과해서는 안될 것이다(민경명, 2004: 1). 따라서 지원법 적용의 전제로 재무 회계자료의 공개나 ABC 가입 등을 통한 경영투명성 확보, 노사 협의와 참여에 의한 편집권 독립장치 또는 독자위원회의 설치, 지역사회로부터의 신뢰 제고 등이 반영되어야 지원에 따른 명분과 사회적 공감대가 형성될 수 있다(김중석, 2003).

지역신문발전지원특별법이 시행되고 있지만 지역 신문업계를 제외하고는 그

다지 주목을 받지 못하고 있다. 또한 재원과 지원 규모, 지원 방법, 기원 기준 등에 대해서 향후에도 이해관계 당사자들 간에 논란이 있을 수 있다. 그리고 지원의 실효성에 대한 회의와 우려로 배제할 수 없다. 법 제정 자체가 짧은 기간 안에 만들어졌으며, 지역신문 시장의 문제해결 방식에 대한 광범위한 공감대 형성에도 미진했고, 법안에 대한 논의와 제정 과정에서 법안 제정의 취지가 변질되기도 했다. 특히 지원대상이 되는 지역 군소신문들 간의 이해갈등이 발생할 가능성도 없지 않다. 이런 여러 가지 문제를 고려할 때, 법 제정 그 자체만 가지고는 낙관도 비판도 할 수 없을 것이다. 어떻게 시행하느냐가 더 중요한 문제일 수 있기 때문이다.

현재 상황에서 지역신문발전지원특별법의 공과를 평가하기는 시기상조이다. 그러나 향후 지속적인 법 시행에 따라 나타날 수 있는 부작용들이 있을 수 있다. 예상되는 부작용에는 우선, 지원 방식, 지원 기구, 지원 대상 선정 등과 관련된 문제들이 있다(유선영 외, 2004: 13-14).

첫째, 지원 방식의 문제이다. '선별 지원' 방식은 '일괄 지원' 방식과 달리 지원대상의 선별을 위한 시장 개입을 전제로 하는 것이다. 그로 인해 건전한 지역신문의 선별을 통해 집중 지원하는 과정에서 시장에 대한 과도한 개입을 초래하며 결과적으로 시장의 선택과 자율 조정이라는 자유주의의 근본 원칙을 저해할 위험성이 내재해 있다. 지역신문발전지원특별법 자체가 시장에 대한 개입을 전제로 하는 것이지만 그렇다고 과도한 또는 무분별한 개입까지도 허용한다는 의미는 아니다. 단지 지역신문 활성화를 위해 법에 규정된 한도 내에서 최소한의 개입을 의미하는 것이다.

신문지원제도를 성공적으로 실시하고 있는 서구나 북구의 국가들이 공통적으로 사회민주주의 정치문화와 이념적 기반 위에서 시장에 대한 개입을 정당화하고 국민의 지지를 받고 있는 상황과 비교할 때, 한국이 처해 있는 상황은 크게 다르다. 그동안 한국은 미디어에 관한 한 서구나 북구식이 아닌 영미식 자유주의 이념과 제도를 발전시켜왔으며, 이 과정에서 신문의 기업적 자유와 상업주의를 인정해왔다. 그럼에도 시장에 대한 영미식의 최소주의 개입 대신 유럽식의 사회민주주의적 적극 개입을 시도하는 것은 끊임없이 지원정책에 대한 비판과 논란, 정당성 시비에 휘말릴 수 있는 가능성을 갖고 있다는 것을 의미한다.

둘째, 지원기구의 역할과 기능의 문제이다. 지역신문 지원을 위한 '지역신문발전위원회'의 역할이 다른 나라의 지원기구 역할과 기능에 비해 크고 광범위하다는 것이 문제가 된다. 지역신문 지원을 위한 대상 선정, 지원기준의 적용, 지역신문의 심의 및 평가 과정에서 위원회의 재량권이 너무 포괄적인데다 기금을 일괄지원도 아닌 '선택과 집중'의 원리에 따라 배분하는 결정권을 갖고 있다. 정부의 지원이 언론 길들이기나 특혜지원으로 변질되지 않도록, 그리고 정부가 위원회를 통해 지역신문 시장에 대해 정치적 간섭과 영향력을 행사한다는 시비를 불식시킬 수 있도록 지원기구의 역할과 기능에 대한 지속적인 논의와 이의 조정이 필요하다.

셋째, 지원 대상 선정의 문제이다. 서구나 북구에서는 지원기구의 독립성을 인정하지만 동시에 지원대상의 선정 등이 계량화·표준화할 수 있는 몇 가지 기준만 충족하면 자동적으로 지원되게 함으로써 위원회의 자의적 판단이나 개입을 최소화하고 있다. 그러나 현재 논의 중인 지원조건과 기준은 위원회가 신문의 애용과 질, 발행인의 출신과 경력 등까지 심사함으로써 자동지원이 아닌 '평가와 심사를 통한 지원' 방식으로 굳혀지고 있다. 이 또한 국가의 과도하고 의도가 있는 시장 간섭이나 영향력 행사하는 시비를 불러일으킬 여지가 있을 뿐만 아니라 '지역신문발전위원회' 역시 사회적 갈등과 논란에 휩싸일 가능성이 크다.

결국, 이러한 세 가지의 예상되는 부작용은 법 자체가 가지고 있는 개입주의적 속성에서 비롯된 것이다. 그러나 정부의 인위적 시장 개입이 지나친다면 지원의 합리성과 공정성 등의 시비와 논란을 일으킴으로써 법의 궁극적인 효용성을 상실할 수도 있다.

한편, 지원 대상의 선정 과정에서 이해갈등이 첨예화되거나 담합으로 흐를 가능성을 배제할 수 없다. 지역신문발전지원특별법은 전국지 지배구조로서 전국지에 대해 대항하고 경쟁할 수 있는 건강한 지역신문을 육성해야 하며 이러한 목적 달성을 위해 현재 난립과열 구도로 되어 있는 지역신문 시장 상황을 (구조)조정해야 하며 따라서 지원기금은 경쟁력 있는 신문을 골라 '선별 지원' 해야 한다는 것이다. 선별 지원으로 방향을 잡아가면서 자연스럽게 논의의 초점은 '부실 지역신문'을 지원 대상에서 배제할 수 있는 조건들을 만드는 데 모아졌다. 이는 서구의 지원제도가 '시장에서 약자' 위치에 있는 신문을 지원하기 위해 기준을 만드는 것과 커다란 대조를 보이고 있는 부분이다(유선영 외, 2004: 23).

사실, 이러한 결과는 초기의 법 제정 의도가 변질되었기 때문이다. 초기에는 전국지 의 지역시장 침투에 대응하여 지역신문의 생존을 위한 지원에서 출발했지만, 논의 과정에서 점차 건전한 지역신문의 선택적 지원을 통한 육성 방향으로 선회했고, 이 과정에서 이해 당사자들간의 갈등이 나타났다.[18] 문제는 이해갈등을 조정할 수 있는 메커니즘이 부재한 관계로 첨예한 갈등이 발생할 경우 문제해결이 어려울 뿐만 아니라, 이러한 갈등해소의 방안으로 '주고받기식'의 담합 양상으로 나타날 경우 지역신문지원제도의 본질이 훼손될 수 있다. 이럴 경우, 기존 지역신문 시장의 난립과열 경쟁구도는 존속되고 국가예산만 낭비하는 결과를 초래할 수 있다. 사실, 법안 제정 논의 과정에서 지역신문지원

---

18) 근본적으로 지역신문 활성화 논의 그 자체에 대해서는 대체로 공감하면서도 세부 각론에 들어가면 이해를 달리하는 중앙의 소수 신문 방송사들이 형평성의 문제를 들어 반론을 제기하고 있다. 지원정책에 소요되는 재원의 시행이나 지원정책의 수혜대상이 서울소재 언론이 배제됨으로써 상대적으로 차별을 받는다는 것이기 때문이다. 그리고 이 같은 현상은 중앙뿐만 아니라 지역의 언론사들에게서도 유사하게 나타나고 있는데, 자칫 지역 메이저 언론들의 기득권으로 인해 지역의 영세규모 언론사들이 상대적 차별을 받는 것이 아니냐 하는 우려에서이다. 반대로 지역 메이저 언론들의 우려 또한 없지 않다. 지역신문 발전 및 활성화가 사실상 지역 소재 마이너 신문사들을 위한 잔치가 아니냐는 우려도 있기 때문이다(최경진, 2004: 179).

법을 둘러싸고 발생했던 주요한 딜레마 중의 하나는 사이비성 부실 지역신문의 난립문제였다(김중석, 2003). 지역신문발전지원특별법은 지원과정에서 언론 경영의 투명성을 확보할 수 있고 장기적으로 사이비 지방언론의 난립을 제어할 수 있는 제도적 장치로 기능을 할 수 있어야 한다. 이를 위해서는 지역신문발전위원회의 활동이 정당성과 사회적 공감대를 마련할 수 있도록 하는 갈등 조정 및 관리의 문제, 그리고 부정적 활동을 감시할 수 있는 시스템도 정비되어야 할 것이다.

외국의 경우, 차별화된 높은 경쟁력과 효율적인 경영을 하는 신문은 시장에서 생존했고, 그 반대는 시장에서 퇴출되었다. 생산성이 떨어지고 위기에 처한 지역신문이 시장환경을 변화시키는 기회로 사용된다면 신문지원제도는 효과적일 수 있다. 반대로 신문이 경영을 개혁하고 시장을 확대하거나 비용을 절감하기 위한 기술을 획득하기 위해 사용되지 않는다면, 근본적인 지역신문의 경영 악화를 해결할 수 없다. 따라서 지역신문발전지원특별법 제정을 계기로 지역신문 시장이 투명해지고 공정한 경쟁이 시작되는 계기가 마련되어야 하는 새로운 과제를 안고 있는 것이다. 제도가 그 자체로 효과를 내는 것은 아니다. 제도가 아무리 훌륭하다고 해도 그것의 성공적인 운영은 다양한 요인들에 의해 결정되기 때문이다.[19] 따라서 제도를 하나의 틀로 하여 지역신문들의 왜곡된 시장구조와 위기에 처한 경영 개혁을 위한 다양한 정책방안들이 마련되어야 할 것이다.

---

19) 예컨대, 해당 사회의 정치제도와 이데올로기, 개인의 표현의 자유와 언론자유주의에 대한 신념체계, 정치문화와 역사, 신문시장 상황, 국민의 신문구독률과 정치의식, 공익성 개념의 정착 정도, 언론과 언론인에 대한 신뢰, 집단간 이해관계를 조정하는 의사소통의 구조. 도덕적 및 미학적 전통 등에 따라 신문지원제도의 성공과 실패가 결정되는 것이다(유선영 외, 2004: 12).

# V. 한국 지역신문의 구조 개혁 방안

## 1. 지역신문 구조개혁을 위한 정책기조

한국 지역신문의 위기를 해소하고 자생력을 키우면서 지역사회의 공론장으로서 지역사회 발전에 순기능적인 역할을 할 수 있도록 하기 위한 정부의 정책적 개입은 '필요악'이라고 할 수 있다. 최근 지역신문발전지원특별법과 그 시행령 제정을 계기로 지역신문의 발전을 위한 지원 법제가 마련되었다. 그러나 정부의 지원정책만으로 지역신문이 처해 있는 구조적인 문제들을 해결할 수는 없을 것이다. 이와 병행하여 지역신문의 구조개혁이 반드시 이루어져야 한다. 지역신문이 처한 위기가 시급한 지원정책의 필요성에 부응하여 신속하게 지원법제가 제정된 것만큼이나, 구조개혁 역시 긴급히 수행되어야 할 정책과제이다. 지원과 개혁의 '이중주'가 지원의 효과와 개혁의 효과를 상승시켜 지역신문을 활성화시킬 수 있다고 보기 때문이다. 따라서 긴급히 수행해야 할 구조개혁의 목표와 대상이 무엇이며 개혁원리와 방향이 어떤 것이어야 하는지에 대한 분명한 정책 기조를 가지고 있어야 한다.

## 1) 지역신문 구조개혁의 목표와 대상

악순환을 거듭하고 있는 지역신문의 위기를 극복할 수 있는 방안은 무엇인가? 지역신문의 위기 극복은 지역신문 스스로 문제점을 진단하여 자정과 개혁을 추진해 나가는 것이 가장 효과적인 방법일이 것이다. 신문이 실정법을 위반하거나 사회질서를 어지럽히는 부도덕한 행위를 자행하지 않는 한 신문시장과 경영과 관련한 구조적 문제점들에 대해 외부의 힘이 개입한다는 것은 원칙적으로 바람직하지 못하다. 언론에 대한 외부의 개입은, 그것이 사회적 개입이든 경제적 또는 정치적 개입이든, 언론의 공적·사적 기능을 왜곡할 수 있는 여지가 그 어떤 산업부문보다 많기 때문이다. 그러나 지역신문들 스스로 위기 타개를 위한 의지가 보이지 않는 것도 문제이지만, 지역신문의 위기의 원인과 성격에 비추어 볼 때 지역신문 자체의 내부 위기만이 아니라 내외부의 상호 연관된 여러 요인들이 얽혀 있다는 데 문제의 심각성이 있다.

　언론도 다른 부문들과 마찬가지로 전체 사회체계를 구성하는 일부로서 사회현실을 반영하고 또 그로부터 영향을 받고 있다. 이런 점을 감안할 때, 지역신문의 위기는 수준과 차원들 달리하는 다양한 요인들이 복합적으로 작용하는 '구조적 위기'라고 할 수 있다. 그리고 지역신문이 처해 있는 위기의 복합적이고 구조적인 성격은 저널리즘의 기능을 제약한다는 데 보다 근본적인 문제점이 있다. 지역사회의 부정과 병리, 비리를 보도, 논평, 경고하는 것을 존재이유로 삼아야 할 지역신문이 오히려 내부의 부정과 병리, 비리로 얼룩져 있거나 시장의 불합리한 경쟁구도와 열악한 경영 환경과 취약한 역량 등으로 언론 본연의 기능을 수행하기 어려운 상황에 처해 있는 것이다. 한국언론 2000년 위원회(2000)는 한국 언론의 문제를 다음과 같이 진단하고 있다.

　　오늘의 한국사회는 정치, 경제, 문화의 어느 분야를 막론하고 구석구석 비리와 병리가 산적해 있다. 그러한 한국사회의 문제들을 제쳐놓고 여러 가지 제약 속에 운영되고 있는 언론만을 꼬집어 비난한다는 것은 일방적이요 공정하지도 온당하지도 않을 수 있다. …… 언론은 처음부터 그 외부에 비리와 부정이 있다는 것을 전제로 하고 그것을 보도, 논평, 경고하는 것을 존재이유로 삼아 왔기 때문이다. 따라서 언론계 외부의 사회현실에 문제가 있다는 것은 그 자체만으로는 큰 문제가 아니다. 언론이 그러한 사회현실을 제대로 인식하지 못하고, 취재하고 보도하시노 못하며, 더욱이 비판도 예상도 경고도 하지 못할 때 문제의 심각성이 있는 것이다.

이와 같은 지적은 오늘날 한국의 지역신문 현실에도 상당 부분 부합된다고 할 수 있다.

사실, 지역신문 위기 해소를 위한 구조개혁에 관한 논의는 어제오늘의 일이 아니며 새삼스러운 주제도 아니다. 그 동안에도 많은 논의들이 있어왔고, 그에 대한 다양한 설명과 해결책들이 제시되어 왔다. 그럼에도 불구하고 지역신문이 처한 위기가 해소되지 못한 이유는 그것이 지역신문 자체의 문제에만 국한되어 있는 것이 아니기 때문이다. 지역신문이 처해 있는 문제는 개별 지역신문의 취약한 경쟁력과 저널리즘을 벗어난 비정상적 행위의 행태적 측면 같은 지역신문 내부의 문제뿐만 아니라, 전국지의 시장 독과점과 그 파급효과로 인한 지역신문 시장으로의 확산과 같은 거시적이고 구조적인 신문산업의 문제, 그리고 기술혁신과 세계화로 인한 전체 매체 시장의 구조적 변화 등과 상호 긴밀하게 연관되어 있기 때문이다. 또한 지역신문 시장의 문제는 인구와 인구학적 요인들, 지역경제 규모와 경제지리적 요인과 같은 지역사회의 특성과 더 나아가 중앙과 지역의 관계를 규정하는 한국의 정치적 구조의 영향까지 받고 있다(임영호, 1995; 황용석, 2001).

따라서 지역신문의 구조개혁의 문제는 지역과 국가 수준에서, 그리고 정치적·경제적·산업적 차원에서 다양한 층위의 변수들이 복합적으로 얽혀있다. 이런 측면에서 볼 때, 지역신문의 구조개혁은 신문산업의 구조개혁 차원에 그치지 않고, 지역경제의 구조개혁과, 더 나아가 민주적 정치과정에 미치는 언론의 기능을 고려할 때 지역의 민주적 정치과정을 위한 구조개혁이라는 거시적 측면과도 연관되어 중요한 문제라고 할 수 있다.

우선 지역신문 구조개혁의 목표는 지역신문의 활성화와 경쟁력 제고가 되어야 할 것이다. 공적 기능과 사적 기능을 하는 신문의 이중적 성격을 고려할 때 지역신문의 문제는 사적 기능의 악화가 공적 기능으로 전이되거나 그 역의 관계를 보이는 상호 침투적 양상을 보이고 있다. 건전한 지역신문들도 경영 악화로 언론으로서의 공적 기능인 저널리즘의 구현에 소홀하게 되는 경우가 있는가 하면, 언론으로서의 기능보다는 특정한 의도를 가지고 운영되는 지역신문들이 난립하면서 경영 악화를 가중시키고 있기 때문이다. 이런 측면을 고려 할 때, 지역신문은 저널리즘의 강화를 통해 공적 기능을 복원함으로써 지역사회의 진정한 공론장으로 활성화되어야 하고, 다른 한편으로 지역신문은 언론 기업으로서 자생적 기반 마련과 경쟁력 강화를 통해 현재의 어려운 경영의 위기로부터 벗어나야 할 것이다. 지역신문이 제 기능을 하기 위해서는 이러한 두 가지 측면, 즉 지역신문의 활성화와 경쟁력 제고가 이루어져야 하며, 양자 간의 상호 영향이 지역신문 발전에 상승효과를 가져올 수 있어야 할 것이다.

그러나 정책을 명분으로 지역신문의 공적 기능에 대한 개입은 바람직하지 않다. 언론 본연의 공적 기능에 대한 개입은 언론자유에 대한 개입이 될 수 있기 때문이다. 따라서 정부의 정책은 주로 산업적 측면에서 지역신문의 '경영위기의 해소'와 '시장의 정상화'라는 두 가지를 구조개혁의 대상으로 삼아야 할 것이다. 따라서 지역신문 구조개혁의 목표는 경영과 시장 부문의 구조개혁을 통해 지역신문사의 경쟁력을 제고시키는 데 초점을 맞춰야 할 것이다.

앞에서 살펴본 바처럼, 한국 지역신문의 양적 성장의 이면에는 질적 저하라는 중대한 문제가 있으며, 이는 과도하고 불공정한 시장경쟁, 비합리적인 경영구조가 원인으로 작용하여 그동안 시장원리에 따라 공정하고 합리적인 경영활동을 하지 못해 기업적 생존의 위기를 맞을 수밖에 없었다. 따라서 한국의 지역신문은 이러한 파행적 시장구조를 개선하고 정상화하여 기업적 · 산업적으로 건전하고 튼튼한 경쟁력을 확보하는 것이 중요해졌다.[1] 그동안 전국지의 지역신문 시장에 대한 침투로 인해 시장경쟁과는 상대적으로 무관하거나 간접적인 연관을 맺는 데 그쳐 온 지역신문 영역도 정부의 정책적 개입을 통해 공정한 시장경쟁의 기틀을 마련할 수 있기 위해서도 지역신문이 시장경쟁력을 확보하

---

1) 지금 전 세계적으로 언론환경에서 나타나는 가장 큰 변화는 ٰ위 지유경생이라는 경제적 환경 변하이 멀디미니어 멀티채널이라는 기술적 환경 변화가 중첩되면서, 이전과는 다른 시장경쟁력 중심의 무한경쟁, 복합경쟁 시대가 본격화되고 있다(한국언론2000년위원회, 2000).

는 것은 규범적 차원에서 만이 아니라 현실적으로 당면한 시급한 실천적 과제라고 할 수 있다.

지역신문의 경쟁력 제고를 위해서는 기존의 비합리적이며 비민주적인 지역신문의 경영구조 개선과 시장구조를 정상화해야 한다. 그리고 이를 위해서는 '두 마리의 토끼'에 비유될 수 있는 '효율성'과 '형평성'을 구조개혁 추진의 기본 원칙으로 해야 한다. 효율과 형평의 동시 추구는 곧 지역신문의 경쟁력 강화를 위한 개혁과 지원의 병행의 기본 원리가 될 뿐만 아니라 지역신문의 저널리즘 기능을 강화하기 위해서도 필요한 원칙이다. 효율성 중심의 구조개혁은 또 다른 형태의 독과점 지역신문 기업을 키울 수 있으며, 형평성 중심의 구조개혁은 지역신문의 경쟁력 향상을 저해할 수 있다. 따라서 지역신문의 경영구조와 시장구조의 개혁은 형평성을 벗어나지 않는 민주적 배분 원칙과 효율성의 극대화를 통해 지역신문의 자생력을 확보하게 해주고 나아가 지역신문 시장구조를 건전하고 공정한 경쟁체제로 전환시키는 데 기여할 수 있어야 할 것이다. 이를 위해서는 규제와 지원을 통해 지역신문의 시장 경쟁력을 제고시키고 소수 전국지가 시장을 과도하게 독점하는 것을 방지하기 위한 합리적 시장경쟁 원칙을 확립해야 한다.

## 2) 지역신문 구조개혁의 기본 방향

첫째, 지역신문 구조개혁에서 신문사 자체의 자율적 개혁방안이 우선적으로 중요하지만, 신문사가 스스로 해결하기 어려운 신문시장의 구조적 문제들의 경우 정부의 정책적 개입을 최소한으로 해야 한다. 지역신문 구조개혁에서 지역신문사들 스스로 먼저 자정과 개혁의 노력을 기울여야 함은 아무리 강조해도 지나치지 않는다. 지역신문산업의 위기를 초래한 외부적 요인을 극복하는 데는 국가의 정책적 규제와 지원이 유용하겠지만, 내부적 요인은 반드시 경영과 편집, 제작 부문의 개선을 위한 신문사들의 자구 노력이 있어야 한다(김중석, 2003; 최경진, 2004; 차재영·강미은, 2004).

최근에 마련된 지역신문발전지원특별법의 핵심도 무조건적인 지원이 아니라 개혁과 발전을 전제로 한 지원, 즉 외부로부터의 지원과 내부로부터의 개혁을 유도하는 지원의 성격을 띠고 있다. 즉 지역신문의 재정과 경영이 어렵다고 해서 단순히 지원하자는 것이 아니라 일정 수준의 지원을 통해서 지역신문들이 자체적으로 개혁할 수 있도록 유도하자는 의미를 담고 있다. 지원방침에 관한 철저한 계획 없이 무조건식으로 지원했다가는 자칫 그동안 우려의 대상이 되었던 소위 사이비신문들의 난립 내지는 합법적 양상이라는 우를 범할 위험성이 있기 때문이다. 그리고 궁극적으로는 그러한 개혁을 통해서 지역신문에 대한 독자들의 신뢰를 형성하고 지역이 필요로 하는 건강한 지역언론으로 탈바꿈시키는 것을 목표로 하고 있다. 그럴 때 비로소 건강한 지역신문의 위상은 회복되고 지역에서의 개혁도 장기적인 안목에서 체계적으로 그 결실을 맺을 수 있기 때문이다.

둘째, 지역신문 구조개혁이 국가의 지역신문에 대한 정치적 개입을 가져올 것이라는 우려를 불식시켜야 한다. 외국의 사례들을 보면 지역신문이 안정된 기반 위에서 정상적으로 균형있게 발전할 수 있었던 배경에는 국가의 적절했던 정책적 개입이 중요한 역할을 했다. 신문기업의 투명한 경영을 위해 정상적 기업합병을 위한 법적 통제와 시장점유율의 상한선 제한, 그리고 영세신문에 대한 재정적 지원 등에 관한 방안을 입법화했던 것이 바로 그것이다. 주요 선진국들이 중앙과 지역 간의 균형있는 신문시장 점유율을 이루면서 안정적인 시장기반을 구축하게 된 데에는 지역신문들의 자구노력도 있었지만 특히 국가가 민주적 합의 절차를 거쳐 적절한 지원정책을 시행했기 때문이다(최경진, 2004: 180).

그러나 지역신문 활성화를 위해 의회나 정부가 아무리 정당성을 가지고 정책을 입법 수행하고자 한다 하더라도, 국가권력에 의한 언론정책의 수행과정에

서 언론에 대한 국가 영향력의 파급 가능성이 분명히 존재한다. 그럼에도 정부
나 정당 등 정치권 차원에서 주도하는 지역신문 활성화 논의는 자칫 정치의
언론에 대한 영향력 행사라는 오해의 여지가 있을 수 있다. 정치권력이 언론을
장악하고 자신들의 정치적 이데올로기에 이용할 목적으로 시행했던 언론정책들
이 지난 수십 년 동안 부단히 이어져온 전례가 있었기 때문이다. 이런 측면을
감안하여 지역신문 구조개혁을 위한 정부의 개입은 최소한에 그쳐야 하고, 개
입의 정당성 확보를 위해 언론단체와 학계, 언론관련 시민단체 등과의 자발적
으로 협조에 기반해야 한다.

셋째, 지역신문의 구조개혁은 광범위한 관련 법과 제도들의 개혁을 통해 추
진되어야 한다. 한국 신문과 같은 구조적 기형과 비정상적인 시장을 정상화시
키는 데는 무엇보다 관련 정책이나 법·제도적인 개선이 중요하다고 할 수 있
다. 지역신문지원특별법의 취지는 단순히 경영이 어려운 지역 신문사에 재정적
인 지원을 해서 숨통을 터주자는 것이 아니라, 이를 통해 지역신문 업계의 자
체적인 정화와 개혁을 통한 활성화를 유도하려는 것이다. 그러나 지원 기금의
규모나 지원 방식에 따라 지역신문 업계의 호응이 달라질 것으로 예상되기 때
문에 이 같은 긍정적인 입법 취지가 얼마나 실현될 수 있을지는 아직 미지수
이다(차재영·강미은, 2004: 36). 또한 지역신문발전지원특별법으로 지역신문
의 발전과 개혁을 완전히 담보해 내기도 어렵다. 이 법에 포함될 수 없거나
근거하지 않는다 할지라도 기존의 법체계 내에서, 또는 신문법의 개정 등을 통
해서 실행할 수 있는 정책들도 있기 때문이다(권혁남, 2003; 문종대, 2004:
100). 따라서 지역신문 발전에 걸림돌이 되는 구조적인 문제에 대한 해결을
위해서는 기존의 법체계 내에서 관련 법률들의 개정이나 별도 법률의 입법화
를 통해서 제도개혁을 추진할 수 있다.

넷째, 지역신문에 대한 제도적 지원책은 건전한 시장질서 파괴를 가져오지
않도록 신중하게 수립·시행되어야 한다. 지역신문의 구조개혁은 건전한 시장
경쟁 체제를 왜곡시키고 지역신문의 경쟁력을 저하시켜서는 안 될 것이다. 지

금까지 정부는 정책광고, 계도지 구입, 홍보비와 촌지 등의 음성적 지원을 지역언론에게 제공해왔다. 그러나 이러한 지원은 오히려 지역언론의 신뢰도를 저하시키고 경쟁력을 약화시켰다. 지역언론의 경영 정상화나 언론으로서의 전문성 확보에 도움을 주기는커녕, 지역언론을 지역비리의 온상으로 전락시켰다. 지역사회가 지역언론 육성의 필요성에 대해서는 절실히 공감하면서도, 지역언론에 대한 정부의 지원을 우려하는 것도 이 때문이다.

다섯째, 지역신문이 처한 위기의 구조적 성격을 고려할 때, 지역신문이 활성화되기 위해서는 지역분권화와 지역경제 활성화가 지역신문구조개혁과 병행되어 추진되어야 직접적인 효과를 거둘 수 있다. 지역분권과 지역경제 활성화 없이 전국지와 같이 동일한 시장 메커니즘 하에서 경쟁한다는 것은 불가능하다. 전국지가 지역지에 비해서 우월한 경쟁력을 갖고 독점적인 시장지배력을 갖게 된 가장 큰 이유 중의 하나는 지금까지 국가권력 및 경제권력을 비롯한 권력의 과도한 집중화에 따른 결과라고 할 수 있다. 따라서 장기적으로는 정치 및 경제에 있어서 지속적이고 실질적인 지역분권화 정책이 시행되어 지역신문의 시장조건이 개선되어야 한다. 정치·경제·사회·문화적 권력의 분권화 없이는 지역신문은 시장에서 실패할 수밖에 없다. (문종대, 2004: 94).

마지막으로, 지역신문 시장의 확대를 위해서는 시민사회의 발전이 필수적이다. 지역신문은 지역주민들의 관심과 애정이라는 토양 위에서 지역정치와 행정의 완전한 독립, 지역경제의 활성화라는 조건들이 충족될 때 비로소 발전을 기대할 수 있다. 한국의 지역신문은 아직은 지역주민의 관심, 지역정치와 행정적 독립, 지역경제의 활성화 등의 조건들을 갖추지 못한 실정이다(권혁남, 1994: 24). 지역신문의 문제는 지역신문 자체 노력이나 의지 차원을 넘어선 정치경제상의 구조적인 문제일 뿐만 아니라 그것이 단기간에 해결될 성격으로 보기 어렵다. 지역신문의 발전은 어디까지나 정부와 지역신문, 그리고 지역주민 등 삼자의 공동노력 없이는 그 성과를 기대하기 어렵다(권혁남, 1994. 25). 특히 신문산업의 시장규모는 결국 시민사회의 성장과도 밀접한 연관성을 갖고 있기 때문에 시민사회의 발전 없이는 더 이상의 시장 확대를 기대하기 어렵다(김남석, 1999: 72-73).

## 2. 경영구조 정상화를 위한 제도개혁

지역신문사의 경영 위기의 직접적인 원인은 재무구조의 취약성에서 기인한다. 전국지의 지역신문 시장에 대한 광범위한 침투와 시장 경쟁력이 없는 다수의 신문사가 난립하여 과당경쟁이 이루어지면서 대부분의 지역신문들이 경영파탄의 위기에 몰리고 있다. 이런 경영 위기의 상황에서도 지역신문들은 신문기업으로서 생존을 위해 동원 가능한 모든 수단과 방법을 찾고 있다. 지역신문들이 경영 위기를 벗어나는 데 몰두하는 만큼, 저널리즘의 본질이나 언론의 사회적 기능은 부차적인 문제가 되고 오로지 생존을 위한 이윤 추구를 전면에 내세운 지면의 상업성이 더욱 강조될 수밖에 없다. 이처럼 경영 위기는 지역신문의 존립을 위협할 뿐만 아니라 그로 인한 부실한 저널리즘과 사회적 기능으로 인해 존립의 정당성마저 위협하고 있다.

지역신문은 공론장 역할을 통해 존재 의의를 찾아야 한다. 독자의 증가와 광고 및 판매수입 증대에 의해 경영의 정상화가 이루어질 때 다양한 간섭과 통제로부터 벗어나 지역사회의 공론장으로서의 역할을 더욱 충실하게 수행할 수 있다. 즉 지역신문의 공론장 역할과 경영개선 측면은 양자의 발전을 가능하게 하는 상호보완적 순환관계에 있는 것이다(이진로, 2002: 545). 따라서 경영구조의 정상화는 단순히 지역신문의 기업의 존립을 위해 필요할 뿐만 아니라 지역사회에서 저널리즘의 본질과 언론의 사회적 기능을 구현하기 위해서 더욱 필요한 문제라고 할 수 있다.

지역신문의 경영구조는 한마디로 '악순환의 구조'라고 할 수 있다. 자본과 매출액의 영세성, 경영의 비전문성, 보도내용의 신뢰성 부족, 그리고 판매의 비효율성 등과 같은 구조적인 문제점을 내포하고 있으며, 더욱이 이러한 각각의 문제점들이 상호 밀접하게 연결되어 있어 경영 위기의 악순환에서 주요한 고리로 작용하고 있다(이진로, 2002: 541). 이와 같은 지역신문의 악순환적 경영구조는 어떤 한 가지의 문제에 대한 단기적인 처방을 통해 개선되는 것이 아니라는 점에서 문제의 심각성이 크다고 할 것이다. 그러나 장기적인 관점에서 볼 때, 경영 위기의 악순환 구조를 선순환 구조로 전환시키기 위해서는 하나씩 그러한 고리들을 끊는 단계적인 전략과 함께, 이러한 악순환의 모순구조를 해체하기 위한 법과 제도의 개혁이 필요하다.

지역신문의 경영 위기는 지역신문 자체의 문제만이 아니라 한국 신문산업 전체의 구조적인 문제와 연관되어 있다. 즉 지역신문 자체의 문제만 해결한다고 해서 지역신문의 경영을 정상화시키기 어렵다는 것이다. 지역신문의 경영 정상화를 위해서는 이를 규제 또는 지원하는 다양한 언론법제의 개혁을 필요로 한다. 그러나 언론법제를 지역신문에 특화된 형태로 개혁하는 데는 지역신문 시장에 이해관계를 가지고 있는 전국지의 반발과 저항을 간과할 수 없다. 또한 언론법제의 개혁은 전체 신문산업의 구조를 변화시킬 수 있는 파괴력 때문에 이에 대한 주류 전국지들의 반발과 저항을 돌파하기가 쉽지 않다. 지역신문 구조의 전환은 법과 제도의 개혁을 통해서 이루어져야 하며, 이 중에서도 지역신문의 저널리즘 구현에 본질적인 영향을 미치는 소유·경영·편집을 규정하는 법제에 관한 개혁은 필수적인 과제라고 할 수 있다. 하지만 언론과 관련된 법과 제도는 지역신문에만 적용하는 특별법의 형태가 아니라, 모든 신문을 포괄하는 법률의 형태로 존재하기 때문에 소유·경영·편집을 규정하는 법제의 개혁은 곧 전체 신문산업 구조개혁을 의미한다는 점에서 지역신문의 경영 정상화를 위한 법과 제도의 개혁에 어려움이 존재한다.

여기서는 지역신문의 경영구조 정상화를 위해 소유구조, 편집권 독립, 경영 투명성의 세 측면에서 법과 제도의 개혁을 위한 방안을 모색한다. 그러나 앞에서 지적한 것처럼, 지역신문의 소유·경영·편집을 규정하는 법과 제도의 개혁

은 곧 전국지를 포함한 한국 신문산업의 구조개혁과 연관되어 있기 때문에, 이
런 점을 감안하여 개혁 방안에 대해 논의한다.

## 1) 소유구조의 개혁

언론산업에서 소유구조는 특정 언론매체의 성격과 기능을 규정하는 핵심요
소로 작용한다. 언론매체는 자본의 성격으로부터 자유롭지 못하기 때문이다.
예컨대, 재벌이 언론을 소유한 경우 재벌그룹의 이해관계를 보호하고 대변하며
영향력을 행사할 수 있기 때문에 언론의 독립성과 공정성이 훼손될 수 있다.
또한 1인이나 소수의 친인척 중심으로 소유구조가 형성되어 있는 이른바 족벌
신문의 경우도 소유 집중이 경영통제로 이어지게 되고, 경영통제는 편집권의
자율성을 침해하게 되어 소유주의 사적 이해관계를 관철하는 수단으로 이용될
수 있다. 따라서 언론의 소유구조가 어떻게 되어 있느냐에 따라 보도내용도 크
게 달라질 수 있게 된다.

소수의 개인이나 단체에 의한 언론의 독점은 경영 통제와 편집권 장악을 통
해 여론의 다양성을 침해할 수 있다. 소유구조의 개혁은 '소유의 다원성'을 통
한 여론의 다양성을 목표로 하며, 따라서 언론 시장의 정상화보다는 언론의 공
적 성격의 회복을 목적으로 한다. 요컨대, 소유구조 개혁은 여론의 다양성 확
보 또는 언론 권력의 분산이라는 맥락에서 이루어져야 할 것이다. 언론이 공정
보도, 진실보도를 실현하려면 편집권 독립이 중요하고 그것은 소유와 경영의
분리, 편집과 경영의 분리를 통해서만이 가능하다. 그러나 언론산업의 특성상
소유가 집중되면 경영이 자본에 종속되고 편집권 역시 자본의 영향으로부터
자유롭지 못하게 된다. 결국, 특정인이나 단체에 의한 언론지배를 규제하기 위
해 지배주주의 지분한도가 일정한 범위를 넘지 않도록 하는 소유구조 개혁이
편집권 독립을 보장하는 최선의 장치라고 할 수 있다. 따라서 언론사 지배주주

의 지분율을 낮추고 주식소유를 분산시켜야 하며, 이를 통해 소유주의 내적 통제력을 약화시켜 편집권 독립을 저해하는 본질적 요인을 제거할 수 있다(한국언론2000년위원회, 2000).

한국 신문산업의 소유구조는 최근 다소 변화를 보이고는 있지만 여전히 '집중'을 그 특징으로 하고 있다. 전국지의 경우 높은 시장 점유율을 가지고 있는 유력지들의 대부분이 소유집중의 형태를 보이고 있다. 대부분의 전국지들은 한 개인이나 소수가 76~99%에 이르는 주식 지분을 장악하고 있다. 대표적으로 한국 신문시장의 70% 이상을 장악하고 있는 조·중·동과 한국일보는 모두 일가 친척 또는 특수관계인이 소유지분의 대부분을 소유하는 극심한 소유집중의 형태를 보이고 있다.

소유집중은 지역신문에서도 크게 다르지 않게 나타나고 있다. 많은 지역신문들은 일가족 또는 소수의 특정인 및 단체, 그리고 기업이 소유하는 매우 집중된 형태를 보이고 있다. 지역신문의 주요 주주와 소유지분을 보여주는 <부록 1>을 보면 분명하게 나타난다. 부산일보의 경우 정수장학회가 100%의 지분을 가지고 있고, 매일신문은 (재)대구천주교유지재단이 98.90%의 지분을 가지고 있으며, 국제신문은 (재)신라장학재단과 (재)인계장학문화재단이 각각 50%의 지분을 가지고 있다. 1인의 지분이 50%를 넘는 신문만도 대전일보, 대한일보, 전북일보, 전주매일, 제민일보, 충북일보 등 6개나 되고, 그 외에 경상일보, 광역일보, 광주타임스, 기호일보, 대구신문, 새전북신문, 아세아일보, 전남도민일보, 전남매일, 전민일보, 전북 중앙신문, 제주일보, 한라일보 등이 소수의 개인들이 지분을 소유하고 있다. 강원일보, 경남신문, 광남일보, 광주일보, 새전북신문 등은 기업이 대주주로 있는 신문들이다.

언론이 1인 또는 소수의 개인이나 단체에 집중되어 나타나는 폐해 중 가장 심각한 것은 언론이 사회적 기능 차원에서 저널리즘을 구현하기보다는 대주주의 이해관계를 대변한다는 점이다. 이들 대주주가 경영권과 편집권을 장악하게 되면, 신문은 이들의 홍위병, 방패막이가 될 수밖에 없고, 때로는 대주주를 위한 공격수가 되기도 한다. 이러한 가장 대표적인 사례로 2000년 제16대 총선에서 전남일보가 보여준 사주 이정일 후보를 위한 노골적인 편파보도가 있다(권혁남, 2003). 결국, 특정 개인과 단체에 의한 과다한 소유 집중은 신문이 사주의 정치적 이익이나 경제적 이익을 도모하는 도구로 전락할 수 있는 가능성을 갖고 있는 것이다. 따라서 지역신문의 소유구조 개혁은 지역사회 여론의 다양성과 신문의 저널리즘 기능 회복과 같은 공적 기능 회복을 위해서 필요하다.

그러나 문제는 여기서 그치지 않는다. 소유의 집중으로 인한 폐해는 지역신문의 난립으로 인한 과당경쟁에도 영향을 미친다. 여러 지역신문들이 시장 퇴출 직전의 경영난에도 불구하고 신문발행을 계속하고 있는 것은 사회적 공기로서 언론의 사명감 때문이 아니라 신문을 사주의 이해관계를 관철시키는 수단으로 활용하기 위해인 경우가 많다. 시장경쟁에서 토대한 지역신문들은 자연스럽게 시장에서 퇴출되어야 함에도 불구하고 존립함으로써 건전한 다른 지역신문들의 존립기반마저 흔들고 있는 것이다. 이런 측면에서도 지역신문의 소유구조는 개혁되어야 하고, 이것은 지역신문 구조개혁의 출발점이 될 수 있다.

그동안의 언론 개혁 논의에 비추어 볼 때 소유구조 개혁은 지난한 과제이다. 소유지분 제한을 둘러싸고 언론계의 이해당사자가 강한 저항과 반발을 하고 있으며, 이에 대한 반대론자들의 목소리도 만만치 않으며, 학계나 법조계에도 반대론자들이 있다. 예컨대, 한국언론 2000년 위원회(2000)는 기본적으로 소유집중의 폐해는 인정하면서도 소유지분 한도를 정하는 입법은 헌법의 재산권 보장과의 관계에서 '과잉금지의 원칙'을 충족시키기 어렵기 때문에 위헌의 소지를 가지고 있다 주장한다. 또한 최근 선진국의 사례를 볼 때 언론의 공정성 확보를 위한 법리상의 변화가 나타나고 있으며, 그 대표적인 에로 소유 제한보다는 시장점유율 제한이 보다 바람직한 방안이라는 주장도 있다(박선영, 2001b).

그러나 언론자유의 본질은 편집과 내용에 관한 것이지 소유 그 자체는 아니

다. 소유집중이 언론자유와 국민의 알권리 실현을 위협하기 때문에 그에 대한
규제는 법적으로나 도덕적으로 정당하다.[2] 또한 선진 외국의 경우와 달리, 한
국신문의 소유구조는 과도한 집중과 그로 인한 폐해가 오랫동안 지속되고 있
기 때문에 늦출 수 없는 시급한 개혁 과제라고 할 것이다.

소유구조 개혁을 위한 법제화 방안에 대해서는 그동안 많은 논의들이 진전
되어 왔다. 그 중에서도 가장 중요한 것이 한국적 특수성을 감안한 1인 지분
한도의 제한 문제이다. 한국에서는 사주에 의해 기업의 편집권, 인사와 예산이
장악되어 다양성과 비판성이 억압되고 공익보다 사주의 이익에 복무하는 언론
사유화의 문제가 심각하기 때문에 최대주주의 지분한도를 제한하는 소유규제를
해야 한다고 주장한다(김승수, 2002: 362). 현행 방송법에서 방송사 최대주주
의 지분한계(30%)를 한정하고 있는 것과 같이 신문사 역시 한 개인에 의한
소유 집중을 제한 할 것을 주장하고 있다. 이러한 지분한도의 제한에 대해서는
많은 사회적 공감대를 형성하고 있지만,[3] 그 비율을 얼마로 할 것인가에 대해
서는 30%(언론개혁정책위원회, 1997; 박형상, 1998; 김승수, 2002)에서부터
20%(박용규, 1996; 1998) 또는 10~15%까지 의견이 분분하다.

그런데 지역신문의 소유규제와 관련하여 주목할 만한 소유규제안은 경쟁업
체의 수를 고려하여 그 비율을 정하자는 주장이다(김종서, 1996). 즉 경쟁의
논리를 적용하여 전국지와 지역지의 최대주주 지분 비율을 달리하자는 것이다.
전국지는 전국을 배포 대상으로 하고 있으며 따라서 경쟁 대상인 신문들도 많
을 수밖에 없다. 그러나 이는 결국 그 영향력의 범위가 넓다는 것을 의미하기
때문에 이런 신문에 대한 특정인의 영향력은 최소화되어야 한다는 것이다. 이
런 측면에서 지역신문의 소유규제를 위한 지분한도의 비율은 30% 선에서도

---

2) 소유규제의 법적 근거에 대한 논의는 김승수(2002: 360-361) 참조.

3) 2001년에 실시된 언개련의 국민 여론조사에 의하면 국민들은 신문사 대주주이
   주식 소유 지분을 제한하는 것에 대해 72.0%가 필요하다고 생각하고 있다.
   이에 반해 21.0%만이 필요하지 않다고 생각하고 있는 것으로 나타났다(언개
   련, 2001).

충분히 가능할 것이다.

소유집중 해소와 관련하여 강조되어야 할 또 한 가지의 사항은 친인척, 관계기업 및 재단 등에 의한 전횡을 방지하는 방안이다. 이를 위해서는 이사회에서 특수관계인의 이사 수의 제한 비율을 제한해야 한다. 현행은 1/3을 규정하고 있으나 이보다 더 적은 1/5을 넘지 못하도록 해야 한다. 또한 특수관계인에 대한 정의도 포괄적이면서 보다 명확하게 규정해야 한다. 예컨대, 언론개혁정책위원회(1997)는 20% 제한에 들어갈 수 있는 특정인의 관계를 '8촌 이내의 혈족 및 인척, 배우자, 처의 삼촌 이내의 혈족 관계에 있는 자 또는 직계비속의 배우자'로 규정하고 있으며, 박용규(1996; 1998) 등은 민법 777조에 더하여 이들이 설립한 사단 또는 재단 법인의 임직원을 포함할 것을 제안하고 있다. 소유집중을 위한 신문사들의 온갖 편법이 난무하는 현실을 고려할 때, 특수관계인의 비율과 범위는 가능한 한 엄격하게 규정해야 할 것이다.

소유집중 해소를 위한 또 한 가지 방안은 기업 공개에 의한 기업 경영의 투명성 확보를 통한 방안이다. 1997년 1월 '자본시장육성에관한법률'이 폐지되었기 때문에 지역신문사들의 기업공개가 어렵지만, 별도의 입법이나 관련 법률에 특별 조항을 넣어서라도 기업 공개가 가능하도록 하는 방향을 모색해야 할 것이다. 소유집중 해소를 통해 언론의 공정성을 확보하기 위해서는 신문 편집이나 경영 감시 등을 위한 외부인의 참여를 다양하게 확보할 수 있는 사외이사제나 사외감사제, 경영감시제, 광고요금산정위원회, 운영위원회 제도 등의 도입이 반드시 선행되어야 한다. 그러한 기반이 형성되지 않은 상태에서 소유제한은 기능을 발휘하기 쉽지 않기 때문이다(박선영, 2001b).

소유지분 규제가 현실적으로 실현 가능하도록 하기 위해서는 반드시 그에 대한 법제화가 이루어져야 할 것이다. 그러나 이는 지역신문만의 이슈가 아니라 전체 신문산업의 이슈이기 때문에 단기간에 실현되기 쉽지 않은 문제이다.[4]

---

4) 2005년 1월 통과된 '신문 등의 자유와 기능 보장에 관한 법률'(이하 신문법)에서 '신문사의 소유지분 분산 조항이 제외되었다.

그러나 지역신문의 경우 단기적으로 소유집중을 완화할 수 있는 토대가 이미 마련되었다. 지역신문발전지원특별법을 근거로 지역신문의 육성을 위한 대상 선정에 최대주주의 소유지분 한도를 규정하여 자발적으로 소유지분을 분산시키 도록 하는 방안을 생각할 수 있다. 물론 이 법이 6년이라는 한시법이고, 지원 규모가 얼마나 지역신문들의 소유지분 분산에 인센티브로 작용할 수 있을지에 대해서는 확언할 수 없지만, 이 법은 충분히 소유지분 분산을 유도하는 토대로 활용할 수 있을 것이다.

결국, 지역신문의 소유구조 개혁은 이를 규정하는 입법화를 통해서 이루어질 때 가장 직접적인 효과를 발휘할 수 있겠지만, 이것이 단기적으로 어려울 것이 라는 점을 예상하여 지역신문발전지원특별법 상의 지원조건으로 최대주주의 소 유지분 한도(예컨대, 30%) 규정을 만들어 이를 통해 소유지분을 분산시키도록 유도해야 할 것이다.

## 2) 편집권 독립을 위한 제도개혁

편집권이란 대외적으로는 언론사가 외부의 간섭이나 규제 및 통제 없이 뉴 스를 보도하고 논평할 권리인 동시에, 대내적으로는 언론사 내에서 신문편집에 필요한 일체의 관리를 행하는 직무상 권한이다(한국언론2000년위원회, 2000). 과거 권위주의 시대에 언론자유를 침해하는 가장 큰 요인이 대외적인 요인으 로서 국가였다면, 오늘날에는 대내적인 요인으로서 자본, 즉 사주나 경영진의 간섭이라고 할 수 있다. 이러한 언론사 내부의 간섭과 통제를 피하는 방안이 경영과 편집의 분리, 즉 편집권 독립이다. 경영과 편집의 분리는 직무수행상 역할분담의 필요성 때문이기도 하지만, 보다 본질적인 이유는 경영권이 편집 업무의 자율성을 침해할 가능성을 배제하기 위한 제도적 장치의 필요성 때문 이다. 이런 의미에서 경영과 편집의 분리는 소극적으로는 상호간 업무의 불간섭 원칙을 지키는 것이며, 적극적으로는 공익성을 지닌 질 좋은 정보상품을 생산·공급하려는 공동노력을 위한 것이다(한국언론2000년위원회, 2000).

언론사가 공익성을 지닌 정보상품을 생산·공급한다는 점에서 언론사의 경영과 편집은 대립되는 관계가 아니며, 신문제작에서 편집업무는 경영의 핵심이다. 신문에 종사하는 사람은 누구나 특정 신문사에 입사할 때는 그 신문사의 사시로 표시되기도 하는 이념, 목표, 경영방침 등을 수락하고, 그것을 준수하고 성취할 것을 서약한다. 그리고 신문사의 모든 과업의 수행은 그와 같은 이념을 추구하고 목표를 달성하기 위한 경영적 노력이므로 편집도 당연히 경영의 한 부분일 수밖에 없다(한국언론2000년위원회, 2000).

그러나 언론자유를 위해서는 소유와 경영의 분리 못지않게 경영과 편집의 분리 또한 필수적인 문제이다. 소유와 경영의 분리가 소유구조 개혁을 통해 성취될 수 있지만, 이를 강제할 수 있는 법적·제도적 수단이 마련되지 않았다는 점을 고려할 때, 사주의 개입을 제어할 수 있는 효과적인 수단이 될 수 있는 것이 편집권의 독립이다.[5] 따라서 소유와 경영과 편집의 분리는 곧 소유집중 제한과 편집권 독립을 통해 이루어질 수 있다. 신문개혁의 필수조건으로서의 소유구조의 개선은 편집권 독립의 필수적인 요소이기는 하지만, 그것이 편집권의 독립을 자동적으로 보장하는 것은 아니기 때문이다(김승수, 2002: 367-368). 그래서 편집권 독립을 위한 제도적 장치 마련의 필요성이 요청되는 것이다.

헌법 제21조 1항의 '모든 국민은 언론·출판의 자유를 가진다'는 규정의 의의에도 불구하고 오늘날 언론은 국가의 법과 권력에 의하여 규범적으로 제한되고 있으며, 시장의 자유경제 질서 속에서 언론사의 사주나 경영자 등의 경제적 이해에 의해 그 실질적인 표현권, 즉 편집권이 사실상 제약받을 뿐만 아

---

5) 2001년 언개련이 실시한 전국 국민 여론조사에 의하면 우리 국민들이 언론개혁 방안 중 가장 중요하다고 생각하는 것은 편집권 독립(37.6%)이었으며, 이어서 경영 투명성 확보(29.3%), 대주주 지분제한(12.5%), 신문판매시장 개선(8.4%), 시장 점유율 제한(5.5%) 순으로 나타났다(언개련, 2001).

니라 언론사 자체의 존립마저도 힘들게 하고 있다(강경근, 1998: 12). 이러한 현상은 지역신문의 경우 심각성의 정도가 더 크다고 할 수 있다.

지역신문은 소유구조 면에서 전국지에 못지않게 또는 그 이상으로 특정인이나 단체 및 특수관계인에 종속되어 있다. 이는 곧 사주에 의해 지역신문의 경영이 좌우되고 있음을 의미하는 동시에 소유·경영·편집이 각각 분리되어 있지 못한 현실을 고려할 때 지역신문의 편집권은 결국 사주에 의해 장악되어 있음을 의미하는 것이다. 지역신문의 편집권이 사주에 종속되어 있는 상황은 사주의 정치적 또는 경제적 이해관계를 대변하는 지면의 사유화 현상과 그로 인한 저널리즘 기능의 약화로 나타난다. 이러한 현상은 지역신문에 대한 독자들의 신뢰도를 떨어뜨릴 뿐만 아니라 지역신문이 언론 본연의 기능보다는 특수한 목적을 위해 이용되고 있다는 비판을 면할 수 없게 만든다. 따라서 지역신문의 편집권 독립은 소유지분 제한을 위한 개혁과 함께 지역신문의 언론으로서의 제 기능을 할 수 있도록 할 뿐만 아니라 신문 지면의 공정성·독립성의 견지를 통해 독자의 신뢰를 끌어올림으로써 경영개선에도 효과를 가져다줄 수 있다.

그렇다면, 문제는 편집권 독립을 어떻게 보장할 것인가에 있다. 일반적으로 언론개혁에 관한 논의는 많은 부분 선진 외국의 사례를 근거로 전개된다. 그러나 외국의 특정 신문사가 채택하고 있는 편집권 독립을 위한 제도적 장치를 국내 전체 신문사에 획일적으로 적용하려는 발상은 비현실적일 뿐 아니라 언론자유에 대한 또 하나의 국가의 간섭이 될 수 있다는 점에서 신중한 접근이 요구된다. 기본적으로 편집권 독립을 위한 장치는 법률에 의한 획일적인 강요가 아니라 개별 언론사의 소유형태, 역사와 전통, 이념과 목표, 경영철학에 따라 자율적으로 적합한 방식을 고안해 실천하는 것이 최선의 방책이라고 할 수 있다.6)

---

6) 예컨대 편집국장 직선제, 편집국 직원에 의한 편집국장 복수추천제, 경영진이 임명한 편집국장에 대한 편집국 직원의 동의제, 편집국장의 업무수행에 대한

이러한 편집권 독립의 특성을 고려하여 제시되는 대안이 '편집규약'의 제정이다. 이와 관련하여 독일이나 오스트리아가 채택하고 있는 편집 규약은 많은 시사점을 준다(김종서, 1996: 29). 즉 언론사의 경영진과 편집진에 의해 채택되는 이들 나라의 편집 규약은 언론의 편집권을 소유주를 비롯하여 어느 누구도 간섭할 수 없는 편집진의 집단적 권리로 못 박고 있다. 여기에는 편집 책임자·간부·직원의 임면, 편집 방향의 변경, 소유주나 소유 상태의 변화 등에 대하여 반드시 편집진을 대표하는 편집위원회의 동의를 받도록 하고 있다. 이들 규약이 내걸고 있는 정신은 결국 언론은 단순히 이윤을 추구하는 일반 기업과 다르다는 것을 전제하는 것이다.

한국에서도 편집권 독립의 법제화에서 가장 대표적으로 논의되고 있는 것이 편집권 독립을 보장할 수 있는 장치로서 노사가 참여하는 편집위원회 구성이다. 최근 전면 개정된 신문법에서는 제18조에서 편집위원회에 대해 규정하고 있으나 의무적인 것으로 못 박지는 않았기 때문에 그 실효성을 기대하기는 쉽지 않을 듯하다. 우리 현실에서 당장은 소유와 경영의 분리가 어렵기 때문에 경영진의 부당한 편집 관여를 막을 수 있는 장치가 필요하다. 이를 위해 노사 동수의 편집위원회를 구성하되, 노조가 없는 지역신문은 사원 대표를 노조 대표로 대신할 수 있을 것이다. 이와 같이 편집규약은 노사 자율에 의해 이루어져야 하지만 노사 자율에 의해 이루어질 수 없을 정도로 소유주의 기업 지배력이 강한 우리 현실에서는 강제가 필요하다. 그러나 2005년 1월 통과된 신문법에서 편집위원회가 의무조항이 아닌 임의조항이 되어버려 큰 기대를 하기 어려운 상황이 되었다.

그러나 노사가 대등한 관계에서 편집규약을 만들고 노사 동수의 민주적인 편집위원회가 구성된다면, 편집의 독립성과 기자의 양심 보호 등에 상당한 기

---

불신임제 또는 중간평가제 등이 채택되고 있고, 대부분의 언론사에 공정보도 관련 위원회가 설치되어 기사를 심의하고 그 결과를 회사에 건의하는 장치를 두고 있는 것이 그 같은 사례라 할 수 있겠다(한국언론2000년위원회, 2000).

여를 할 수 있을 것이다. 아울러 보다 적극적으로 소유와 경영, 경영과 편집의 분리를 위한 조항도 규약에 삽입할 필요가 있다. 즉 주주는 이사회를 구성하여 사장을 임면하고, 예산결산을 승인하는 정도로 역할을 한정시킴으로써 소유와 경영을 분리하고, 사주가 보도와 편집에 개입하여 자유롭게 언론을 통제하고 사익을 챙기는 문제점을 개선하기 위해 편집에 관여할 공간의 경계를 분명히 함으로써 소유와 경영과 편집을 각각 분리시킬 수 있을 것이다(김승수, 2002: 373).

결국 편집규약의 제정은 편집의 독립성을 확보하는 데 중요한 근거로 작용할 수 있기 때문에 향후 신문법 개정을 위한 노력에서 반드시 이를 의무화할 필요가 있다. 또한 현재 임의적 조항으로 규정되어 있다고 하더라도, 지역신문 발전지원특별법 지원 조건에 편집규약을 포함시키는 방안도 검토할 수 있을 것이다. 지역신문의 발전은 궁극적으로 지역신문의 저널리즘 기능을 회복시키는 데 있으며, 이를 위해서 편집권의 독립은 가장 중요한 제도개혁이기 때문이다.


### 3) 경영 투명성 제고를 위한 제도 개혁

모든 기업의 경영이 투명해야 하지만 신문기업의 경영은 다른 어떤 기업보다 더 투명해야 한다. 신문은 일반 기업과 마찬가지로 이윤추구를 목적으로 하면서도 저널리즘 기능의 구현을 통해 언론의 자유와 국민의 알권리라는 공적 기능을 수행한다. 공공부문의 투명성 요구와 마찬가지로 신문기업에 대한 투명한 경영을 요구하는 것은 바로 이러한 공적 기능의 수행자라는 점에서 그 정당성이 크다.[7]

그동안 한국의 신문시장은 정치권력과 언론 사이의 정치적 거래에 의한 특

---

7) 2001년 언개련의 여론조사에 의하면 우리나라 국민들은 신문사가 발행부수와 유가부수를 공개하는 것에 대해 77.4%가 필요하다고 생각하고 있으며, 오직 18.0%만이 필요하지 않다고 하였다(권혁남, 2003).

혜, 기업의 비리와 언론의 영향력과의 야합에 의한 불공정한 광고거래, 언론의 영향력을 오·남용해 소유주의 사업상 이익을 획득하는 비리 등으로 인해 심각하게 왜곡되어 있다. 그러한 상황으로 인해 자유시장의 원리에 의해 부실한 언론기업이 퇴출되고 새로운 언론기업이 시장에 진입하는 시장경쟁의 원리가 정상적으로 작동되지 못하는 것이 현실이다. 따라서 언론기업의 부당거래 행위는 물론 시장에서의 우월적 지위를 오·남용하는 행위 등을 배제하기 위해 경영의 투명성 확보가 선결과제이다. 또한 경영의 투명성은 시장구조의 건전성과 밀접하게 관련되어 있다. 경영의 투명성이 실현되어야 독과점 해소도 가능해진다. 예컨대, 정확한 시장 점유율을 알지 못한다면 시장지배적 사업자를 가려낼 수 없기 때문이다. 경영의 투명성은 시장의 독과점 해소에 앞서 선결되어야 할 조건이기도 하다. 제도적 장치에 의한 경영의 투명성이 확보되어야 시장의 독과점을 규제하는 공정거래법 조항의 적용이 가능해지며, 언론과 정치권력 및 기업과의 복합적 연계가 끊어져 언론의 독립이 보장되고, 언론의 영향력을 오·남용해 이윤을 극대화할 목적으로 소유주나 경영진이 편집을 좌우하는 행태도 지양될 것이다(한국언론2000년위원회, 2000).

지금까지 언론 외부에서 언론의 경영 상태를 파악하는 것은 거의 불가능에 가까웠다. 신문시장의 내용을 객관적으로 분석할 수 있는 자료에 대한 접근조차 하기 어려웠다. 상황이 이렇다보니 신문경영의 가장 기초적인 단위라고 할 수 있는 유료 발행부수가 얼마나 되는지, 광고수입은 어느 정도인지, 부동산과 증권은 얼마나 갖고 있는지 제대로 밝혀진 것도 없고 알려고 해고 알 수가 없는 상황이다. 이렇게 되면 사주나 경영진의 사적 이해관계에 신문이 종속될 위험이 있다(김승수, 2002: 380). 신문 경영의 투명성은 신문발행 목적의 파행성을 들여다 볼 수 있는 중요한 척도이다. 신문 경영이 투명해지면 사주나 경영진의 사적 이해관계 관철의 도구로 이용하는 것이 불가능하며, 이외의 여러 가지 파행적 운영 역시 불가능해진다.

우리 현실에서 전국지를 대상으로 한 경영 투명성에 관한 논의는 주로 재벌 또는 족벌 신문의 폐해를 막아보자는 목적에서 판매 부수, 수입 내역과 같은 경영 자료, 주식 보유 내역, 이사 현황 등에 대한 파악이 필요하다고 주장한다. 이러한 상황은 지역신문의 경우도 마찬가지이다. 지역신문이 지역민의 애정과 신뢰를 얻으려면 신문사의 경영이 투명해야 한다. 신문 발행목적이 정당하다면, 신문사의 경영 역시 투명해야 한다.

현재 신문사의 재무상태와 경영상태를 진단할 수 있는 회계자료는 금융감독원이 공시하는 신문사의 재무제표이다. 신문기업은 다른 기업과 마찬가지로 "주식회사의 외부감사에 관한 법률"에 따라 재무현황을 공개해야 한다. 이에 따라 사업연도말의 자산총액이 70억 원 이상인 주식회사는 대차대조표, 손익계산서, 이익잉여금처분계산서 또는 결손금처리계산서 및 현금흐름표 등을 작성해 외부감사를 받고 공시해야 한다. 지역신문 중 이 법률의 적용을 받는 신문사는 2002년 현재 전체 60여 종의 지역신문 중 14종밖에 되지 않는다. 14개 지역신문사 중에서도 신문의 재무 및 경영 상태를 알려주는 구체적인 매출액(광고와 판매수입 외에도 외부간행물 인쇄사업, 문화사업, 임대사업, 인터넷사업 등 부수적인 사업매출)을 제출한 신문사는 10개 사뿐이다. 나머지 신문들은 경영과 관련된 일체의 정보가 제대로 공개되지 않고 있기 때문에 신문사의 경영상태가 어떤지 알 수가 없다. 대다수의 영세 지역신문들의 경영 상태는 위기에 처해 있다는 것만 알려져 있지, 어떤 이유 때문에 경영이 어려워졌는지를 파악할 수 없도록 베일에 가려 있다.

경영의 투명성 제고를 위해서는 여러 가지 제도들을 통해 추진할 수 있다. 최근 전면 개정된 신문법에 신문사 경영에 관한 공개 조항을 규정하거나 독일과 같이 경영 투명성 제고를 위한 획기적인 별도의 입법을 통해서도 가능하다.

신문법 제16조는 신문의 전체 발행부수 및 유가 판매부수와 구독수입 및 광고수입에 관한 자료를 신고하도록 규정하고 있다. 또 주식 또는 지분총수와 자본내역, 100분의 5 이상의 주식 또는 지분을 소유한 주주 또는 사원의 개인별 내역에 관한 사항을 신문발전위원회에 신고하도록 규정하고 있다. 그러나 이러한 신문법상의 자료 신고 규정만으로는 기업으로서의 활동과 성과가 어떤 지를 완전히 파악하기는 어렵다. 따라서 신문법 제16조 자료의 신고 등에 관한 규정을 더욱 강화하여 신문 활동에 관한 모든 것을 신고할 것을 의무화함으로써 경영의 투명성을 확고히 해야 할 것이다.[8]

경영의 투명성을 보다 확고히 하기 위해서는 신문사의 경영과 관련된 일체의 정보를 공개토록 의무화하는 독일의 신문통계법과 같은 제도의 입법화를 별도로 추진할 필요가 있다. 독일의 신문통계법은 독일 언론의 투명성을 설명하는 중요한 제도로서 1975년 서독의회에서 연방법으로 채택되었다. 이 법은 제1조에서 "신문이나 잡지를 출판하는 기업의 경우 출판의 구조적 변화와 경제적 발전을 확인하기 위하여 연방통계로서 통계조사를 매년 실시한다"고 규정하고 있다. 법 제2조는 조사범위를 규정해 다음과 같은 사항들을 조사대상으로 지정하고 있다(한국언론2000년위원회, 2000).

① 기업의 종류와 법적 행태
② 활동 인원 및 자유 기고가나 신문 배달부 같은 기타 협력자
③ 거래 방식에 따른 거래 내역
④ 보수, 봉급, 사례금과 같은 선택비용, 제작비와 판매비
⑤ 자기 또는 타인의 인쇄소에서 제작된 신문이나 잡지의 이름, 발행부수, 판형 및 출판양식; 제작 및 기사란과 광고란의 구독에 관한 보고; 편집단체 또는 판매단체와의 연계; 기사면과 광고면에 따른 1년분 면수
⑥ 전체 판매 부수와 전문 단체별, 판매 양식별 판매 부수
⑦ 구독료와 광고료, 그리고 신문·잡지를 출판하는 기업의 소유자와 관리자에게 신고의 의무를 부과하는 동시에 통계의 조사와 평가는 연방 통계청이 담당

8) 김승수(2002: 282)는 신문사 사주와 임직원의 주식, 금융상품, 부동산의 소도 전면 공개되어야 하고, 특히 관련 기사를 작성할 대 기자가 해당 자산을 갖고 있으면서 반드시 그 사실을 알림으로써 독자를 특정한 주식이나 부동산에 관해 오도하지 않도록 경보장치를 마련해야 하며, 사주 일가의 부동산이나 주식 등의 공개도 추진해야 한다며, 보다 적극적인 경영 투명성의 논리를 주장한다.

신문사와 잡지사들은 신문통계법의 의무에 따라 경영 관리 수입과 지출 등을 포함한 모든 기초 자료들을 연방통계청에 신고해야 한다. 연방통계청은 언론사가 보고한 모든 자료들을 종합 정리하여 통계표를 작성하고 해마다 신문통계보고서를 발행한다. 신문통계법은 신문의 모든 것이 투명하게 나타나기 때문에 부수공사제도(ABC)가 필요 없게 되며, 언론사에 대한 세무조사도 불필요하게 된다.9) 이 법은 광고시장의 혼란을 막는 데에도 결정적인 영향을 주며 무엇보다도 광고 거래의 투명성이 제고되기 때문에 광고가격의 합리화에 기여할 수 있다(주섭일, 2001).

그러나 신문법 개정과 신문통계법 제정의 두 방식 중에서 신문통계법이 보다 바람직하지만, 현실적으로 새로운 입법보다는 기존 법률을 개정하는 편이 쉬울 것이다. 또한 신문통계법 제정이 전제되지 않는다면 ABC제도를 정착시켜야 한다. 신문사나 잡지사가 발행한 간행물의 부수를 표준화된 기준에 따라 객관적인 방법으로 조사하여 그 자료를 가입 회원사나 관련단체에게 알려주는 기능을 담당하는 ABC제도는 전 세계적으로 신문의 판매부수를 산정하는 가장 보편적인 방법으로 알려져 있으며, 광고주와 발행사 간의 공정거래를 정립하는 제도라 할 수 있다. 그러나 한국은 1989년 5월 ABC협회가 발족한 후 10여 년이 지났지만 여러 가지 이유로 정착이 지연되고 있다. 그 이유는 부수공개가 광고거래에 아무런 상관이 없는 풍토 때문이다. 발행부수와 상관없이 광고수주가 가능하고 부수공개에 따른 아무런 인센티브가 없는 풍토에서 굳이 부수를 밝힐 이유가 없는 것이다. 더구나 광고주나 광고회사는 정기적인 시장조사를 통해서 각 신문의 부수를 정확히 알고 있으면서도 그것을 광고거래에 반영하

---

9) 신문시장의 독과점 구조를 해소하는 방안으로 제기되는 시장점유율 제한은 기본적으로 시장지배적 사업자를 어떻게 지정하는가가 가장 중요한 문제이다. 발행부수를 기준으로 하든 매출액을 기준으로 하든 문제는 그에 대한 투명한 통계자료를 바탕으로 시장지배적 사업자 추정이 이루어져야 한다는 것이다. 발행부수가 공표되지 않고 있고 광고와 판매비율이 구분되지 않은 채 분식된 결산서의 신뢰도에도 문제가 있는 현실이므로 경영의 투명성은 전체 신문 시장의 발전을 위해서도 중요한 문제이다.

지 못하는 시장의 불투명성이 문제의 본질인 것이다(한국언론2000년위원회, 2000).

단가의 합리화를 위해서라도 앞으로 지역신문을 포함한 모든 신문들의 ABC 가입을 의무화해야 한다. 한국의 신문광고 요금은 방송매체 혹은 다른 나라의 신문매체 요금에 비해 지나치게 높게 형성되어 있다. 미국보다 4.1배, 일본보다는 2.4배이다(정연구, 2001). 일부에서는 지역신문들의 ABC 가입 의무화가 자칫 조·중·동간의 과열경쟁의 재판을 가져올 수 있다는 점을 들어 비판적인 시각을 보이는 경우도 있다. 그러나 ABC의 가입은 장기적인 관점에서 지역신문을 발전시킬 수 있는 계기가 될 것으로 본다(권혁남, 2003).

그러나 ABC 제도의 실현과 정착을 위해서는 먼저 광고거래의 투명성이 확보되어야 한다.10) 광고주나 광고회사들이 정기적인 시장조사를 통해 각 신문의 발행부수를 거의 정확하게 알고 있으면서도 이를 광고거래에 제대로 반영하지 못하는 시장의 불투명성이 문제인 것이다. 신문발행부수와는 상관없이 광고수주가 가능하고 부수공개에 따른 아무런 인센티브가 없는 풍토에서 부수를 밝혀야 할 이유가 없기 때문이다(한국언론2000년위원회, 2000). 따라서 ABC제도 가입 언론사에 대한 인센티브 방안을 제시함으로써 자발적으로 참여할 수 있도록 유도하는 정책이 필요하다.11)

---

10) 프랑스는 광고거래의 투명성을 확보하기 위해 사팽(Sapin)법이라고 부르는 '부패를 방지하고 경제생활의 투명성을 보장하기 위한 법규'(1993. 3. 1)를 참조할 수 있을 것이다. 이 법의 특징은 미디어 광고 환경과 정책의 '투명성'을 충족시키기 위한 것이라 할 수 있다. 광고거래의 '투명성' 보장이 핵심이다. 따라서 이 법은 ①요금표의 투명성 ②거래의 투명성을 위해 자세한 내용을 규정하고 있으며 '투명성' 원칙을 위반할 경우 벌금을 부과하도록 규정하고 있다(한국언론2000년위원회, 2000).

11) 예를 들면 현행 판매부대비용과 광고선전비에 대해 무제한 손비 처리를 허용하는 법인세법의 규정을 고쳐 ABC 미가입 언론사 광고는 기업광고 비용 처리시 차등 인정하는 방안 등도 검토해 볼 필요가 있다. ABC 가입유도는 시간을 필요로 하고, 세무조사는 정기조사 기간이 길다는 면에서 현재 당장 활용하는 데 어려움이 있다(문종대, 2004: 101).

경영의 투명성을 확보하기 위해서는 사외 이사제와 우리 사주제를 도입해야 한다. 사외 이사제와 우리 사주제의 도입을 의무화하여 경영에 대한 상시적 감시를 통해 회사 차원의 조직적인 탈세, 주식 위장 이동, 변칙 상속 등의 불법 행위를 엄중 모니터할 수 있어야 한다(권혁남, 2003).

지역신문의 경영 투명성 제고를 위한 출발점은 지역신문발전지원특별법의 시행을 계기로 본격화되어야 한다. 이 특별법 제정을 계기로 자산 총액이 70억 원이 안 되는 소형 신문사들이 특별법의 지원을 받으려면, 금융감독원에서 요구하는 재무제표를 특별법 제9조 제4호 및 제5호(지역신문발전기금 지원 대상의 선정 및 지원기준에 대한 심의, 지원대상의 실사)의 직무를 수행하는 '지역신문발전위원회'에 제출해야 한다. 따라서 위에서 언급한 모든 신문에 적용되는 경영 투명성 제고를 위한 제도개혁의 노력과 함께 지역신문이 지역 독자의 신뢰를 회복하고 자체의 생존과 발전을 위해서는 투명한 공개와 경영에 관련된 모든 정보의 공개가 이루어져야 한다.


## 3. 시장구조 정상화를 위한 제도개혁

소유지분 제한, 편집권 독립, 경영 투명성 제고와 같은 제도개혁 방안이 신문사 내부의 경영구조를 정상화시키기 위한 것이라면, 시장구조의 정상화는 신문사간 경쟁에서 비롯된 문제들과 관련된다. 즉 신문사간 비정상적이고 불공정한 경쟁에서 비롯되는 여러 가지 문제들을 공정하고 건전한 경쟁구도의 확립을 통해 바람직한 시장질서를 회복하는 것을 의미한다. 신문개혁의 문제는 따라서 신문사 내부의 경영구조를 정상화시키는 것과 함께 신문사간 공정경쟁을 위한 시장구조의 정상화가 중요한 과제이다.

시장구조의 정상화가 지역신문 개혁의 한 축이 되고 있는 본질적인 이유는 지역신문 시장이 독과점 되어 언론의 공공성과 공정성이 위협받고 있기 때문이다. 언론사라는 것도 이윤추구를 목적으로 하는 기업의 형태를 띠고 있으므로 이윤추구 행위 자체에 대한 비난은 무리가 있다. 하지만 사회적 공기로서 막강한 영향력을 행사하고 있으므로, 현재와 같이 소수의 신문사가 시장을 지배하는 구조는 개선이 필요하다. 공정하고 합리적인 시장질서 확립 여부가 개별 언론사의 기업적 운명은 물론 언론산업 전체의 효율성과 경쟁력을 크게 좌우할 것이기 때문이다.

시장구조의 정상화 문제는 경쟁을 위한 '게임의 규칙'(rule of game)을 정비하기 위한 것이다. 자본주의 사회에서 효율성의 논리에 기초한 '경쟁'은 중요한 가치이다. 그런데 경쟁을 통한 건전한 이익 추구를 위해서는 '게임의 규칙'이 게임에 참여한 구성원 모두에게 공정하고 공평해야 한다. 이런 점에서 누구나 인정하고 수용할 수 있는 게임의 규칙이 필요하다. 그러나 게임의 규칙이 존재하지 않거나 왜곡되어 있다면 불공정하고 불공평한 경쟁이 된다. 따라서 게임의 규칙으로서 공정성과 공평성은 경쟁을 그 원리로 하는 시장에서 반드시 관철되어야 할 기본 원칙이다. 여기서 공정성이란 공명정대(公明正大)로서 경쟁과 관련된 모든 것이 투명하고 올바르게 진행되어야 한다는 의미이다. 그리고 공평성이란 공평무사(公平無私)로서 경쟁을 위한 기회의 평등이며 특정한 누군가에게만 이익이 가도록 하지 않으며 부당하게 차별되지 않도록 한다는 의미이다.

신문산업의 시장구조 정상화의 필요성도 바로 이러한 공정하고 공평한 게임의 규칙이 실종되었다는 데서 기인한다. 시장 점유율 확대를 위한 불법적·탈법적 무한경쟁과 과열경쟁, 신규 진입자들의 시장진출을 차단하는 독과점적 경쟁구도 등은 문란한 신문시장 질서를 보여주는 대표적인 경우이며, 결국 이는 공정하고 공평한 게임의 규칙이 실종되었다는 것을 의미한다. 따라서 지역신문 시장구조의 정상화를 위해서는 공정경쟁 질서 확립과 시장독과점 방지를 위한 정책방안을 모색해야 한다.

## 1) 공정경쟁을 위한 규제개혁

현재 한국의 신문시장이 안고 있는 최대 현안 문제의 하나는 신문시장의 불법적 과열경쟁이다. 신문시장이 정상화되기 위해서는 공정하고 공평한 시장경쟁 논리가 작동하도록 비정상적인 불공정 거래질서를 구조적으로 개선해야 한다. 경품과 무가지 배포, 덤핑 등 과당경쟁을 지속할 경우 신문이 지니는 공공성에 대한 불신을 불러올 뿐만 아니라 신문사와 일선 판매점 모두 경영위기를 자초하게 된다. 언론 본연의 기능 및 질적 향상과는 전혀 관련성이 없는 과다한 경품과 무가지 제공에 의한 시장 쟁탈전으로 전국지에 비해 상대적으로 자본력이 취약한 지역신문은 지역사회로 한정된 소규모의 시장마저 빼앗기고 있는 실정이다.

이와 같이 한국 신문시장의 독과점 문제는 지역신문이 직면하고 있는 현실과 결코 무관하지 않다. 거대한 자본력을 바탕으로 한 경품 공세로 지역의 신문시장을 잠식하는 현상은 지역신문을 비롯하여 지역의 위기를 가속화하는 주된 요인의 하나로 작용하고 있기 때문이다. 따라서 소수 전국지 중심의 독과점적 시장구조 개혁은 지역신문의 발전을 위해서 뿐만 아니라 한국 신문시장의 정상화와 전체 신문산업의 발전을 위해서도 반드시 추진되어야 할 과제이다.

불공정 거래에 의한 신문시장의 독과점은 일반 여타 상품과 달리 여론의 독과점 현상과 직결된 문제일 뿐만 아니라 공정한 상거래 정의를 실현한다는 차원에서도 일정한 범주 내에서 규제를 해야 한다. 물론 신문이 지닌 언론 매체로서의 특성을 고려한다면, 이러한 문제를 자율규제기구를 통해 자율적으로 해결하는 것이 바람직하다. 언론사 스스로 시장에서의 과당경쟁이나 비가격 경쟁을 자제하고 시장경쟁의 기회비용을 줄이려는 노력을 해야 한다. 한국신문협회를 중심으로 시장환경 변화에 공동으로 대응하고 언론사간 상호 자율규제를 통해 불필요한 과당경쟁의 폐해를 방지하는 자율규제가 필요한 것이다.[12]

그러나 자율규제가 별로 실효성을 거두지 못한다는 데 근본 문제가 있다. 한국신문협회에 따르면, 1990년 이후 모두 6회의 자정결의 선언문이 채택되어 신문에 게재됐다. 주요 선언문으로 '신문판매 질서 공동 감시기구 설치'(96. 7), '신문판매 자율규약 시행'(97. 3), '신문 구독약관 제정 및 무가지 신고 포상금제 시행'(99. 7) 등이 있다. 그럼에도 신문판매시장의 과열은 여전하고 공정경쟁은 요원하며 경품 살포를 통한 출혈경쟁을 계속되고 있다. 현재 한국 신문협회는 무가지·경품의 종류와 한계 등을 규정한 '신문공정경쟁규약'을 운 영 중인데, 이는 정부가 마련한 신문고시보다 규제가 엄격하다. 협회는 최근 2~3년 동안 불공정 행위를 한 신문사에 거액의 위약금을 부과하고 있다.

<부록 2>는 각종 경품 및 무가지 제공으로 인한 신문판매시장 혼탁상의 일 면을 보여주고 있다. 신문공정경쟁위원회의 2002년 8월 24일 현재 위약금 부 과·입금·미납 현황을 보여주는 이 자료에 따르면,[13] 신문공정경쟁규약 위반 으로 위약금을 부과 받은 신문사는 서울지역 종합일간지 10개, 경제지 3개, 스포츠지 3개, 그리고 지역지 4개를 비롯해 모두 20개사인 것으로 드러났다. 이들 신문에 대한 전체 위약금 부과액은 22억 9,288만 원이며 이중 3억 599 만 원을 입금했고 19억 7,288만 원이 미납된 것으로 나타났다. 이는 공정경 쟁규약의 전신인 신문판매자율규약이 시행된 1997년 2월부터 2002년 8월까

---

12) 예컨대, 일본은 1955년부터 일본신문협회 주관으로 신문배달문제와 공정판매 문제에 대한 집중적인 연구를 통해 이를 개선하여 신문판매요강을 마련, 1964년부터 무가지금지, 경품과 덤핑금지 등 판매 정상화에 주력해 왔다. 그 래서 과당경쟁이 방지됨에 따라 본사는 물론 일선 판매점이 공동으로 발전할 수 있게 되었다(홍원기, 2002).

13) 신문공정경쟁위원회는 2002년 9월 신문 판매·광고시장의 공정거래질서 확 립을 위해 신문업계 자율로 제정한 신문공정경쟁규약에 근거해 만들어진 자 율규제기구로 전직 언론인, 소비자단체 대표, 언론학회 대표, 광고단체 대표, 변호사협회 추천 변호사 등 11명의 위원으로 구성되어 있다. 공정경쟁규약에 따라 신문공정경쟁위원회는 경품제공 위반시 1건당 100 만원의 위약금을, 2 개월 이상 장기 무가지 제공시 1건당 월정 구독료 18개월분의 위약금을 부 과하고 있다.

지 각 신문사에 부과된 위약금을 모두 합한 금액이다.

신문별 위약금액을 보면, 동아일보가 14억 2,208만 원으로 가장 많고, 그 다음으로 중앙일보 3억 1,689만 원, 조선일보 2억 137만 원, 한겨레 1억 1,261만 원 순이었으며, 이들 신문사가 차지하는 비중이 전체 부과액의 90% 였다. 지역신문 중에서 규약 위반사례가 적발된 신문사는 부산매일, 국제신문, 부산일보, 영남일보 등 4개사이며, 모두 합해서 전체 위약금의 0.77% 수준인 1,775만원이었다. 위반 사례별 위약금은 경품제공이 20억 7,040만 원으로 압도적으로 많고 장기 무가지 제공이 1억 3,672만 원, 끼워팔기와 정가유지 위반 4,700만 원, 강제투입 4, 211만 원이었다.

이 같은 조사 결과로 볼 때, 지역지의 규약 위반 부과액은 전체 위약금 규모의 1%에 못 미치는 수준이라는 점에서 적어도 1997~2002년 사이 신문판매시장의 불공정거래는 전국지가 주도했음을 실증적으로 보여주는 것이라고 할 수 있다. 또한 대부분의 신문사들은 위약금 납부 자체를 거부해 자율규제를 스스로 포기한다는 인상도 지울 수가 없다. 결국, 신문판매시장에서의 공정거래를 위한 자율규제의 틀이 존재하고 있음에도 이것이 지켜지지 않고 있기 때문에 공정경쟁이 이루어질 수 있는 시장구조 개혁을 위한 법률적 개입의 필요성이 요청되는 것이다.

신문판매시장에서의 불공정 거래를 규제하기 위해 만들어진 제도가 '신문고시'이다. 신문고시에 근거하여 신문업계의 불공정 경쟁에 대한 조사와 제재를 하는 것에 대해 몇몇 신문사들은 언론자유를 침해하는 정부의 개입이라고 주장하지만, 그런 주장은 별로 타당성이 없어 보인다. 왜냐하면 내용에 대한 규제도 아니고 정상적인 시장질서에 대한 개입도 아닌 '불공정 경쟁'에 대한 개입이다(최경진, 2004: 170; 문종대, 2004: 101).[14]

14) 신문고시 위헌 여부에 관한 헌법재판소의 결정에 따르면 "구독자는 신문을 한 종류 밖에 구독하지 않는 것이 통닝직이므로 자기 신문의 구독자를 증가시키기 위해서는 경쟁지의 구독자를 탈취하지 않을 수 없어 세력경쟁이 과도화되는 경향이 있으며, 신문의 구독은 통상은 월별로 이루어지는 것이어서

신문고시란 신문업 시장의 공정한 거래질서 확립을 도모하기 위해 신문 사업자들이 지켜야 할 규범으로서 신문고시에서 금지하는 행위유형으로는 과다한 무가지 및 경품 제공, 신문강제 투입, 본사의 지국에 대한 판매부수 할당 등 거래상 지위남용행위, 광고게재 강요 등 거래강제 행위 등을 규정하여 2001년 7월부터 부활 시행해오고 있다.[15] 과다 경품과 무가지 살포, 가격 할인 등 비시장적 경쟁제한 행위는 한국 신문시장에서 독과점적 지위를 누리고 있는 대규모 신문사들의 전유물이거나 그들이 주도하고 있다. 그들은 신문의 내용, 즉 저널리즘보다는 자기들이 확보한 자원을 기반으로 시장을 지배하려는 건강성을 상실한 반시장적·반자본주의적 행위를 저지르고 있다. 소수 독과점 신문들이 보유하고 있는 시장지배적 지위는 오랜 기간에 걸쳐 이루어진 이러한 불공정 행위를 통해 확보되었다. 시장원리를 부정하는 불공정 행위는 철저하게 예방되어야 하며, 따라서 신문고시는 시장원리의 관철을 위한 불가피한 제도이다.

그간 중앙의 거대신문들이 지역에서도 무가지나 고가 경품 등을 이용해 과당경쟁을 벌인 결과 경영과 자본이 열악한 지역지들이 경영상의 어려움을 겪

---

일반 소비자에 대한 판로 확대의 기회가 많지 않고 따라서 판로 확대 경쟁이 심화되는 경향"이 있다면서 공정한 경쟁질서를 유지하기 위한 신문시장의 규제는 당연한 의무임을 분명히 했다(헌법재판소 2002.7.18. 2001헌마605 참조).

15) 신문고시란 '신문업에있어서의불공정거래행위및시장지배적지위남용행위의유형 및기준'의 약어로 무가지 및 경품류 제공의 제한(§3) 규정을 두고 있다. 첫째, 신문발행업자가 신문판매업자에게 1개월 동안 제공하는 무가지와 경품류를 합한 가액이 같은 기간에 당해 신문판매업자로부터 받는 유료신문대금의 20%를 초과하는 경우, 둘째, 신문판매업자가 독자에게 1년 동안 제공하는 무가지와 경품류를 합한 가액이 같은 기간에 당해 독자로부터 받는 유료신문대금의 20%를 초과하는 경우(이 경우는 구독기간이 1년 미만인 때에도 같음), 셋째, 신문발행업자가 직접 독자에게 1년 동안 제공하는 무가지와 경품류를 합한 가액이 같은 기간에 당해 독자로부터 받는 유료신문대금의 20%를 초과하는 경우에 대해 제한을 가하고 있다. 신문고시는 기타 금지행위의 유형으로, 부당한 고객유인행위의 금지(§4), 거래상지위남용행위의 금지(§5), 차별적 취급행위의 금지(§6), 거래강제행위의 금지(§7), 신문판매업자에 대한 배타조건부거래행위의 금지(§8), 거래거절행위의 금지(§9), 시장지배적지위남용의 금지(§10) 등이 있다.

게 되었는데, 이러한 가운데 부활·시행되는 신문고시는 지역지 활성화에 하나의 가능성을 제공하고 있다(최경진, 2004: 172). 신문고시는 또한 지역신문 시장에서 부당한 방식으로 영업을 하면서 신문시장의 건전성을 해치는 일부 저급한 지역신문들을 도태시키는 메커니즘으로 작용할 수도 있다(류한호, 2005: 339-340).

그러나 신문고시의 내용은 현재 거의 지켜지지 않고 있는 것이 한국 신문시장의 현실이다. 이를 자율적으로 규제해야 할 한국신문협회가 신문시장 질서를 해치고 있는 회원사에 대한 징계를 소홀히 함으로써 자율규제의 허점을 드러내고 있고, 공정거래위원회 역시 한국신문협회의 자율규제 조항을 이유로 편법적 경쟁시장을 방관하는 입장에 있기 때문이다. 특히 협회 회원사 신문이 시장질서를 문란하게 한 사실이 지적될 경우 신문공정경쟁규약을 적용하여 이에 대한 규제를 한국신문협회에 우선적으로 일임하도록 하는 신문협회 자율규제 규정을 두고 있었다. 그러나 실제 자율규제 조항이 유명무실해지면서 신문고시 11조는 그 시행상 구조적 모순점을 갖고 있는 조항으로 전락하고 말았다. 결국 정부의 규제개혁위원회는 공정거래위원회가 신문시장에 직접 개입할 수 있도록 하는 신문고시 11조 개정안을 통과시키기에 이르렀는데, 이는 단서조항이 었던 '신문협회와 협의한 경우 신문협회가 우선 처리'하도록 한다는 부분을 삭제한 것은 신문협회의 자율규제가 더 이상 실효를 거두기 힘들다고 판단했기 때문이다(최경진, 2004: 171).

신문고시 수정과 관련하여 조선·중앙·동아를 중심으로 하는 이른바 거대 신문사들은 신문시장의 자율규제가 정부규제로 개악되었다면서 언론의 비판기능이 위축될 것을 우려하고 있다. 반면에 시민단체들과 불공정거래의 피해자격인 기타 신문들은 신문고시 11조의 수정을 환영하면서 향후 공정위의 공정경쟁규약 위반에 대한 제재를 기대하고 있다. 그러나 신문고시 11조가 사실상 원안대로 수정 통과하기는 했지만 문제의 소지는 여선히 남을 것으로 보인다. 예컨대, 신문고시 3조에서는 무가지나 경품의 한도를 20%까지 허용하는 것으

로 뵈어 있는데, 11조의 엄격한 적용으로 설령 경품공세의 고삐가 잡힌다고
해도 상대적으로 무가지가 남발될 가능성이 커질 위험이 있기 때문이다. 따라
서 현행 20%의 한도를 더욱 하향 조정한다면 무가지 남발을 그만큼 더 줄일
수 있을 것이라는 주장도 제기되고 있다(김서중, 2003; 최경진, 2004: 172).

지난 2001년부터 몇 년간 신문고시를 개정·강화하여 신문시장에 공정질서
를 도입하려는 시도를 했지만 아직 그 실효성이 명확하게 드러나지 않고 있다.
신문사들의 한도를 초과하는 무가지 살포나 경품제공은 신문고시가 효력을 발
휘하고 있음에도 불구하고 기승을 부리고 있다. 언론개혁국민행동이 2004년
10월 서울과 6개 광역시에 있는 조선일보, 동아일보, 중앙일보, 한겨레 등 4
개 신문사의 지국 480곳(회사별 120곳)을 조사한 결과, 신문고시를 위반한 지
국은 중앙일보 95.8%, 동아일보 93.3%, 조선일보는 92.5%였고 한겨레신문
은 51.7%였다. 그리고 2004년 10월 25일 공정거래위원회가 밝힌 내용에 따
르면 2003년 5월말부터 2004년 7월말까지 신문고시 위반에 따라 시정명령과
경고, 과징금 등을 부과한 경우는 총 39건인데 이 중 조선·중앙·동아 등 3
대 신문사의 위반건수는 총 28건으로 전체의 71.8%인 것으로 드러났다. 또
민주언론운동시민연합이 2004년 9월 인천·경기지역의 4개 신문사(조선일보,
동아일보, 중앙일보, 한겨레신문)의 지국 120곳(회사별 30곳)을 대상으로 경품
과 무가지 지급 실태를 조사한 결과 신문고시를 준수하는 지국은 불과 21군데
인 것으로 나타나기도 했다. 신문고시 준수율이 17.5%에 불과하다는 것이다
(업코리아, 2004년 11월 12일자).

신문들 사이의 공정경쟁을 유도하는 데 목표를 둔 신문고시가 시행되는 와
중에서도 일부 시장지배적 신문사들이 벌이는 무가지 투입과 경품살포는 줄어
들지 않고 있는 것으로 나타나고 있다. 자율규제와 신문고시가 작동하고 있음
에도 신문시장에서의 경쟁이 여전히 혼탁한 것은 신문사들이 자율규제를 지키
려는 의지의 부족과 법률을 시행하는 정부의 미온적 대응방식 때문인 것으로
보인다. 신문사들은 과당경쟁을 통해 발행부수를 늘리고 시장점유율을 높이는

유혹을 뿌리치지 못하고 있다는 점에서 원천적으로 신문고시를 준수하려는 의지가 박약하다고 할 수 있다. 이런 상황에서 공정거래 질서의 확립을 위해서는 신문사들의 비정상적인 공격적 마케팅에 대응하여 공정거래위원회역시 강력한 신문고시 시행과 강력한 처벌을 통해 공격적인 규제 의지를 보여주어야 한다.

결국 지금 이 시점에서 중요한 문제는 논란을 일으킬 수 있는 새로운 별도의 입법안을 제정하는 것보다 현재 존재하고 있는 '신문고시'를 적극적으로 활용하고 엄격하게 적용하는 데 주력해야 할 것이다. 그러나 현재의 신문고시의 규정은 더욱 강화되어야 한다. 연간 구독료의 20% 범위인 경품 허용기준을 점진적으로 낮춰 10% 내지 5% 이하로, 무가지도 현행 유료 부수의 20%에서 10% 내지 5% 이내로 축소해야 한다. 신문고시에 따르면 거대신문들이 뿌리는 무가지가 20%이며, 실제로는 164만부에 이른다는 통계가 나와 있다. 이러한 대량의 무가지의 공세에 맞서 작은 신문들이 생존한다는 것은 매우 어려운 일이다. 무가지와 더불어 대량으로 살포하는 경품은 거대매체의 시장지배력을 강화시키고 작은 신문들을 시장에서 배제시키는 강력한 도구이다. 한편 신문사들의 경품 제공 등 불법 행위의 주된 자금으로 이용되고 있는 전단광고 수입 등에 대한 전면적인 실태조사를 실시해 그릇된 관행을 바로잡아야 한다는 지적도 있다(류한호, 2003a).

또 현재 제대로 지켜지지 않고 있는 신문고시에 대한 제재방안을 실효성 있도록 바꾸고, 신고포상금제 등을 도입해야 한다는 의견이다. 또한 현재 신문고시를 위반할 경우 과징금을 부과하거나 형사고발 하는 등의 제재를 가할 수 있도록 돼 있지만 제대로 집행되지 않고 있는 점을 바로 잡아야 한다는 점도 중요한 문제로 제기되고 있다. 따라서 신문판매시장에서의 불공정거래를 종식시키기 위한 신문고시의 합리적인 개정과 그 정상적 가동은 신문판매시장의 정상화를 위한 언론개혁 추진의 핵심적 과제 중의 하나이다.16)

---

16) 기자협회보가 2003년 2월 6~10일 사이 전국 40개 신문사 판매국장을 대상으로 설문조사한 결과 판매시장 정상화를 위한 가장 효과적인 방안으로 '신

결국, 지역신문 시장의 구조개혁은 전국지의 지역신문 시장 지배를 막고 지역신문의 경쟁력을 강화할 수 있는 방안 마련에 초점을 맞추어야 하지만, 전체 신문시장구조의 개혁과 별도로 추진되는 것은 장기적인 효과를 기대하기 어렵다는 점에서 전체 신문시장 구조의 개혁이라는 맥락에서 지역신문 시장구조 개혁의 문제에 접근해야 할 것이다.

## 2) 시장독과점 방지를 위한 규제개혁

한국의 신문시장 구조에서 나타나는 가장 큰 문제점의 하나는 독과점 문제이며, 이는 시장경쟁의 대표적인 부정적 결과이다. 신문시장 독과점은 시장 문제만이 아니라 민주주의의 생명줄과도 같은 정보와 의견의 다양성을 해치고, 여론의 독과점을 초래함으로써 다양한 이념과 사상에 대한 접근과 경쟁을 제한한다는 데 더 큰 문제가 있다. 언론매체는 여느 상품과는 달리 인간의 정신적 측면에 영향을 미치고, 직접적으로 민주주의 실현에 해를 끼칠 가능성이 있기 때문에 다른 상품들보다 더 엄격하게 통제될 필요가 있다. 따라서 권력화·상업화된 언론의 왜곡된 시장 구조를 바꾸는 것이 언론개혁의 시작이라고 할 수 있다.

독점의 폐해를 줄이려는 정부 차원의 조치는 전 세계적으로 어느 나라에서든 일반적으로 나타나고 있다. 이탈리아 신문법은 일간지의 점유율이 20%를 넘거나 4개의 광역권에서 50%를 넘지 못하도록 규제하고 있다. 이를 초과하면 정부 지원 혜택을 받을 수 없다. 노르웨이 언론소유법은 한 신문사가 전국 발행부수의 20%를 점유할 경우 지분 제한이 가능하다. 또 신문사 합병·인수로

---

문고시 적용을 통한 공정거래위원회위의 직접규제' 53%, '신문협회 등 자율규제' 28%, '독자 언론단체 불법판촉 감시활동 강화' 12.5%로 나타나 자율규제의 실효성에 대한 의문과 신문고시를 통한 규제 효과를 더 높게 평가하고 있다(김중석, 2003).

점유율 33.3%를 넘으면 정부가 반드시 시장에 개입하도록 명문화하고 있다. 프랑스는 1986년 언론법 개정을 통해 종합일간지를 합병할 경우 시장 점유율 30% 이상 초과 금지 규정을 신설했다. 독일의 경우 단일사는 시장점유율 20%이상, 3개사는 50% 이상인 경우 통제의 대상이 된다(박선영, 2001a; 21세기 언론연구소, 2001; 권혁남, 2003).

오늘날 한국의 신문시장 독과점은 매우 심각한 수준이다. 상위 3개 신문사의 구독률이 전체의 70%를 넘고, 매출액 기준으로도 60%를 넘고 있다. <그림 3>을 보면, 10개의 전국지 중 3사의 매출액 점유율은 1998년 52.3%에서 2003년 70.3%로 18% 증가했다. 가구 구독률의 점진적인 하락 경향에 따른 신문시장 축소와 전국지에 대한 낮은 신뢰도에도 불구하고 전국지 3사(조·중·동)의 매출액 비중은 오히려 점점 높아지고 있는 이상 현상으로 보이고 있다.

〈그림 3〉 전국지의 매출액 점유율 · 구독률 · 신뢰도 추이(%)

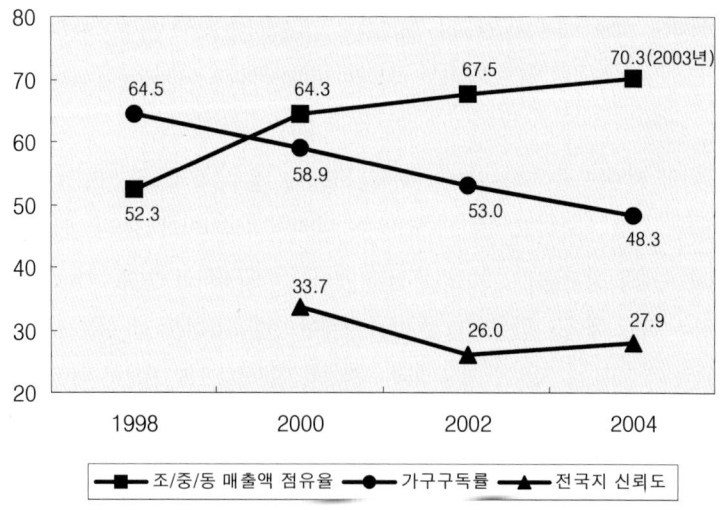

자료: 한국언론재단 및 미디어경영연구소; 경향신문, 2004년 9월 21일자 재인용.

또 3장의 <표 2>에서 나타나는 것처럼, 2001년 전국가구의 신문구독률은 51.3%이고, 전체 가구 중 조선·중앙·동아일보 등 3개 전국지 구독률이 37.0%이며, 10개 전국지 구독률은 42.3%인 것으로 나타난 데 반해, 전체 가구 중 지역지 구독률은 6.3%에 불과한 것으로 나타났다. 또 신문구독 가구를 100으로 볼 때, 이들 가구 중에서 3개 전국지의 점유율은 72.1%로 나타나고 있어 전국지의 시장점유율이 지역지에 비해 월등히 높게 나타났다. 이런 상황에서 제한된 시장을 대상으로 취약한 자본을 가지고 경쟁하는 소규모 지역신문의 설 땅은 급격히 좁아지고 있다. 이러한 한국 신문시장의 구조가 공정한 시장경쟁의 산물이라면 심각한 '시장의 실패' 상황에 처해 있는 것이다.

그러나 신문시장의 실패는 공정한 시장경쟁의 산물이 아니다. 앞에서도 살펴본 바처럼, 경품과 무가지 등의 비시장적 유인 요소를 이용한 불공정 거래의 일상화는 시장경쟁 자체를 왜곡시킨다. 지금의 신문시장 점유율과 매출액 비중은 곧 왜곡된 신문시장의 과열경쟁 산물인 것이다. 이런 측면에서 시장경쟁의 결과로 나타나는 시장구조에서 만이 아니라 시장경쟁의 과정 자체에서부터 불공정한 시장경쟁이 이루어지고 있기 때문에 심각한 '시장 실패'로 진단할 수 있다. 특히 신문시장의 독과점은 신문 소유의 독과점과 맞물리면서 언론 본연의 기능을 더욱 기대하기 어려운 상황에 있다. 소수 신문사의 신문시장 장악에 그치지 않고 그 소수 신문사의 자본을 구성하는 것도 1인 및 일가 또는 특정 자본으로 구성되었기 때문에 신문 독과점은 소유와 시장의 '이중적' 독과점의 양상을 보이며, 이는 상호 상승적 작용을 하면서 독과점적 시장구조의 변화를 기대하기 어려운 형태로 고착화되고 있다.

역사적인 측면에서 볼 때, 언론의 공정성을 확보하기 위한 노력은 매체의 종류를 불문하고 초기에는 주로 소유형태를 제한하고자 하는 법리로 나타났으나, 21세기를 앞두고 매체환경의 변화가 급속히 진행되면서 의견의 다양성 확보라는 측면에서 시장점유율의 제한방식으로 제한의 형태가 변화하기 시작하고 있다고 한다. 미국, 독일, 프랑스 등의 선진 외국에서는 언론사에 대한 소유제한 금지에서 시장점유율 제한으로 그 제한 방식이 변화했다는 것이다.17) 이러한 최근의 경향을 통해서 볼 때, 시장점유율 제한은 시장 독과점 해소를 위한 가장 보편적인 제도라고 할 수 있다. 뿐만 아니라 국가의 역할이라는 측면에서 보더라도 언론으로서의 매체를 통제하고 규제하고자 하는 법제를 시도하는 것은 국가에 의한 언론의 장악이라고 하는 전근대적인 결과를 초래하게 되기 때문에, 언론의 기본적인 권리이자 의무인 여론형성과 다양한 의견표출이라는 사명을 다하게 하기 위해서는 국가에 의한 직접적인 규제보다는 간접적인 규제로서의 시장점유율 제한이라는 방식이 가장 덜 침해적이고, 목적에 부합하는 방식이 될 것이다. 그럼으로써 국가는 기업으로서의 언론사업도 보장하고, 국민의 기본적인 표현의 자유도 보장할 수 있는 매체여건을 확보해 줄 수 있기 때문이다(박선영, 2001b).

신문시장 독과점을 규제하기 위한 장치에 대해서는 이미 여러 해 전부터 학자들과 시민사회 일각에서 제시되었다.18) 그러나 그동안 가시적인 획기적 성과는 나타나지 않고 있다. 그 이유는 찬반양론의 공방도 치열했지만, 찬성론자들 중에서도 구체적인 방법론에서 이견을 보였기 때문이다. 즉 반대론자들은 언론시장 독과점에 대한 규제의 정당성과 효율성에 관하여 지속적으로 문제제기를 하고, 찬성론자들은 그 원칙에는 공감하면서도 구체적인 방안에 대해서는 상당

---

17) 그러나 한국에서는 어떠한 형태로든 소유집중을 제한하여야 한다는 주장이 여전히 제기되고 있고, 그것이 국민적 공감대를 얻고 있는 실정이다. 그러나 좀 더 발전적인 측면에서 문제를 고찰해 볼 때, 과거의 정간법은 물론 최근 전면 개정된 신문법에 소유제한 규정이 있음에도 이와 같은 결과가 발생하였다는 것은 이미 선진제국이 경험한 바와 같이 법적으로 그러한 제한을 가한다는 것 자체가 별다른 효과를 내지 못한다는 사실을 역설적으로 입증해 주고 있다고 볼 수 있다. 따라서 언론의 공정성 확보를 위해서는 언론사의 내적·외적 다양성 확보가 우선되어야지 소유 제한만으로는 전혀 의미도, 실효도 거둘 수 없다(박선영, 2001b).

18) 이러한 주장의 일반적인 논리는 보도 영역에서의 언론자유는 침해될 수 없는 권리이지만 지역신문 시장의 장악을 겨냥한 기업 영역에서의 불공정싱과 비윤리성은 구별되어야한다는 것이다. 따라서 여론시장을 지배하는 신문시장의 특수성을 감안한 보다 강도 높은 제한이 이뤄져야한다는 주장이다.

히 폭넓은 인식의 차이가 존재했기 때문이다(류한호, 2003a).

한국 신문시장의 독과점 해소 방안은 시장점유율 제한을 위한 비중을 어떻게 할 것인가에 논의의 초점이 모아지고 있다. 현행 '독점규제및공정거래에관한법률' 제4조는 ① 어느 한 사업자의 시장점유율이 100분의 50 이상이거나, ② 3개 이하 사업자의 시장점유율의 합계가 100분의 75 이상이면 시장지배적 사업자로 추정한다고 규정하고 있다. 다만 3개 이하 사업자의 시장점유율 합계가 100분의 75 이상인 경우 시장점유율이 100분의 10 미만인 자는 제외하고 있다.19) 즉 신문이 여론을 다루는 공적 상품임을 감안할 때, 공정거래법에서 규정한 현행 시장지배적 사업자 지정 기준보다 더 강화해야 한다는 주장이 많이 제기되고 있다. 그러나 이에 대한 반론도 만만치 않다. 예컨대, 한국언론2000년위원회(2000)는 신문시장의 독과점 해소는 공정거래법에 따라야 한다고 주장한다. 즉 시장지배적 사업자로 추정하기 위한 시장 점유율 한도를 공정거래법이 규정하고 있는 기준 이하로 조정해야 한다는 주장에는 반대한다. 신문시장만의 독과점 해소를 목적으로 규제를 위한 별도의 조항을 현행법에 규정하거나 특별법을 입법하는 것은 '과잉금지의 원칙'에 위배된다고 보기 때문이다(한국언론2000년위원회, 2000).

최근 전면 개정된 신문법은 1개 신문사의 시장점유율 30%, 상위 3개 신문사의 점유율은 60%로 규정하여 공정거래법보다 강화된 규정을 만들었다. 이외에도 신문시장의 독과점을 규제하기 위한 제도화의 방법으로는 공정거래법에 신문과 같은 정신적 생산물에 적용하는 특별규정을 두는 방법, 공정거래법과 별도로 신문에 적용되는 특별법을 제정하는 방법 등이 있을 수 있다(류한호,

---

19) 동법에서 '시장지배적사업자라 함은 일정한 거래분야의 공급자나 수요자로서 단독으로 또는 다른 사업자와 함께 상품이나 용역의 가격·수량·품질 기타의 거래조건을 결정·유지 또는 변경할 수 있는 시장지위를 가진 사업자를 말한다. 시장지배적사업자를 판단함에 있어서는 시장점유율, 진입장벽의 존재 및 정도, 경쟁사업자의 상대적 규모등을 종합적으로 고려한다. 다만, 일정한 거래분야에서 연간 매출액 또는 구매액이 10억원 미만인 사업자를 제외한다.

2003a). 공정거래법에 규정을 신설한다면, 신문시장의 시장지배적 사업자로 추정할 시장점유율 한도를 낮춰 신문에만 적용할 수 있도록 별도의 장을 만들어 규정해야 할 것이다. 그리고 특별법으로 제정할 경우 가장 구체적이고 확실한 규정이 되겠지만 법 제정의 적정성 여부를 둘러싸고 논란이 빚어질 가능성이 높다. 특히 신문시장 독과점 상태를 감시하고 조사할 독립적인 조사기구의 설립, 신문 독과점 판단 기준(발행부수와 지대·광고 수입) 설정, 전국 및 지역 수준에서도 일관되게 적용되는 적정한 독과점 기준을 마련하는 일이 중요한 의제로 등장할 것이다(류한호, 2003a).

신문법을 둘러싸고 논란이 없는 것은 아니지만, 시장지배적 사업자에 대한 규정이 공정거래법보다 강화되어 규정되었다는 점에서 신문시장의 독과점을 규제하기 위한 제도화의 가시적인 성과라고 할 수 있을 것이다. 그러나 문제는 이러한 시장지배적 사업자 규정이 전체 신문 시장의 점유율을 기준으로 한 것이라는 점이다. 한국의 신문시장 독과점 구조를 개혁하는 데는 조·중·동을 비롯한 전국지들의 지역신문 시장에 대한 무차별적인 침탈을 제도적으로 막고, 지역신문의 육성 지원과 함께 이러한 육성 지원이 보다 효과를 거두어 지역신문 시장을 활성화시키는 것까지 고려해야 한다. 이런 점에서 기존의 신문법 규정은 좀 더 강화되어야 한다. 이런 차원에서 1개 신문사의 시장점유율을 20%까지, 그리고 상위 3개 신문사의 점유율은 50%까지 낮추자는 주장들이 제기되고 있는 것이다. 또한 시장을 하나의 전국 단위로 하지 않고 지역별로 세부화하여 시장 점유율을 제한하는 방안도 모색해야 할 것이다. 3장에서도 보았듯이, 지역 신문시장을 전국지와 지역지의 경합이라는 구도에서 보면, 전국지 절대강세 시장, 전국지 우세시장, 지역지 약진시장, 지역지 우세시장 등으로 구분할 수 있지만, 부산과 대구가 속해 있는 지역지 우세시장을 제외하면 모두 전국지가 우세하게 나타나고 있으며, 지역별로 편차도 심하게 나타나고 있다. 따라서 기존의 신문시장 전체를 기준으로 한 시장지배적 사업자 추정은 전체 신문시장의 독과점 해소를 제한하는 규정으로 나름의 타당성을 가질지 모르지만,

지역별 특수성을 감안하여 지역신문 시장의 균형적 발전을 위한 제도로는 분명한 한계가 존재한다. 따라서 전국적인 시장점유율 제한 규정과 특정 지역에 대한 시장점유율 제한 규정을 두는 것이 필요하다.

## 4. 지역신문 내부개혁과 정부지원, 그리고 시민사회의 역할

지역신문 개혁은 근본적으로 지역신문의 활성화에 그 목표를 두고 있으며, 이를 위해서는 지역신문 내부의 자율적인 개혁 노력과 이를 뒷받침하는 정부의 지원, 그리고 지역 시민사회와의 상호 연대가 필요하다. 즉 지역신문의 경영구조와 시장구조의 정상화를 위한 제도의 개혁을 위해서, 그리고 제도개혁 이후 그것이 실제적인 효과를 발휘하기 위해서는 지역신문 내외부의 지원이 필요하다는 것이다. 지역신문의 발전에서 무엇보다도 중요한 것은 지역신문 스스로 자기 개혁에 대한 성찰이 필요하며, 이를 통해서 저널리즘적 원칙에 충실한 바탕에서 신문 내부의 경쟁력을 키워야 한다. 아울러 지역신문이 위기를 극복할 수 있도록 외부적 환경을 개선하기 위한 노력도 중요하다. 여기서 정부의 지원과 지역 시민사회의 감시와 상호 연대를 모색해야 할 것이다. 아무리 법과 제도를 바람직하게 개혁했다 하더라도 지역신문 자체의 개혁 없이는 결국 시장에서 도태될 수밖에 없고, 또한 지역신문들 스스로의 개혁 노력을 배가시키기 위해서는 법과 제도의 테두리 내에서 정부와 지역 시민사회가 보다 적극적인 지원책과 발전방향을 모색해야 하는 것이다.

### 1) 경영위기 타개를 위한 내부개혁 방안

#### (1) 자율적 구조조정과 세제 지원

한국의 신문산업은 동일시장 내에서 난립으로 표현될 만큼 많은 신문사들이 비슷한 내용의 상품을 가지고 경쟁하고 있다. 종합일간지, 스포츠지, 경제지 등의 전국지는 물론이고 각 지역별로 발행되는 지역신문의 경우도 마찬가지이다. 신문에 대한 신뢰도 저하와 신문구독률 저하가 나타나고 있는 상황에서 신문의 수는 오히려 증가하고 있는 것이다. 또한 이러한 과열된 경쟁 속에서 신문 상품의 차별화를 통해 시장분화가 엄격하게 나타나는 것도 아니며, 보도 내용의 다양성보다는 획일성을 그 특징으로 하고 있다. 경영상에서도 과당 경쟁과 중복 투자로 인해 기업 자체의 경제적 부담뿐만 아니라 언론산업 전체의 대내외적인 경쟁력 제고에 부정적인 영향을 주고 있다.

지역신문 시장의 난립으로 인한 과당 경쟁은 더욱 더 큰 문제이다. 이에 대한 해결책으로 제시되는 방안 중의 하나가 지역신문 시장에서의 진입규제를 강화하는 것이다. 현재 지역신문이 안고 있는 가장 큰 문제는 지역신문의 난립 문제로, 이로 인해 지역신문 시장의 질서가 무너지고 있기 때문에 신규사의 진입장벽을 높여야 한다는 주장이다(권혁남, 2003). 그러나 정부에 의해 진입규제를 강화하는 방식은 지역신문에 대한 과도한 정부개입 논란을 불러일으킬 수 있다. 전반적인 사회적 분위기가 진입규제를 완화하는 방향으로 전환하고 있는데, 지역신문 시장에서만 이에 역행하는 정책을 입안하는 것은 긍정적인 방향이라고 보기 어렵다. 이보다는 자율적 통폐합에 의한 구조조정 방식이 신문산업에 훨씬 더 친화적인 방식인 것으로 보인다(송정민, 2001; 이진로, 2002; 민경명, 2004; 최경진, 2004).

최근에 마련된 지역신문발전지원특별법의 핵심도 무조건적인 지원이 아니라 개혁과 발전을 전제로 한 지원, 즉 외부로부터의 지원과 내부로부터의 개혁을 유도하는 지원의 성격을 띠고 있다. 즉 자율적 개혁 의지를 갖고 있는 신문사들을 선별하여 일정 수준의 지원을 통해 자체적으로 경영위기를 개선할 수 있도록 유도함으로써 사이비 지역신문을 시장에서 퇴출시키려는 복석을 가지고 있다. 따라서 특별법 시행을 전후하여 지역신문사간 발전적 통폐합의 필요성이 더욱 커지고 있다. 따라서 경쟁력이 취약한 지역신문간의 자율적인 구조조정을 통해서 지역별 신문시장의 규모에 알맞은 적정한 수의 신문사가 안정된 시장을 구축하고 이를 토대로 자본과 기술, 그리고 시장 면에서 규모의 경제에 따른 효용성과 경쟁력 강화를 실현할 수 있도록 해야 할 것이다.

이러한 지역신문 시장 내에서의 자율적 구조조정을 위해서는 필요성과 당위성만 주장할 것이 아니라 정부 차원에서 이를 적극적으로 유도할 수 있는 유인책을 제공해야 할 것이다. 예컨대, 신문사간 통폐합 촉진을 위해 기업 합병에 따라 발생하는 각종 세금의 면세 등과 같은 세제 지원제도 강구가 반드시 추진되어야 할 정책적 과제이다.

지역신문 지원 방식이 '선택적 집중'을 위한 '층화차등' 지원방식(유선영 외, 2004: 92)이기 때문에 지원대상에서 밀려나는 지역신문들은 중장기적으로 퇴출 위기에 놓일 것이고, 자연적인 통폐합의 대상이 될 것으로 전망된다. 그럴 경우 현행 일반기업의 구조조정에 대한 대폭적인 세제 지원에 준해, 인수 합병하는 신문의 재정적 부담을 최소화하기 위해 취득세 및 등록세 등을 감면해 주는 것도 한 방안이 될 수 있다. 또한 지원이 이루어진 후에라도 지원을 편법적으로 오남용할 경우에는 지원을 모두 회수함은 물론 벌칙조항에 의해 규제를 가하는 등 공정한 지원정책의 기본취지를 지켜야 한다(김중석, 2003; 최경진, 2004: 179; 문종대, 2004: 106). 하지만 대부분 1인 지배 구조 하에 있는 지역 신문사에 그와 같은 특혜를 주는 것이 문제가 있다는 지적에 따라 편집권의 독립을 보장해야 한다는 조건을 설정하는 등 보완이 필요하다(문종대, 2003).

## (2) 지역신문사간 공동경영 시스템의 구축과 지원

'자율'에 의한 것이라고는 하지만 신문사들의 통폐합은 현실적으로 쉽지 않은 과제이다. 그러나 사적인 이해관계 때문에 신문의 난립 현상을 그대로 방치

한다는 것은 사회적 자원의 낭비이기 때문에 장기적으로는 자율적인 시장 차별화를 통해 지역신문간의 상호 공존의 길을 모색할 필요가 있다. 전국지의 지역신문 시장에 의한 침투로 인해 지역신문 시장이 황폐화되고 있다는 인식을 같이 한다면 지역신문사간의 전략적 공동협력은 유효한 대안이 될 수 있다. 즉 지역신문사들간의 연대를 바탕으로 지역신문 시장을 보호하기 위해 공동 대응을 하고 사업 공조를 하는 등의 다양한 대안이 나올 수 있다. 20) 따라서 완전 통합이 불가능하면, 기능에 따른 부분적인 통합도 고려할 수 있는 문제이다. 즉 부분적 통합 또는 특성화 통합이나 계열적 통합처럼 개별 신문사 차원을 넘어 협력과 역할 분담을 통해 신문사 상호간에 공동 사업을 추진하는 것이다(한국언론연구원, 1996; 김남석, 1997; 송정민, 2001; 이진로, 2002).

이것은 결국 편집 부문을 제외하고 여타의 다양한 분야에서 지역신문사들간에 공동경영 시스템을 마련하는 것이며, 그러한 구체적인 방안으로 공동배달, 공동판매, 공동인쇄, 공동영업 등이 있을 수 있다. 특히 지난 몇 년간 공동배달제도의 필요성이 강력하게 제기되었다. 공동배달제도는 신문시장의 진입장벽을 낮추고, 신생 신문의 등장을 손쉽게 만들며, 배달시스템을 구축하고 유지하는 데 드는 비용을 절감함으로써 신문사의 수익성을 강화시킬 수 있다. 공동배달제도가 정착되면 신문사들은 신문제작과 광고판매 및 신문판매에만 전념함으로써 신문사를 좀 더 효율적으로 경영할 수 있다. 공동배달제도는 또한 각 신문의 실제 발행부수를 정확하게 측정할 수 있도록 해줌으로써 신문사 경영의 투명성을 높이고, 광고주에게는 실제 발행부수에 다른 광고비 지출로 매체선택을 좀 더 정확하게 하고 광고비용을 절감할 수도 있다(류한호, 2003a).

선진 외국에서는 일찍부터 이와 유사한 제도를 시행해 오고 있다. 프랑스는 1947년 4월 '언론사들이 연합 배급사를 설립하는 방안(이른바 '비셰법')을 제

---

20) 이와 관련하여 미국의 '신문보호법'은 편집이 독자성을 칠지히 유시하는 한 신문사간의 연합을 반독점법으로 규율하지 않도록 규정하고 있다(한국언론 2000년위원회, 2000).

정하여 "신문이나 기타 출판물의 다량배급은 출판물 보급을 전담하는 공동협력 회사에 맡겨야 한다"고 규정했다. 이에 따라 파리정기간행물신배급회사 (NMPP)가 설립되었고 2,500여개의 프랑스 국내외 신문의 보급을 관장하며 프랑스 내에서만 27억 부의 일간지와 정기간행물을 배급하고 있다(김주언, 2001). 미국에도 이와 비슷한 JOA(Joint Operation Agreement)가 있는데, 이 제도는 공동배달 뿐만 아니라 편집을 제외한 나머지 모든 업무에서의 공동 활동을 목적으로 한다. JOA는 일반적으로 두 신문사가 공동으로 별도의 회사 를 설립하여 편집부문을 제외한 업무(인쇄 배포 광고)를 담당하게 하고 벌어들 인 수익은 사전에 합의한 공식에 따라 분배하는 형식을 취한다. 통상적으로 두 신문사는 시설을 공동으로 활용하기 위해 조간과 석간으로 나누어 발행하고 일요판은 하나로 통합해서 운영한다. 이는 1933년 뉴멕시코 주 앨뷰커크 (Albuquerque)에 있던 Journal과 Tribune 사이에서 최초로 시작되었다(임영 호, 2002: 294). 이러한 외국 현황과 달리 한국에서는 신문사들이 독자관리 소홀, 판촉활동의 제약 등의 이유를 들어 신문공동배달제를 꺼리고 있다(권혁 남, 2003).

공동배달제도의 구축은 공동 배달에 참여할 의사를 지닌 신문사들이 공동으 로 출자하여 회사를 설립하는 것이 원칙적으로 타당하다. 그러나 현재 한국 지 역신문의 여건상 경영 상태가 열악한 대부분의 지역 신문사들로서는 초기 투자 비용에 대한 지원이 없이 지역 단위로 공동 배달 망을 구축하는 것은 어렵다. 그렇기 때문에 공동 배달망 구축을 위한 초기 투자비용을 국가가 한시적으로 지원해 줄 필요가 있다. 신문법 제37조에도 신문유통원의 설립을 규정하면서, 이 기관의 운영에 필요한 경비를 국고에서 지원할 수 있도록 규정하고 있다. 이렇게 해서 공동 배달망이 구축되면, 최소한 배달 부문에서라도 지역지가 거대 전국지와 공정한 경쟁을 벌일 수 있게 될 것이다(차재영·강미은, 2004: 35). 공동배달제도의 지원이 시장경쟁 질서를 왜곡시킨다고 하는 일부 주장과는 달 리, 언론기업의 본질적인 내용인 언론활동과 무관한 배달 망 자체가 언론활동을 왜곡시키고 있다면 배달 망 체제를 합리화할 수 있도록 국가가 지원하는 것은 공정한 시장경쟁 질서를 위한 정책이라 할 수 있다(문종대, 2004: 102).

공동배달제도가 정착될 경우, 중앙과 지방의 군소 신문사들이 독자적인 보급 망을 구축하고 유지하는 데 투입해야 할 엄청난 비용을 절감할 수 있다. 그렇게 절감된 비용을 편집·제작 부문에 투자함으로써 상승효과를 가져올 수 있을 것이다. 그리고 공동배달제도의 성공 여부는 장기적으로 지역신문사의 공동 경영시스템의 확대를 위한 시금석이 될 것이라는 점에서 향후 지역신문 발전을 제휴와 협력, 그리고 공동 사업 등에 미치는 전략적 의의가 크다고 할 수 있다.

## 2) 지역신문의 질적 향상을 위한 내부개혁 방안

### (1) 지역신문의 차별화를 위한 자구 노력

언론의 다양성은 독립적인 다수의 언론이 고유의 색깔을 가지고 서로 경쟁적으로 정보를 제공하며 의견을 제시할 때 성립되는 것이다(한국언론2000년위원회, 2000). 그러나 한국 언론의 현실은 그렇지 못하다. 언론 사이의 동조현상으로 인해 획일화되는 양상을 보이고 있다. 이는 곧 차별화에 따른 독자시장 확보에 대한 불확실성으로 중산층이라는 시장에 안주해 버리는 타성이다. 그리하여 누구에게나 만족을 주는 신문, 적당히 점잖고 고급지임을 내세우면서 또한 적당히 흥미에 영합하는 대중지가 현재 우리 신문의 모습이 되었다. 그 결과 일반 일간지 시장에는 고급지도 대중지도 없는 획일화된 개성 없는 언론들이 경쟁하고 있을 따름이다(한국언론2000년위원회, 2000).

지금까지 지역신문들은 겉으로는 지역에 근거한 신문을 표방하고 있지만, 그 제작 형식과 내용은 전국지 모형을 그대로 닮고 있다. 이는 곧 지역성과 전국성(보다 엄밀하게는 서울적인 것)이라는 이중 구조를 견지하여 이중 이득을 취하려는 발상이다(송정민, 2001). 이처럼 지역신문들의 전국지 모방도 언론의 획일화를 상징하는 하나의 현상이며, 이는 지역신문이 시장 기능과 저널리즘 기능 모두에서 실패하게 만드는 원인으로 작용하고 있다. 전국지와 비교해 모든 면에서 열악한 지역신문이 전국지의 편집 형태와 전국지의 보도 태도를 그대로 답습해서는 경쟁에서 살아남기 어렵다. 적어도 전국지와는 차별화되어야 지역신문의 존재 의의가 있고 독자들로부터 외면 당하지 않을 것이다.

지역신문들이 효과적인 시장 적응을 위해서는 지금처럼 전국지 같은 지역지, 지역지를 지향하는 전국지라는 애매한 범주에서 주춤거릴 것이 아니라 분명한 선택을 해야 한다(이의정 · 민형배, 2004: 238). 이러한 선택은 곧 지역신문의 차별화를 위한 자구노력이며, 이것이 지역신문의 지역성을 분명히 하면서 질적인 수준을 높이는 것이며, 나아가 전국지와 차별화된 지역신문의 정체성을 확립하는 길이다.

지역신문의 차별화를 위한 최우선 전략은 지역신문이 지역의 독자에게 중앙지의 지방판에서 느낄 수 없는 신뢰를 줄 수 있을 정도의 지역밀착형 정보를 제공하는 것이다(문철수, 2000; 장호순, 1998; 김성재, 2004; 민경명, 2004). 전국지와 비교해 모든 면에서 열악한 지역신문이 중앙의 기사로 전국지와 경쟁하려는 것은 무모하기까지 하다. 철저한 지역 밀착형 취재와 편집으로 차별화를 이루는 것만이 내용 면에서 전국지와 경쟁할 수 있는 유일한 대안이 될 것이다. 지역신문이 지역 독자의 필요와 욕구에 부응하고, 또 그들로부터 신뢰를 얻을 때 지역의 요구와 수요에 반응하는 밀착 보도와 지역성 확보를 이룰 수 있다.

한편, 지역신문의 차별화는 독자의 가치관과 규범의식의 변화에 따라 독자의 취향이 다양화해지는 추세에 맞게 변신을 시도하는 것도 한 방법이 될 것이다. 이러한 환경변화에 부응한 새로운 차별화를 위해서는 지역 독자들의 성향과 기호에 대한 체계적인 조사 분석을 통해 편집, 제작 방향을 재조정해야 할 것이다. 그래서 지역 종합일간지로 갈 것인지, 생활정보형으로 갈 것인지, 아니면 대안신문으로 갈 것인지 등에 대해 선택해야 한다. 특히 현재 시장 점유율이 낮은 신문의 경우 목표 독자층을 상정하고 그들의 취향을 만족시키는 신문을 제작한다면 치열한 시장경쟁에서 독자적인 시장을 확보할 수 있을 것이다.

다매체 다채널 시대에 신문 매체의 위상은 점차 좁아지고 있다. 사실, 신문 구독률의 꾸준한 저하는 신문 자체에 대한 인식 변화도 주된 영향 요인이지만, 기술 변화에 따른 신문 이외의 새로운 대안 매체들의 등장과도 무관하지 않다. 대부분의 지역신문사들이 인터넷을 통한 신문 서비스에 모두 나서고 있지만 여전히 홈페이지 수준을 벗어나지 못하고 있다. 공중파 방송은 인터넷을 통해 이미 상당한 수익을 올리고 있으며, 일부 전국지들은 인터넷 유료 기사 서비스 제공에 나섰다. 인터넷을 통한 다양한 수익 모델 개발을 찾고 있는 것이다. 자본과 인력 면에서 전국지와 비교할 수 없지만 그런 이유로 정보화 또는 기술 변화에 의해 생성될 부가가치 창출에서 마저 지역신문이 뒤진다면 더 이상 설 자리가 없게 된다. 작은 지역일수록 인터넷을 통한 콘텐츠와 그를 이용한 수익 모델 개발이 더 용이할 수 있다. 그것은 온라인과 오프라인의 접점이 바로 지역 커뮤니티 내에 있기 때문이다(민경명, 2004).

따라서 오늘날 지역신문은 저널리즘의 기본 요건에 충실한 보도를 한다는 점제 하에 전국지와는 다른 정보를 제공한다는 차원에서 철저한 지역 밀착형 취재보도를 통해 차별화해야 하고, 또 새로운 기술 변화에 대한 적극적인 대처를 통해 다양한 수익모델을 창출하는 차별화를 시도해야 할 것이다. 그런데 이러한 지역신문의 차별화 전략은 지역신문 내부의 편집과 관련된 부분이기 때문에 외부의 지원이나 압력에 의해 이루어질 성질이 아니라는 점에서 지역신문의 자구 노력이 성패를 결정할 것이다.

## (2) 언론인의 근로조건 개선과 전문성 제고

지역신문이 질적 수준을 향상시키기 위해서는 지역신문 기자들의 근로조건 및 환경개선, 그리고 그들의 전문성 제고를 위한 교육·훈련이라는 두 가지

방안에 대한 고려가 필요하다. 현재 지역신문 기자들은 열악한 근로조건과 심지어 최저임금에도 못 미치는 보수를 받고 있기 때문에 언론 본연의 활동에 전념할 수 없는 상황일 뿐만 아니라, 지속적인 재교육을 통해 기자의 전문성 제고해야 함에도 지역신문의 재정적 한계로 인해 그런 기회를 갖기가 어려운 실정이다.

언론인의 근로조건 및 환경 개선과 관련해서 우선적으로 개선되어야 할 것이 지역주재 기자 운영에 관한 문제이다. 기자들은 취재 보도라는 기본적인 언론활동에 충실할 수 있는 근로조건 및 환경이 갖춰질 때 신문의 질적 향상을 기할 수 있다. 그러나 지역신문 기자들 중에서도 특히 지역주재 기자들은 취재 보도와 같은 기자로서의 언론활동보다는 신문판매나 광고수주와 같은 비언론활동에 더 치중하지 않을 수 없는 상황에 있다(권혁남, 2003). 현재 소도시 시와 군에서 그 지역의 기사를 제공하는 지역주재기자들은 본사가 언론인의 자질을 검증해 채용한 기자가 아니라, 신문 및 광고 판매와 계도지 판매를 목적으로 지대 계약을 체결한 지방의 중소기업인들이다. 이들은 지역의 기사를 본사에 제공하는 언론인 업무보다는 지역의 광고수주와 월정 지대 계약에 따른 지대확보를 담당하는 영업사원(지역민 및 지자체 홍보담당자들과의 우호적인 인간관계 유지)의 역할에 더 충실함으로써 지역 기사의 신뢰성과 질을 떨어뜨리는 요인이 되고 있다(김성재, 2004: 11). 결국 이들의 능력에 대한 평가도 취재와 기사작성 능력보다는 신문판매와 광고수주 능력에 따라 결정된다. 또 심지어 이러한 활동 능력이 부족한 주재기자들은 경제적으로 막대한 개인적 손실을 강요당하고 있으며, 이러한 비언론 활동에 대한 강요는 결과적으로 사이비언론을 만들어내는 계기가 되고 있다. 이와 같은 지역주재기자제도 하에서 질 좋은 지역기사를 기대하는 것은 원천적으로 무리일 것이다. 따라서 지역주재기자 제도가 '영업네트워크'에서 '언론네트워크'로 전환되어(김성재, 2004: 11) 지역밀착형의 질 좋은 지역기사를 제공할 수 있도록 하기 위해서는 지역주재기자도 본사 기자와 마찬가지로 공개채용 형식으로 채용되어 취재 보도에 전념할 수 있는 조건을 만들어 주어야 한다.

　언론인의 근로조건 및 환경 개선과 관련해서 지적되어야 할 것이 임금 현실화 문제이다. 지역신문 기자들의 신분보장과 함께 최소한의 생활을 위해서라도 최저임금제를 실시해야 한다는 것이다. 현재 일부 지역신문 기자들은 정당한 임금을 받지 못하고 있을 뿐만 아니라 신분 보장도 제대로 되지 않고 있다. 기자들의 생계와 신분 문제에 대한 대책 없이는 지역신문의 발전을 위한 지원도 의미가 반감될 수밖에 없다. 지역신문의 발전이란 경영여건의 개선을 통해 지역신문의 경쟁력을 강화하는 것이고, 궁극적으로 지역신문의 경쟁력은 지역신문의 저널리즘 기능 강화로부터 나오는 것이기 때문이다. 경영여건 개선에서 지역신문 기자들의 근로조건과 환경을 개선하는 문제가 도외시 되어서는 장기적인 발전을 기대하기 어렵다.

　다음으로, 기자의 능력 및 전문성 제고를 위한 교육·훈련이 필요하다. 현재 한국언론재단은 전국의 기자들을 대상으로 기본 연수, 전문 연수, 해외 연수, 국내 대학원 연수등과 같은 다양한 연수 프로그램을 운영하고 있다. 그러나 근무여건이 열악하고 재정구조가 취약한 지역신문의 경우에는 기자를 서울로 연수 보내기에는 매우 어려운 현실이다. 열악한 사세 하에서 최소 인원으로 최대 효율을 창출하려는 지역신문사들의 입장에서도 연수에 적극적이기 어려운 상황이다. 결국 현재의 기자의 전문성 제고를 위한 교육 프로그램은 재정이나 인력 면에서 훨씬 형편이 좋은 전국지에게 유리한 지원구조로 되어 있다. 따라서 이러한 지원구조는 지역신문사 기자들도 균등하게 향유할 수 있거나 심지어 이들에게 더 유리한 지원구조로 재조정될 수 있도록 정책적인 지원과 배려가 필요한 상황이다(문종대, 2003). 그리고 각 지방의 관련 학회들과 협력하여 각종 연수 프로그램을 확대하는 방안도 구체적으로 고려해 볼 필요가 있다(차재영·강미은, 2004: 36). 아울러 지역신문 경영자들은 재교육을 통한 기자들의 전문성 제고 없이 치열한 경쟁에서 생존하기 어렵다는 인식을 해야 하고, 이를 위해 정부의 지원만 기대하기보다는 스스로의 자구노력을 기울여야 할 것이다.

## 3) 지역신문과 지역 시민사회의 상호 연대

국회의원이 선거를 통해 선출되어 국민의 의사를 대변한다는 점에서 국회를 '정치적 대표체계'(political representative system)라고 한다면, 언론은 선거라는 제도적 수단에 의해 선출된 단체는 아니지만, 다양한 국민의 여론을 반영하고 전달한다는 점에서 '사회적 대표체계'(social representative system)라고 할 수 있다. 언론을 사회적 대표체계의 일종으로 본다면 국민의 언론에 대한 감시는 국민의 정당한 사회적 권리라고 할 수 있다. 미국의 경우 언론에 대한 통제와 관련하여 가장 위험한 통제유형에 따라 우선순위를 부여한 것을 보면, 첫 번째로 '비대해진 언론기업 독점에 의한 통제'가 지적되었고, 두 번째로 '공중에 의한 감시 결여'를 꼽았다(Sandman, et al, 1972). 민주사회에서 언론에 대한 사회적 감시는 언론자유의 성취를 위한 중요한 방식 중의 하나이다.

언론에 대한 사회적 감시는, 한 사회의 언론의 수준은 그 사회 구성원의 수준을 반영하는 것이며, 따라서 깨어 있는 시민만이 좋은 언론을 누릴 수 있다는 점에서 언론개혁의 중요 의제이다. 언론이 권력으로 부상하고 있고 그 권력을 남용하는 현실은 개선되어야 하며, 그 일은 언론소비자인 시민사회의 몫이기도 하다. 따라서 언론에 대한 꾸준하고 애정 있는 강력한 사회적 감시가 지속적으로 이루어져야 한다(한국언론2000년위원회, 2000).

언론에 대한 효과적인 사회적 감시에서 중요한 것은 국민들의 집합적 의지를 반영하는 집단의 영향력에 의해 보다 효과적으로 발휘될 수 있다. 그러나 여기서 중요한 것은 그런 집단이 사회적 대표성과 정당성을 갖췄느냐의 여부이다. 특정 집단의 구성원들에게만 혜택이 돌아가는 특수이익을 목적으로 조직된 집단의 언론에 대한 영향력 행사는 사회적 대표성이 취약하기 때문에 올바른 언론감시 활동이 될 수 없다. 언론이 시민들의 독자로서 권리를 제약하거나 사회적 부조리를 만들어 내는 경우, 시민사회 일반의 이익을 대표하는 시민단체들은 그러한 언론에 대해 정당한 압력을 가할 수 있고, 그 효과도 기대할 수 있는 것이다. 따라서 사회집단들이 자신들의 이익추구를 위해 언론에 대한 감시를 행사하는 것은 공공의 이익추구와 결부되어야 하고 합법적인 방법으로 잘못된 보도 행태에 대한 시정을 요구해야 사회적 정당성을 인정받을 수 있는 것이다.

실제로 최근 한국의 언론개혁 과정은 학계, 언론계, 시민단체 등이 연합하여 조직된 언론개혁 단체가 중요한 역할을 한다는 것을 보여주고 있다. 시민사회의 집합적 의지가 한국 언론개혁의 중추가 되고 있는 것이다. 그리고 이러한 언론개혁의 필요성은 중앙 수준에서 뿐만 아니라 이제 점차 지역 수준으로까지 확대되고 있는 양상을 보이고 있다. '지역언론개혁연대'의 발족이라든가 각 지역에서도 다양하게 전개되고 있는 언론관련 시민단체들의 활동이 대표적인 사례라고 할 수 있다.

지역 시민사회의 지역신문에 대한 감시는 기본적으로 지역사회 정치인들과의 권언유착 같은 지역신문의 권력화, 사주가의 개인적 이해관계에 따라 지역신문을 이용하는 사유화, 그리고 사이비 지역신문의 다양한 행태 등에 대해서 철저한 감시 활동을 해야 할 것이다. 지역신문이 저널리즘 기능을 구현할 수 있도록 사회적 감시가 이루어지고 이에 대한 조사 및 감시 결과를 공표할 때, 지역의 사이비 언론들이 근절될 수 있는 계기를 마련할 수 있을 것이다. 아울러 향후 지역신문발전지원특별법에 의해 지원을 받는 지역신문에 대해서도 이들이 정부로부터 받은 지원금을 용도 이외의 다른 목적에 전용하는지의 여부에 대해서도 감시 역할을 수행해야 할 것이다.

그러나 아직까지 지역신문 개혁을 위한 지역 시민사회의 역량은 취약한 편이다. 지역 시민사회의 역량 강화를 위해 지역신문은 중요한 역할을 할 수 있다. 이런 점에서 지역 시민사회와 지역신문은 상호 연대를 통해 발전할 수 있다. 지역사회를 활동의 기반으로 한다는 점에서 동일한 기반을 가지며, 사회문제와 부조리를 고발하고 지역사회 일반의 관심과 요구를 여론에 반영시키려고 노력한다는 점에서 지역 시민사회와 지역신문은 일종의 공동 목표를 향해 나아가는 공동 운명체라고 할 수 있기 때문이다.

이러한 상호연대의 모색 노력은 지역신문들에 의해서도 주도적으로 이루어질 수도 있다. 예컨대, 지역신문사들은 전국지와 지역시장에서의 불공정행위 등을 지적하고 이를 지역 여론에 호소할 필요가 있다. 이를 위해 지역신문들도 미디어 관련 보도나 비평에 정기적으로 지면을 할애하여 독자들로 하여금 전국지의 불공정행위를 인식시키는 것도 중요하다. 이를 통해 독자층의 참여를 유도하면서 지역여론에 호소하고 인식의 전환을 꾀하는 등 능동적 자세를 보여야 할 것이다. 정부당국이나 제도권에서 공정거래를 확립해주기만을 기대하는 소극적 태도에서 탈피하여 지역신문사들이 지역의 시민단체들과 협의하고 연대하여 적극적으로 해결방안을 모색해나가야만 문제의 해결을 기대할 수 있을 것이다. 만일 국가의 언론정책적 방안만 앞서게 된다면 이는 자칫 국가의 언론에 개한 개입 내지는 영향력 행사라는 오해를 낳을 수도 있기 때문이다 (최경진, 2004: 173).

궁극적으로 지역신문이 지역사회에서 뿌리를 내리기 위해서는 지역주민으로부터의 신뢰를 회복해야 한다. 지역주민의 신뢰 회복을 위해 언론으로서 새로운 위상 정립이 필요하다. 지역신문은 지금까지 지역민들의 공적이익을 지향하기보다 스스로 권력기관이 되어 시민들 위에 군림했고, 난립과 경영위기에 처하면서 사주의 사업 방패막이가 되거나 권력에 접근하여 불건전한 이득을 얻어내는 도구로 기능을 했음을 부인하지 못한다. 이로 인해 언론의 자율성과 편집권은 지역신문사 소유주와 경영진에 의해 부당하게 침해받았고 이것은 곧 지역신문의 저널리즘 기능 위축으로 이어질 수밖에 없었다. 저널리즘 기능 위축과 원칙의 상실은 지역신문에 대한 주민의 신뢰를 앗아 갔다.

지역신문이 지역주민의 신뢰를 얻을 때에만 지역신문의 경영구조와 시장구조의 정상화를 위한 제도개혁도 효과를 달성할 수 있는 것이다. 지역신문이 과거와 다른 새로운 위상 정립을 위해서 지역신문사 사주의 편집철학이 경영의 투명성과 함께 분명히 드러나야 할 것이며, 신문의 경영은 전문경영인이 편집은 편집책임자가 갖게 되는 전문화의 도입을 통해 소유·경영·편집을 분리함으로써 건전한 지역신문의 위상을 보여주어야 한다. 이런 측면에서 지역신문 내부의 경영 개선을 위한 자율적 개혁 노력이 중요하며, 더 나아가 언론으로서 저널리즘 원칙에 따른 취재 보도가 이루어질 때 지역 주민들로부터 신뢰를 회복할 수 있을 것이다. 마찬가지로 지역신문의 신뢰 회복 노력에 부응해서 지역사회는 건전한 지역신문 육성에 나서야 한다. 지방자치 시대가 열리고, 지역균형발전이 국가 발전의 화두가 되면서 지역신문의 역할을 점점 더 막중해지고 있다는 점에서도 지역신문의 발전은 진정한 지방화 시대를 맞기 위해서 반드시 필요한 과제라고 할 수 있다.

# Ⅵ. 요약 및 결론

이 책은 지역신문이 처해 있는 복합적이고 구조적인 위기의 성격을 고려하면서, 지역신문의 현안이 되고 있는 문제점들을 해결하는 데 초점을 맞추기보다는 장기적·점진적으로 지역신문의 경영구조와 시장구조를 개선할 수 있는 정책 가이드라인을 구상하는 데 목적을 두었다. 그에 따라 기본적으로는 국가가 시장에 개입할 수 있는 정책방안을 거시적이고 장기적인 관점에서 도출하는 데 주안점을 두며, 여기에 지역신문 스스로의 자율적인 자구노력과 이에 대한 정부의 지원 및 지역 시민사회와의 상호 연대를 통해 장기적으로 지역신문이 활성화될 수 있다는 기본 시각을 견지했다.

이 책은 한국의 언론개혁이라는 거시적 측면을 도외시하지 않으면서 지역신문의 활성화를 위한 구조개혁 방안을 도출하는 연구이다. 따라서 주된 논의 대상은 지역신문 활성화를 목표로 건전한 경쟁적 지역신문 시장구조를 확립하기 위한 규제정책과 지역신문의 경영위기를 개선하기 위한 지원정책을 중심으로 이루어졌다. 그러나 지역신문의 활성화와 장기적 발전이라는 시각에서 보면, 지역신문들 스스로의 자율적 개혁 의지와 노력이 없이는 불가능한 문제이다. 그리고 지역신문의 활성화는 곧 지역주민들로부터의 신뢰 회복과 직접적으로 연관된 문제이기 때문에, 이를 위한 지역 시민사회와의 상호 연대 역시 필요하다. 따라서 이 책은 지역신문의 경영구조와 시장구조의 정상화를 위한 규제 및 지원정책, 지역신문 내부의 자율적 개혁과 이에 대한 정부의 지원 및 시민사회와의 연대 등의 측면을 중심으로 정책 방안을 제안했다.

한국 지역신문의 경영구조와 시장구조 개혁을 위해서는 이에 대한 정책기조를 분명히 해야 한다. 지역신문 구조개혁의 목표는 지역신문의 활성화와 경쟁력 제고가 되어야 할 것이다. 지역신문은 저널리즘의 강화를 통해 공적 기능을 복원함으로써 지역사회의 진정한 공론장으로 활성화되어야 하고, 다른 한편으로 지역신문은 언론 기업으로서 자생적 기반 마련과 경쟁력 강화를 통해 현재의 어려운 경영의 위기로부터 벗어나야 할 것이다. 그러나 언론 본연의 공적 기능에 대한 개입은 언론자유에 대한 개입이 될 수 있기 때문에 주로 산업적 측면에서 지역신문의 '경영 위기의 해소'와 '시장의 정상화'라는 두 가지를 구조개혁의 대상으로 삼아야 할 것이다. 따라서 지역신문 구조개혁의 목표는 경영과 시장 부문의 구조개혁을 통해 지역신문사의 경쟁력을 제고시키는 데 초점을 맞춰야 할 것이다.

지역신문 구조개혁의 기본 방향으로는 다음과 같은 몇 가지를 제시할 수 있다. 첫째, 지역신문 구조개혁에서 신문사 자체의 자율적 개혁방안이 우선적으로 중요하지만, 신문사가 스스로 해결하기 어려운 신문시장의 구조적 문제들의 경우 정부의 정책적 개입을 최소한으로 해야 한다. 둘째, 지역신문 구조개혁이 국가의 지역신문에 대한 정치적 개입을 가져올 것이라는 우려를 불식시켜야 한다. 셋째, 지역신문의 구조개혁은 광범위한 관련법과 제도들의 개혁을 통해 추진되어야 한다. 한국 신문과 같은 구조적 기형과 비정상적인 시장을 정상화시키는 데는 무엇보다 관련 정책이나 법·제도적인 개선이 중요하다고 할 수 있다. 넷째, 지역신문에 대한 제도적 지원책은 건전한 시장질서 파괴를 가져오지 않도록 신중하게 수립·시행되어야 한다. 다섯째, 지역신문이 처한 위기의 구조적 성격을 고려할 때, 지역신문이 활성화되기 위해서는 지역분권화와 지역경제 활성화가 지역신문구조개혁과 병행되어 추진되어야 직접적인 효과를 거둘 수 있다. 장기적으로 정치·경제·사회·문화적 권력의 분권화 없이는 지역신문은 시장에서 실패할 수밖에 없다. 마지막으로, 지역신문 시장의 확대를 위해서는 시민사회의 발전이 필수적이다. 특히 신문산업의 시장규모는 결국 시민사회의 성장과도 밀접한 연관성을 갖고 있기 때문에 시민사회의 발전 없이는 더 이상의 시장 확대를 기대하기 어렵다.

지역신문의 경영구조 정상화를 위해서는 수유·경영·편집의 분리를 강조하는 소유구조, 편집권 독립, 경영 투명성의 측면에서 제도개혁이 이루어져야 한다.

첫째, 소유구조를 개혁해야 한다. 소유구조 개혁에서 가장 중요한 것이 한국적 특수성을 감안한 1인 지분한도의 제한 문제이다. 한국에서는 사주에 의해 기업의 편집권, 인사와 예산이 장악되어 다양성과 비판성이 억압되고 공익보다 사주의 이익에 복무하는 언론 사유화의 문제가 심각하기 때문에 최대주주의 지분한도를 제한하는 소유규제를 해야 한다. 현재  지분한도의 제한에 대해서는 많은 사회적 공감대를 형성하고 있지만, 그 비율을 얼마로 할 것인가에 대해서는 30%에서부터 20% 또는 10~15%까지 의견이 분분하다. 그러나 경쟁의 논리를 적용하여 전국지와 지역지의 최대주주 지분 비율을 달리한다면, 지역신문의 소유규제를 위한 지분한도의 비율은 30% 선에서도 충분히 가능할 것이다.

소유집중 해소를 위해서는 친인척, 관계기업 및 재단 등에 의한 전횡을 방지하는 방안을 마련해야 한다. 이를 위해서는 이사회에서 특수관계인의 이사수의 제한 비율을 1/3로 규정하고 있으나 이보다 더 적은 1/5를 넘지 못하도록 해야 하고, 소유집중을 위한 신문사들의 온갖 편법이 난무하는 현실을 고려할 때, 특수관계인의 비율과 범위는 가능한 한 엄격하게 규정해야 한다. 이외에도 기업 공개에 의한 기업 경영의 투명성을 확보해야 한다. 신문 편집이나 경영 감시 등을 위한 외부인의 참여를 다양하게 확보할 수 있는 사외이사제나 사외감사제, 경영감시제, 광고요금산정위원회, 운영위원회 제도 등의 도입이 반드시 선행되어야 한다.

소유지분 규제가 현실적으로 실현 가능하도록 하기 위해서는 반드시 그에 대한 법제화가 이루어져야 하겠지만, 이는 지역신문만의 이슈가 아니라 전체 신문산업의 이슈이기 때문에 단기간에 실현되기 쉽지 않은 문제이다. 그러나 지역신문의 경우 지역신문발전지원특별법을 근거로 지역신문의 육성을 위한 대상 선정에 최대주주의 소유지분 한도를 규정하여 자발적으로 소유지분을 분산시키도록 하는 방안을 고려할 수 있을 것이다.

둘째, 편집권 독립을 위한 제도를 개혁해야 한다. 편집권 독립이 갖는 특성

을 고려하여 제시되는 대안이 '편집규약'의 제정이다. 신문법 제18조에는 신문
사들은 편집위원회를 둘 수 있으며 편집규약을 제정할 수 있다고 규정하고 있
다. 노사 동수의 민주적인 편집위원회가 구성되어 노사가 대등한 관계에서 편
집규약을 만든다면, 편집의 독립성과 기자의 양심 보호 등에 상당한 기여를 할
수 있을 것이다. 아울러 보다 적극적으로 소유와 경영, 경영과 편집의 분리를
위한 조항도 규약에 삽입할 필요가 있다. 편집규약의 제정은 편집의 독립성을
확보하는 데 중요한 근거로 작용할 수 있기 때문에 향후 신문법 개정을 위한
노력에서 반드시 이를 의무화할 필요가 있다. 또한 현재 임의적 조항으로 규정
되어 있다고 하더라도, 지역신문발전지원특별법 지원 조건에 편집규약을 포함
시키는 방안도 검토할 수 있을 것이다.

셋째, 경영 투명성 제고를 위한 제도를 개혁해야 한다. 신문법 제16조는 신
문의 전체 발행부수 및 유가 판매부수와 구독수입 및 광고수입에 관한 자료를
신고하도록 규정하고 있다. 또 주식 또는 지분총수와 자본내역, 100분의 5 이
상의 주식 또는 지분을 소유한 주주 또는 사원의 개인별 내역에 관한 사항을
신문발전위원회에 신고하도록 규정하고 있다. 그러나 이러한 신문법상의 자료
신고 규정만으로는 기업으로서의 활동과 성과가 어떤지를 완전히 파악하기는
어렵다. 따라서 신문법 제16조 자료의 신고 등에 관한 규정을 더욱 강화하여
신문 활동에 관한 모든 것을 신고할 것을 의무화함으로써 경영의 투명성을 확
고히 해야 할 것이다.

경영의 투명성을 보다 확고히 하기 위해서는 신문사의 경영과 관련된 일체
의 정보를 공개토록 의무화하는 독일의 신문통계법과 같은 제도의 입법화를
별도로 추진할 필요가 있다. 이런 법이 제정된다면, 신문의 경영과 관련된 모
든 것이 투명하게 나타나기 때문에 부수공사제도(ABC)가 필요 없게 되며, 언
론사에 대한 세무조사도 불필요하게 된다. 이 법은 광고시장의 혼란을 막는 데
도 기여할 수 있으며, 광고 거래의 투명성도 제고시킬 수 있기 때문에 광고가
격의 합리화에도 기여할 수 있다. 그러나 신문법 개정과 신문통계법 제정의 두

방식 중에서 신문통계법이 보다 바람직하지만, 현실적으로 새로운 입법보다는 기존 법률을 개정하는 편이 쉬울 것이다. 또한 신문통계법 제정이 전제되지 않는다면 ABC제도를 정착시켜야 하고, 사외 이사제와 우리 사주제를 도입해야 한다.

지역신문의 경영 투명성 제고를 위한 출발점은 지역신문발전지원특별법의 시행을 계기로 본격화되어야 한다. 지역신문이 지역 독자의 신뢰를 회복하고 자체의 생존과 발전을 위해서는 투명한 공개와 경영에 관련된 모든 정보의 공개가 이루어져야 한다.

시장구조의 정상화 문제는 공정하고 공평한 경쟁을 위한 '게임의 규칙'(rule of game)을 정비하기 위한 것으로, 이는 공정경쟁 질서 확립과 시장독과점 방지를 위한 정책방안을 모색해야 한다.

첫째, 공정경쟁을 위한 규제를 개혁해야 한다. 자율규제와 신문고시가 작동하고 있음에도 신문시장에서의 경쟁이 여전히 혼탁한 것은 신문사들이 자율규제를 지키려는 의지의 부족과 법률을 시행하는 정부의 미온적 대응방식 때문이다. 현재 시점에서 불공정 거래 문제를 해결하기 위해서는 논란을 일으킬 수 있는 새로운 별도의 입법안을 제정하는 것보다 현재 존재하고 있는 '신문고시'를 적극적으로 활용하고 엄격하게 적용하는 데 주력해야 할 것이다.

다만 현재의 신문고시의 규정 중에 경품 허용 기준과 무가지 비율을 현행 20%보다 더 축소해야 한다. 대량의 무가지 공세와 경품 살포는 거대 언론의 시장지배력을 강화시키고 군소 신문들을 시장에서 배제시키는 강력한 도구이기 때문이다. 또 현재 제대로 지켜지지 않고 있는 신문고시에 대한 제재방안을 실효성 있도록 바꾸고, 확고한 의지를 가지고 위반시의 과징금 부과와 형사고발을 집행해야 한다.

둘째, 시장독과점 방지를 위한 규제를 개혁해야 한다. 한국 신문시장의 독과점 해소 방안은 시장점유율 제한을 위한 비중을 어떻게 할 것인가에 논의의 초점이 모아지고 있다. 최근 개정된 신문법은 1개 신문사의 시장점유율 30%, 상위 3개 신문사의 점유율은 60%로 규정하여 공정거래법의 50%와 75%보다 강화된 규정을 만들었다. 이외에도 신문시장의 독과점을 규제하기 위한 제도화의 방법으로는 공정거래법에 신문과 같은 정신적 생산물에 적용하는 특별규정을 두는 방법, 공정거래법과 별도로 신문에 적용되는 특별법을 제정하는 방법 등이 있을 수 있다. 신문법을 둘러싸고 논란이 없는 것은 아니지만, 시장지배적 사업자에 대한 규정이 공정거래법보다 강화되어 규정되었다는 점에서 신문시장의 독과점을 규제하기 위한 제도화의 가시적인 성과라고 할 수 있을 것이다.

그러나 문제는 이러한 시장지배적 사업자 규정이 전체 신문 시장의 점유율을 기준으로 한 것이라는 점이다. 한국의 신문시장 독과점 구조를 개혁하는 데는 전국지들의 지역신문 시장에 대한 무차별적인 침탈을 제도적으로 막고, 지역신문의 육성 지원과 함께 이러한 육성 지원이 보다 효과를 거두어 지역신문 시장을 활성화시키는 것까지 고려해야 한다. 이런 점에서 기존의 신문법 규정은 좀 더 강화되어야 한다. 이런 차원에서 1개 신문사의 시장점유율을 20%까지, 그리고 상위 3개 신문사의 점유율은 50%까지 낮추자는 주장들이 제기되고 있는 것이다.

또한 시장을 하나의 전국 단위로 하지 않고 지역별로 세부화하여 시장 점유율을 제한하는 방안도 모색해야 할 것이다. 기존의 신문시장 전체를 기준으로 한 시장지배적 사업자 추정은 전체 신문시장의 독과점 해소를 제한하는 규정으로 나름의 타당성을 가질지 모르지만, 지역별 특수성을 감안하여 지역신문 시장의 균형적 발전을 위한 제도로는 분명한 한계가 존재한다. 따라서 전국적인 시장점유율 제한 규정과 특정 지역에 대한 시장점유율 제한 규정을 두는 것이 필요하다.

지역신문의 경영구조와 시장구조의 정상화를 위한 제도의 개혁을 위해서, 그리고 제도개혁 이후 그것이 실제적인 효과를 발휘하기 위해서는 지역신문 내외부의 지원이 필요하다. 지역신문의 발전에서 무엇보다도 중요한 것은 지역신문 스스로 자기 개혁에 대한 성찰이 필요하며, 이를 통해서 저널리즘적 원칙에 충실한 바탕에서 신문 내부의 경쟁력을 키워야 한다. 아울러 지역신문이 위기를 극복할 수 있도록 외부적 환경을 개선하기 위한 노력도 중요하다. 여기서 정부의 지원과 지역 시민사회의 감시와 상호 연대를 모색해야 할 것이다.

첫째, 경영위기 타개를 위한 내부개혁 방안으로는 우선 자율적 구조조정과 세제 지원을 들 수 있다. 지역신문 시장의 난립으로 인한 과당 경쟁의 문제를 해결하기 위해서는 정부에 의해 진입규제를 강화하는 방식이 있지만, 이는 지역신문에 대한 과도한 정부개입 논란을 불러일으킬 수 있고, 사회 전반의 규제완화에 역행하는 정책 방향이라는 점에서, 자율적 통폐합에 의한 구조조정 방식이 신문산업에 훨씬 더 친화적인 방식이라고 할 수 있다. 최근에 마련된 지역신문발전지원특별법을 계기로 경쟁력이 취약한 지역신문간의 자율적인 구조조정을 통해서 지역별 신문시장의 규모에 알맞은 적정한 수의 신문사가 안정된 시장을 구축하고 이를 토대로 자본과 기술, 그리고 시장 면에서 규모의 경제에 따른 효용성과 경쟁력 강화를 실현할 수 있도록 해야 할 것이다.

이러한 지역신문 시장 내에서의 자율적 구조조정을 위해서는 정부 차원에서 이를 적극적으로 유도할 수 있는 유인책을 제공해야 할 것이다. 신문사간 통폐합 촉진을 위해 기업 합병에 따라 발생하는 각종 세금의 면세 등과 같은 세제 지원제도 강구가 반드시 추진되어야 할 정책적 과제이다. 예컨대, 현행 일반기업의 구조조정에 대한 대폭적인 세제 지원에 준해, 인수 합병하는 신문의 재정적 부담을 최소화하기 위해 취득세 및 등록세 등을 감면해 주는 것도 한 방안이 될 수 있다. 또한 지원이 이루어진 후에라도 지원을 편법적으로 오남용할 경우에는 지원을 모두 회수함은 물론 벌칙조항에 의해 규제를 가하는 등 공정한 지원정책의 기본취지는 지켜져야 한다.

경영위기 타개를 위한 또 다른 내부개혁 방안으로 지역신문사간 공동경영 시스템의 구축과 지원을 들 수 있다. 전국지의 지역신문 시장에 의한 침투로 인해 지역신문 시장이 황폐화되고 있다는 인식을 같이 한다면 지역신문사간의 전략적 공동협력은 유효한 대안이 될 수 있다. 이것은 편집 부문을 제외하고 여타의 다양한 분야에서 지역신문사들간에 공동경영 시스템을 마련하는 것이며, 그러한 구체적인 방안으로 공동배달, 공동판매, 공동인쇄, 공동영업 등이 있을 수 있다. 특히 지난 몇 년간 공동배달제도의 필요성이 강력하게 제기되었다. 공동배달제도는 신문시장의 진입장벽을 낮추고, 신생 신문의 등장을 손쉽게 만들며, 배달시스템을 구축하고 유지하는 데 드는 비용을 절감함으로써 신문사의 수익성을 강화시킬 수 있다.

공동배달제도의 구축은 공동 배달에 참여할 의사를 지닌 신문사들이 공동으로 출자하여 회사를 설립하는 것이 원칙적으로 타당하지만, 공동 배달망 구축을 위한 초기 투자비용을 국가가 한시적으로 지원해 줄 필요가 있다. 신문법 제37조에도 신문유통원의 설립을 규정하면서, 이 기관의 운영에 필요한 경비를 국고에서 지원할 수 있도록 규정하고 있다. 공동배달제도의 성공 여부는 장기적으로 지역신문사의 공동경영시스템의 확대를 위한 시금석이 될 것이라는 점에서 향후 지역신문 발전을 제휴와 협력, 그리고 공동 사업 등에 미치는 전략적 의의가 크다고 할 수 있다.

둘째, 지역신문의 질적 향상을 위한 내부개혁 방안으로는 우선 지역신문의 차별화를 위한 자구 노력의 필요성을 제기할 수 있다. 지역신문들이 효과적인 시장 적응을 위해서는 지금처럼 전국지 같은 지역지, 지역지를 지향하는 전국지라는 애매한 범주에서 주춤거릴 것이 아니라 지역신문의 지역성을 분명히 하면서 질적인 수준을 높이는 차별화 전략이 필요하다. 오늘날 지역신문은 저널리즘의 기본 요건에 충실한 보도를 한다는 점제 하에 전국지와는 다른 정보를 제공한다는 차원에서 철저한 지역 밀착형 취재보도를 통해 차별화해야 하고, 또 새로운 기술 변화에 대한 적극적인 대처를 통해 다양한 수익모델을 창출하는 차별화를 시도해야 할 것이다.

지역신문의 질적 향상을 위한 또 다른 내부개혁 방안으로 언론인의 근로조건 개선과 전문성 제고를 들 수 있다. 우선적으로 개선되어야 할 것이 지역주재 기자 운영에 관한 문제이다. 지역밀착형의 질 좋은 지역기사를 제공할 수 있도록 하기 위해서는 지역주재기자가 취재 보도에 전념할 수 있는 조건을 만들어 주어야 하며, 지역신문 기자들의 신분보장과 함께 최소한의 생활을 위해서라도 최저임금제를 실시해야 한다. 그리고 기자의 능력 및 전문성 제고를 위한 교육·훈련 프로그램을 지역신문사 기자들도 균등하게 향유할 수 있거나, 이들에게 더 유리한 구조로 재조정되어야 한다.

셋째, 지역신문과 지역 시민사회의 상호 연대가 필요하다. 지역신문의 지속적인 발전을 위해서는 지역사회 정치인들과의 권언유착 같은 지역신문의 권력화, 사주가의 개인적 이해관계에 따라 지역신문을 이용하는 사유화, 그리고 사이비 지역신문의 다양한 행태 등에 대해서 지역 시민사회에 의한 감시가 이루어져야 한다. 그러나 지역신문 개혁을 위한 지역 시민사회의 취약한 역량을 고려할 때, 지역 시민사회와 지역신문은 상호 연대를 통해 발전할 수 있다. 지역사회를 활동의 기반으로 한다는 점에서 동일한 기반을 가지며, 사회문제와 부조리를 고발하고 지역사회 일반의 관심과 요구를 여론에 반영시키려고 노력한다는 점에서 지역 시민사회와 지역신문은 일종의 공동 목표를 향해 나아가는 공동 운명체라고 할 수 있기 때문이다. 정부당국이나 제도권에서 공정거래를 확립해주기만을 기대하는 소극적 태도에서 탈피하여 지역신문사들이 지역의 시민단체들과 협의하고 연대하여 적극적으로 해결방안을 모색해나가야만 문제의 해결을 기대할 수 있을 것이다.

언론이 정치권력과 독점자본으로부터 자유로워야한다는 것은 절대적인 가치이자 명제라고 할 수 있다. 이는 언론이 권력과 자본으로부터 어떤 영향도 받지 않으면서 언론의 자유와 국민의 알권리를 충실하게 수행하는 것이 전제되어야 한다. 그러나 현실은 그렇지 못하다. 시대 변화에 따라 정치권력으로부터의 속박으로부터 벗어나자 독점자본으로부터의 속박이 시작되었다. 한국의 언론개혁 논의는 바로 이러한 자본의 영향과 구속으로부터 자유로운 언론을 목표로 하는 것이고, 자본의 언론에 대한 지배력을 무력화시키기 위해서는 불가피하게 법과 제도에 의한 규제가 필요하게 된 것이다.

　지역신문의 경우는 규제와 지원의 적절한 조화가 필요한 상황이다. 이것은 지역신문 자체만을 위해서가 아니라 지방분권과 국토균형발전을 위해서 지역언론의 역할이 절실하고 중차대하기 때문이다. 올바른 분권화·지방화의 시대를 열기 위해서는 건실한 지역언론 역할이 절실하며 건전한 지역언론이 설 자리를 잃거나 제 기능을 하지 못할 때 지방자치도 불가능 하고 지역사회의 발전도 기대하기 힘들다. 이와 마찬가지로 지역신문의 장기적 발전을 위해서는 지방분권과 지역의 균형적 발전이 필요하다. 따라서 지역사회의 발전과 지역신문의 활성화는 병행되어야 할 중요한 가치이자 목표이다.

　우리가 지역신문에 기대와 희망을 거는 것은 열악한 경영환경과 왜곡된 시장구조 속에서도 건전한 신문들이 아직은 적지 않기 때문이다. 또한 끊임없는 개혁 요구에도 불구하고, 과도하게 권력화되고 상업화된 전국지의 폐해가 너무 커지는 것도 지역신문에 희망을 거는 중요한 이유의 하나이다. 따라서 한국의 지역신문은 관심을 가지고 연구하며, 비판하고 격려하며, 장려하고 지원할 충분한 가치가 있다. 이 책에서 제시된 개혁과제들은 사실, 어느 하나 실행하기 쉬운 것이 없으며, 이를 추진하고 시행하는 과정에서 갈등과 대립으로 인한 많은 부작용을 발생시킬 가능성이 있다. 그럼에도 이러한 개혁 과제들은 끊임없이 추진되고 실행되어야 하며, 그것이 곧 언론개혁과 언론 민주화의 한 과정이기 때문이다.

# 참고문헌

## 1. 국문

21세기 언론연구소. (2001). "각국의 신문법제: 독일."『언론개혁』. 가을호.

강경근. (1998). "편집권 독립 법제화의 논리와 실제." 언론개혁시민연대 창립토론회 발표문.

강명구. (2001). "한국의 지방정치와 민주주의: 현황과 대안적 모색." 2001년도 한국정치학회 춘계학술회의 논문집.

강미선 외. (2003).『신문의 위기』. 서울: 한국언론재단.

구경서. (1998). "하나의 사례분석을 통한 지역언론의 대안에 관한 연구."『政正』. 제11집.

구경서. (1999).『한국미디어정치론』. 하남: 도서출판 글빛.

구경서. (2000).『현대 미디어 정치』. 서울: 건국대학교출판부.

국가재정운용계획 균형발전 분야 작업반. (2005).『2005~2009년 국가재정운용계획: 균형발전 분야』. 공개토론회 자료. 3월 28일. http://www.kdi.re.kr/data/download/attach/7416_cu20050328.pdf

권혁남. (1994). "지역신문의 현황과 문제점, 그리고 발전방안."『한국언론학보』. 31권 봄호.

권혁남. (2003). "지방언론발전과 지역주재기자 제도 개선방안." 한국기자협회 주최 세미나 발표논문, 4월 3일.

김남석. (1997). "지역신문의 시장조건과 발전전략." 김세철 외.『지역사회와 언론』. 서울: 커뮤니케이션북스.

김남석. (1999). "한국 신문산업의 정치·경제학." 한국언론재단(편).『새로운 시대의 신문』. 서울: 한국언론재단.

김민남. (2003).『지역공동체와 공공저널리즘』. 서울: 커뮤니케이션북스.

김서중. (2003). "여론 독과점의 해결과 신문시장의 정상화." 전국언론노조 주최 토론회 발표문. 3월 7일.

김선남. (2001). "지방신문의 양적 팽창과 문제점."『한국언론정보학보』.

16권 봄호.

김성재. (2004). "기금의 용도 I: 지역신문의 경영 및 유통구조 개선."
한국언론재단·지역언론개혁연대 주최 지역신문발전지원특별법
관련 2차 토론회. 5월 7일.

김세은. (2004). 『신문산업의 경쟁과 변화: 영국을 중심으로』. 서울:
미디어연구소.

김세철 외. (1997). 『지역사회와 언론』. 서울: 커뮤니케이션북스.

김세철. (1990). "지방신문의 실태와 전망." 『신문과 방송』. 4월호.

김세철. (1997). "지역사회와 지역언론에 대한 이해." 김세철(외).
『지역사회와 언론』. 서울: 커뮤니케이션북스.

김승수. (2002). 『국민을 위한 언론개혁』. 서울: 세계사.

김승수. (2004). 『언론산업의 정치경제학』. 서울: 도서출판 개마고원.

김연종. (2004). "언론개혁에 대한 '조·중·동'의 보도양식 연구."
『한국언론정보학보』. 겨울. 통권 27호.

김영욱. (2001). 『한국 지방일간지의 지역성: 중앙일간지와 지면 비교
분석』. 서울: 한국언론재단.

김영욱. (2004). "지역신문발전지원특별법: 국가가 나서야 할 때."
『관훈저널』. 봄호. 통권 90호

김영욱·이범영. (2000). 『지역공동체와 저널리즘: 지역신문 내용분석』.
한국언론재단 연구서 2000-14. 서울: 커뮤니케이션북스.

김영호. (2003). 『언론비평과 언론권력』. 서울: 미디어집.

김영호. (2002a). "고사위기의 지역신문 육성방안." 한국기자협회 주최
토론회 발표논문. 5월 23일.

김영호. (2002b). "지방자치와 지역신문." 한국언론재단(편). 『한국의
지역신문』. 서울: 한국언론재단.

김영호·강준만. (1995). 『현대사회와 지역언론』. 서울: 나남.

김원태. (2000). "지방언론 이대론 안된다." 『관훈저널』. 77호. 겨울호.

김종서. (1996). "신문규제 입법의 필요성: 내용과 한계."
전국언론노동조합연맹 세미나 자료집, 『신문법제의 개선방향』.

김주언. (2001). "신문시장 정상화를 위한 법세 개선방안." 『언론개혁』.
여름호.

김중석. (2003). "지방분권과 지방언론 활성화."
한국기자협회·한국언론재단 공동주최 기자포럼 발제문. 2월
19일.

김중석. (2004). 『지방분권과 지방언론』. 서울: 금강출판사.

류한호. (2003b). "지역 혁신을 위한 지역 언론의 역할과 혁신 과제."
대구사회연구소·한국지역사회학회 공동주최 지방분권시대
지역혁신 대토론회 발표논문. 12월 9일.

류한호. (2003a). "언론의 공공성 강화를 위한 신문개혁입법운동의
의제에 관한 고찰." 한국언론정보학회 2003 가을 정기 학술
발표회.

류한호. (2005). 『지방분권과 지역언론』. 서울: 미디어집.

류한호·민형배. (1999). "지역언론의 구조조정: 광주지역을 중심으로."
전남사회연구회(편). 『참여시대 지방의 개혁』. 서울: 금문서적.

문종대. (2003). "지역언론 어떻게 육성할 것인가." 전국언론노동조합.
신문개혁 대토론회.

문종대. (2004). 『지역언론의 발전과 개혁』. 서울: 커뮤니케이션북스.

문철수. (2000). "우리나라 지방신문의 생존전략."
호남언론학회·학국언론재단 공동학술회의.

민경명. (2004). "지역신문발전법과 지역신문의 활성화 방안."
한국언론학회 주최. 쟁점과 토론 언론개혁의 방향과 과제. 6월
17일.

박선영. (2001a). "각국의 신문법제: 프랑스." 『언론개혁』. 가을호.

박선영. (2001b). "언론의 공정성확보를 위한 법리변화에 관한 연구:
소유제한에서 시장점유율 제한으로." 『공법연구』. 제29집 제4호.

박선영. (2002). 『언론정보법연구 I』. 서울: 법문사.

박소라·김은미. (1999). 『한국의 신문산업(II): 시장구조와 경쟁을
중심으로』. 한국언론재단 연구서 99-12. 서울: 한국언론재단.

박소라·신동표. (1999). 『한국의 신문산업(I): 재무와 경영실태 분석』.
한국언론재단 연구서 99-3. 서울: 한국언론재단.

박용규. (1996). "언론개혁과 신문 소유구조의 개편방향."
전국언론노동조합연맹 세미나 자료집. 『신문법제의 개선방향』.

박용규. (1998). "신문개혁의 과제와 실천방안." 『신문개혁 어떻게 할
    것인가』 심포지엄 자료집.

박종민 편. (2000). 『한국의 지방정치와 도시권력구조』. 서울: 나남출판.

박형상. (1998). "언론사 소유제한과 독과점 규제". 『언론개혁, 지금이
    기회다』. 언론개혁 심포지엄 자료집.

배병화. (2003). 『지방신문 해법: 개혁이냐 지원이냐』. 서울: 21세기북스.

성경륭. (1995). "지방주도적 발전과 분권화 개혁의 추구: 민선
    자치단체장의 역할에 관한 소고." 『한국정치학회보』. 29집 4호.

성경륭. (2003). "국가균형발전의 과제와 전략." 한국지방분권 아카데미
    개원 기념 세미나 발표논문. 4월 11일.

성욱제. (2001). "프랑스 신문 시장질서와 지원제도."
    『세계언론법제동향』. 10권.

송정민. (2001). "광주지역 신문의 위기와 대처방안." 전국언론노동조합
    주최 『위기의 지역신문 대안은 무엇 인가』 세미나 발표문.

심영섭. (2001). "독일의 신문관련 법규와 언론정책."
    『세계언론법제동향』. 9권.

양동식. (2001). "편집권 독립을 신문개혁 최우선과제로 꼽아."
    21세기언론연구소. 『언론개혁』. 통권 제3호.

양승목. (2001). "세무조사와 '언론개혁'의 담론투쟁." 한국언론학회주최
    『언론개혁의 쟁점과 이론적 전망』 세미나자료집.

언론개혁시민연대. (2001). 『국민의 힘으로 신문바로세우기』.
    언론개혁시민연대.

언론개혁정책위원회(1997), 『언론개혁 10대 과제』,
    전국언론노동조합연맹·한국기자협회·한국방송프로듀서연합회.

유선영·김수정·김영주·최민재. (2004). 『신문지원제도: 한국형 모델』.
    한국언론재단 연구서 2004-01. 서울: 도서출판 한울.

유일상. (1988). 『매스컴과 현대사회』. 서울: 지식산업사.

유재천. (1995). "사회변동과 언론인의 직업윤리." 유재천 외.
    『한국사회변동과 언론』. 서울: 소화.

윤석녀·김덕모. (2004). "지역 언론시장의 변화와 광고시장 전망."
    광주전남언론학회 주관 <쟁점과 토론> 지역언론과 광고시장

발표논문집. 6월 18일.

윤영철. (2001). "'언론개혁'에 관한 이론적 논쟁: 언론의 자유 문제를
　　　중심으로." 한국언론학회주최 세미나자료집. 언론개혁의 쟁점과
　　　이론적 전망.

이선필. (2001). "이탈리아의 신문산업과 지원제도."
　　　『세계언론법제동향』. 10권.

이승선. (2004). "언론개혁의 목표와 과제: 논의의 현황과 특징."
　　　한국언론학회 주최. 쟁점과 토론 언론개혁의 방향과 과제. 6월
　　　17일.

이용성. (2004). "신문개혁입법의 쟁점과 과제." 언론광장 2004년 5월
　　　월례포럼.

이원섭 외. (2002).『언론경영실태 분석』. 서울: 한국언론재단.

이원섭. (2001). "노르웨이의 언론 소유규제와 언론지원정책."
　　　『세계언론법제동향』. 9권.

이의정 · 민형배. (2004). "언론인 정체성, 지방신문, 신문시장, 지대추구."
　　　『언론과학연구』. 제4권 1호.

이진로. (2002). "한국 지역신문 경영 구조 분석 및 개선 모델 연구."
　　　『한국언론학보』. 제46-2호. 봄.

이효성. (1993). "언론과 민주주의."『한국사회와 언론』. 제3집.

임영호. (1995). "한국 지역신문 시장의 구조와 특성."『언론과 정보』.
　　　창간호.

임영호. (2002).『전환기의 신문산업과 민주주의』. 서울: 한나래.

임혁백. (1994).『시장 · 국가 · 민주주의: 한국 민주화와 정치경제이론』.
　　　서울: 나남출판.

장익진. (2001). "중앙지 침투와 소유구조가 지역신문에 미치는 영향."
　　　『언론과 정보』. 제7호.

장호순. (1998). "지방신문의 새로운 편집-제작 방향에 관한 연구."
　　　한국언론학회 가을철 학술발표대회.

장호순. (2001a). "언론개혁과 지역신문." 한국언론학회주최『언론개혁의
　　　쟁점과 이론적 전망』. 세미나자료집.

장호순. (2001b).『작은 언론이 희망이다』. 서울: 개마고원.

장호순. (2002a). "지방분권과 지역언론 육성." 전국언론노동조합 주최.
　　　지방화시대를 위한 지역언론의 역할. 토론회 자료집. 12월 16일.

장호순. (2004a). "'합의' 가능성 보여준 언론개혁 첫 사례: 법안 제기에서
　　　통과까지." 『신문과 방송』. 4월호.

장호순. (2004b). 『언론의 자유와 책임』. 서울: 도서출판 한울.

정연구. (1996). 『신문 공동판매제도 연구』. 서울: 한국언론연구원.

정연구. (2001). "신문시장 정상화 저해요인과 제도개선 방안."
　　　『언론개혁』. 가을호.

정윤경 역. (2003). 『미디어소유와 집중』. 커뮤니케이션북스.

정재철. (2001). "언론개혁에 관련된 담론 분석: 조선일보와 한겨레
　　　신문을 중심으로." 『한국언론정보학보』. 통권 제17호.

주동황. (1994). "한국지방신문의 발전방안에 관한 연구."
　　　한국언론연구원(편). 『정책연구보고서 1집: 언론연구』. 서울:
　　　한국언론연구원.

주섭일. (2001). "한국 언론의 반면교사 서유럽 언론." 『언론개혁』. 봄호.

주은수. (2004). 『지방지 경영분석 참고자료』. 서울: 미디어경영연구소.

차재영·강미은. (2004). 『지방신문 특화전략: 북유럽 4개국 사례를
　　　중심으로』. 서울: 한국신문협회.

최경진. (2004). "지역신문 활성화방안에 관한 연구: 정책 및 법제 차원을
　　　중심으로." 『한국언론정보학보』. 여름. 통권 25호.

한국광고주협회. (2001). 『2001 인쇄매체 수용자조사』. 서울:
　　　한국광고주협회.

한국언론2000년위원회. (2000). 『한국언론보고서』. 관훈클럽.

한국언론연구원. (1994). 『한국신문의 미래와 발전전략』. 서울:
　　　한국언론연구원.

한국언론연구원. (1996). 『한국 지방언론의 발전방안』. 서울:
　　　한국언론연구원.

한국언론연구원. (1998). 『신문 공동판매와 마케팅』. 서울:
　　　한국언론연구원.

한국언론재단. (1999). 『미디어 발전과 지원제도: 국제언론 지원방안
　　　연구』. 서울: 한국언론재단.

한국언론재단. (2001). 『2001 언론산업 동향』. 서울: 한국언론재단.

한국언론재단. (2002a). 『언론수용자 의식조사』. 서울: 한국언론재단.

한국언론재단. (2002b). 『한국의 지역신문』. 서울: 한국언론재단.

한국언론재단. (2004a). 『2004 언론 경영실태 분석』. 한국언론재단 조사분석 2004-04. 서울: 도서출판 한울.

한국언론재단. (2004b). 『2004 한국의 지역신문: 경영 실태·독자의식 조사』. 한국언론재단 조사분석 2004-02. 서울: 도서출판 한울.

한동섭. (2004). "공적개입과 언론: 미디어정책의 방향에 대한 이론적 논의." 언론광장 주최. 『대전환의 시대, 미디어의 새 지평』 심포지엄자료집.

한승수. (1994). 『경제정책론』. 서울: 동아출판사.

홍원기. (2002). "신문판매시장 무엇이 문제인가." 언론개혁시민연대 주최 『신문시장 정상화 토론회』. 10월 24일.

황용석. (2001). "시민에게 다가가기: 지역신문의 위기와 시민저널리즘." 전국언론노동조합 주최. 위기의 지역신문 대안은 무엇인가 세미나 발표문.

황치성. (2001). "주요 선진국의 지방지 현황과 정책: 국가정책과 조화 이룬 지방지 시장." 『신문과 방송』. 8월호.


## 2. 영문


Alger, Dean E. (1996). *The Media and Politics*. Washington: Wadsworth Publishing Company.

Beetham, David and Kevin Boyle. (1995). *Introducing Democracy: 80 Questions and Answers*. Cambridge, UK: Polity Press.

Berlin, Isaiah. 1969. "Two Concept of Liberty." in Isaiah Berlin. *Four Essays on Liberty*. New York: Oxford University Press.

Chinloy, Peter. (1999). "Equity Pooling and Media Ownership." *Federal Communications Law Journal*. Vol. 51. No. 3.

http://law.indiana.edu/fclj/pubs/v51/no3/Chinmac9.PDF

Colander, David. (1995). *Economics*. Chicago, IL: Trwin Press.

Curran, James. (1991). "Mass Media and Democracy: A Reappraisal." in James Curran & Michael Gurevitch(eds.). Mass Media and Society. London: Edward Arnold.

Dahl, Robert A. (1982). *Dilemmas of Plural Democracy*. New Haven: Yale University Press.

de Tocqueville, Alexis. (1961). Henry Reeve(trans.). *Democracy in America*. New York: Schokon.

Easton, David. (1965). *A Framework for Political Analysis*. Englewood Cliffs : Prentice-Hall.

Entman, Robert M. (1989). *Democracy without Citizens: Media and the Decay of American Politics*. New York: Oxford University Press.

Garnham, Nicholas. (1998). "Policy." in A. Briggs & P. Cobley(eds.). *The Media: An Introduction*. Harlow: Longman.

Golding, Peter and L. van Snippenburg. (1995). "Government, Communications, and the Media." in O. Borre & E. Scarbrough(eds.). *The Scope of Government*. New York: Oxford University Press.

Hennessy, Bernard. (1981). *Public Opinion*. Moneterey: Books/Cole Publishing.

Kekes, John. (1993). *The Morality of Pluralism*. Princeton, NJ: Princeton University Press.

Lane, Robert E. and David O. Sears. (1964). *Public Opinion*. Englewood Cliffs: Prentice-Hall.

Lavine, J. and D. Wackman. (1989). *Managing Media Organizations: Effective Leadership of the Media*. New York: Longman.

McChesney, Robert W. (1999). *Rich Media Poor Democracy*. Illinois: University of Illinois Press.

McCombs, Maxwell E. and Donald L. Shaw. (1981). "The Agenda-Setting Function of Mass Media." in Morris Janowitz and Paul M. Hirsch(eds.). *Reader in Public And Mass Communication*. New York: The Free Press.

Meier, W. A. and J. Trappel. (1998). "Media Concentration and the Public Spheres." in E. Mcquail & K. Sinue(eds.). *Media Policy*. European Research Group.

Michels, Robert. (1962). *Political Parties: A Sociological Study of the Oligarchical Tendencies of Modern Democracy*. New York: Collier Books.

Picard, Robert G. and Jeffrey H. Brody. (1997). *The Newspaper Publishing Industry*. Boston, MA: Allyn & Bacon.

Pitkin, Hanna F. (1988). "Are Freedom and Liberty Twins?" *Political Theory*. Vol. 16.

Rivers, W. L., S. Miller and O. Gandy. (1987). "Government and the Media." in S. Chaffee(ed.). *Political communication: Issues and Strategies for Research*. Beverly Hills, CA: Sage.

Sandman, Peter M. *et al.* (1972). *Media*. Englwood Cliffs, NJ: Printice Hall, Inc.

Shiller, Herbert I. (1989). *Culture Inc.: The Corporate Takeover Public Expression*. New York: Oxford University Press.

Siebert, Fred. (1949). "Communications and Government." in W. Schram(ed.). *Mass Communications*. Urban, Ill.: University of Illinois Press.

WAN(World Association of Newspapers). 2004. *World Press Trends 2004*.

# <부록 1> 지역 일간지의 주요 주주와 소유지분(%)

| 신문명 | 주요 주주 | 소유지분 | 합계 |
|---|---|---|---|
| 강원도민일보 | 안형순 | 17.50 | 51.00 |
|  | 이원상 | 12.70 |  |
|  | 김종필 | 10.70 |  |
|  | (주)드림랜드 | 10.10 |  |
| 강원일보 | (주)두산상사외 | 44.30 | 99.90 |
|  | 강원흥업(주) | 32.40 |  |
|  | 강원사회복지재단 | 19.10 |  |
|  | (주)동원 | 1.00 |  |
|  | 김우종 | 1.30 |  |
|  | 이택수 | 1.80 |  |
| 경남도민일보 | 삼영창업투자(주) | 10.0 | 32.8 |
|  | 이종환 | 10.0 |  |
|  | 양문희 | 5.0 |  |
|  | 문진헌 | 4.80 |  |
|  | 한마학원 | 3.00 |  |
| 경남신문 | 한림토건 | 55.20 | 91.60 |
|  | (주)무학 | 12.30 |  |
|  | 경남은행 | 14.10 |  |
|  | (주)무학주정 | 3.10 |  |
|  | 하이트산업(주) | 5.40 |  |
|  | 세화통운(주) | 1.50 |  |
| 경상일보 | 류준걸 | 14.80 | 53.5 |
|  | 홍남출 | 12.90 |  |
|  | 이홍기 | 9.70 |  |
|  | 김복만 | 8.30 |  |
|  | (재)문수문화재단 | 3.90 |  |
|  | 윤범상 | 3.90 |  |

| 신문명 | 주요 주주 | 소유지분 | 합계 |
|---|---|---|---|
| 경인일보 | 이길여 | 17.30 | 32.00 |
| | 유니스건설(주) | 14.70 | |
| 광남일보 | (주)청전 | 40 | 100 |
| | 이화성 | 32 | |
| | 박기인 | 28 | |
| 광역일보 | 서성인 | 40 | 100 |
| | 정만진 | 25 | |
| | 김상호 | 25 | |
| | 정태현 | 10 | |
| 광주일보 | 대주주택(주) | 50.0 | 100.00 |
| | 와이제이건설(주) | 50.0 | |
| 광주 타임스 | 박성호 | 38.75 | 100.00 |
| | 최웅일 | 10.21 | |
| | 윤길주 | 20.42 | |
| | 위정철 | 20.41 | |
| | 강길영 | 10.21 | |
| 국제신문 | (재)신라장학재단 | 50.0 | 100.0 |
| | (재)인계장학문화재단 | 50.0 | |
| 기호일보 | 신선철 | 22 | 65.55 |
| | 신항철 | 16.60 | |
| | 이순국 | 11.93 | |
| | 권오창 | 8.80 | |
| | 이명규 | 6.22 | |
| 대구신문 | 여영동 | 15 | 100.00 |
| | 김도영 | 15 | |
| | 최성호 | 25 | |
| | 김상균 | 25 | |
| | 김병기 | 17.50 | |
| | 이분옥 | 2.50 | |

| 신문명 | 주요 주주 | 소유지분 | 합계 |
|---|---|---|---|
| 대전일보 | 남정호 | 70 | 100 |
| | 남재두 | 12 | |
| | 이지재 | 10 | |
| | 정한모외 | 8 | |
| 대한일보 | 이수경 | 91.0 | 100.0 |
| | 윤영호 | 5.0 | |
| | 민홍기 | 4.0 | |
| 매일신문 | (재)대구천주교유지재단 | 98.90 | 99.30 |
| | 최진국 | 0.40 | |
| 부산일보 | (재)정수장학회 | 100.0 | 100.00 |
| 새전북신문 | 김경곤 | 48.49 | 100.00 |
| | 홍태표 | 1.00 | |
| | 우진관광개발 | 50.51 | |
| 아세아일보 아세아일보 | 권기호 | 30.00 | 100.00 |
| | 권은진 | 10.00 | |
| | 권회윤 | 10.00 | |
| | 이옥선 | 12.00 | |
| | 김명희 | 2.00 | |
| | 장광수 | 2.00 | |
| | 권기현 | 28.00 | |
| | 김순겸 | 2.00 | |
| | 조종근 | 4.00 | |
| 전남도민일보 | 박양주 | 30.00 | 100.00 |
| | 박형선 | 15.00 | |
| | 이광수 | 10.00 | |
| | 이근실 | 10.00 | |
| | 황덕연 | 10.00 | |
| | 박형용 | 10.00 | |
| | 김우열 | 8.00 | |
| | 신광호 | 5.00 | |
| | 이종석 | 2.00 | |

| 신문명 | 주요 주주 | 소유지분 | 합계 |
|---|---|---|---|
| 전남매일 | 이정현 | 25 | 100.0 |
| | 고영준 | 17.50 | |
| | 오동혁 | 25 | |
| | 한수만 | 25 | |
| | 정월영 | 7.50 | |
| 전민일보 | 이용범 | 20.00 | 100.00 |
| | 김현돈 | 45.00 | |
| | 손대열 | 20.00 | |
| | 이용일 | 15.00 | |
| 전북일보 | 서창훈 | 96.10 | 100.00 |
| | 서은실 | 0.90 | |
| | 서유진 | 0.90 | |
| | 서유미 | 0.40 | |
| | 최정일 | 0.40 | |
| | 서유선 | 0.40 | |
| | 이한구 | 0.40 | |
| 전주매일 | 한치근 | 80.00 | 100.00 |
| | 이소연 | 10.00 | |
| | 배기창 | 10.00 | |
| 전북중앙신문 | 이창승 | 26.92 | 42.3 |
| | 이관승 | 7.69 | |
| | 박홍기 | 7.69 | |
| 제민일보 | 김효황외특수관계인 | 76.59 | 76.59 |
| 제주일보 | 김대성 | 20.98 | 32.85 |
| | 박준희외 | 11.87 | |
| 중부매일신문 | 우리사주 | 11.51 | 65.16 |
| | 박성규 | 17.02 | |
| | 한국자산관리공사 | 11.05 | |
| | 보성건설 | 7.32 | |
| | 선진정공(주) | 6.70 | |
| | 천성호 | 6.25 | |
| | 김준규 | 5.31 | |

| 신문명 | 주요 주주 | 소유지분 | 합계 |
|---|---|---|---|
| 충북일보* | 이상훈 | 50.00 | 100.00 |
| | 이강철 | 40.00 | |
| | 조용석 | 20.00 | |
| 한라일보 | 감영석 | 18.30 | 55.6 |
| | 전흥원 | 1.30 | |
| | 김영수 | 3.00 | |
| | 변창운 | 3.60 | |
| | 차대선 | 3.00 | |
| | 황창주 | 4.20 | |
| | 김경자 | 8.30 | |
| | 감수환 | 10.10 | |
| | 조재린 | 3.80 | |
| 현대일보 | 권오륜 | 80.00 | 100.00 |
| | 황준호 | 10.00 | |
| | 황만옥 | 10.00 | |

*소유지분 비율에 오류가 있음.
자료: 한국언론재단(2004a: 263-266)

## <부록 2> 신문공정경쟁위원회의 위약금 부과·입금·미납 현황

| 사 명 | 내 용 | 부과금액 | 입금액 | 미납액 |
|---|---|---|---|---|
| 동 아 | 강 제 투 입 | 6,996 | 4,236 | 2,760 |
| | 경 품 | 1,399,624 | 72,624 | 1,327,000 |
| | 장 기 무 가 지 | 12,348 | 6,948 | 5,400 |
| | 세트·정가유지 | 3,120 | 360 | 2,760 |
| | 총 계 | 1,422,088 | 84,168 | 1,337,920 |
| 중 앙 | 강 제 투 입 | 17,610 | 10,086 | 7,524 |
| | 경 품 | 238,268 | 42,206 | 182,062 |
| | 장 기 무 가 지 | 54,864 | 12,402 | 42,462 |
| | 세트·정가유지 | 6,150 | 330 | 5,820 |
| | 총 계 | 316,892 | 65,024 | 237,868 |
| 조 선 | 강 제 투 입 | 12,558 | 8,358 | 4,200 |
| | 경 품 | 137,692 | 31,692 | 106,000 |
| | 장 기 무 가 지 | 43,380 | 8,460 | 34,920 |
| | 세트·정가유지 | 7,740 | 5,100 | 2,640 |
| | 총 계 | 201,370 | 53,610 | 147,760 |
| 한 겨 레 | 강 제 투 입 | 54 | 54 | 0 |
| | 경 품 | 106,048 | 9,048 | 97,000 |
| | 장 기 무 가 지 | 5,436 | 2,916 | 2,520 |
| | 세트·정가유지 | 1,080 | 0 | 1,080 |
| | 총 계 | 112,616 | 12,018 | 100,600 |
| 경 향 | 강 제 투 입 | 720 | 720 | 0 |
| | 경 품 | 87,696 | 30,696 | 57,000 |
| | 장 기 무 가 지 | 10,008 | 3,888 | 6,120 |
| | 세트·정가유지 | 1,560 | 120 | 1,440 |
| | 총 계 | 99,984 | 35,424 | 64,560 |
| 한 국 | 강 제 투 입 | 2,844 | 1,956 | 888 |
| | 경 품 | 26,144 | 16,890 | 9,254 |
| | 장 기 무 가 지 | 2,160 | 0 | 2,160 |
| | 세트·정가유지 | 19,770 | 5,470 | 14,300 |
| | 총 계 | 50,918 | 24,316 | 26,602 |
| 세 계 | 강 제 투 입 | 48 | 48 | 0 |
| | 경 품 | 47,000 | 4,000 | 43,000 |
| | 장 기 무 가 지 | 648 | 324 | 324 |
| | 세트·정가유지 | 60 | 0 | 60 |
| | 총 계 | 47,756 | 4,372 | 43,384 |
| 문 화 | 강 제 투 입 | 420 | 360 | 60 |
| | 경 품 | 12,576 | 6,376 | 6,200 |
| | 장 기 무 가 지 | 6,480 | 5,118 | 1,361 |
| | 총 계 | 19,476 | 11,854 | 7,621 |
| 부산매일 | 경 품 | 10,108 | 6,108 | 4,000 |
| 국제신문 | 강 제 투 입 | 156 | 156 | 0 |
| | 경 품 | 4,036 | 3,036 | 1,000 |
| | 장 기 무 가 지 | 1,044 | 324 | 720 |
| | 세트·정가유지 | 1,200 | 480 | 720 |
| | 총 계 | 6,436 | 3,996 | 2,440 |
| 내외경제 | 세트·정가유지 | 2,760 | 0 | 2,760 |
| 스포츠투데이 | 세트·정가유지 | 2,040 | 2,040 | 0 |
| 대한매일 | 강 제 투 입 | 432 | 432 | 0 |
| | 세 트 판 매 | 840 | 0 | 840 |
| | 총 계 | 1,272 | 432 | 840 |
| 부산일보 | 경 품 | 1,000 | 1,000 | 0 |
| 서울경제 | 강 제 투 입 | 48 | 48 | 0 |
| | 세트·정가유지 | 840 | 840 | 0 |
| | 총 계 | 888 | 888 | 0 |
| 스포츠조선 | 세트·정가유지 | 480 | 0 | 480 |
| 국 민 | 강 제 투 입 | 54 | 54 | 0 |
| | 장 기 무 가 지 | 360 | 360 | 0 |
| | 총 계 | 414 | 414 | 0 |
| 영남일보 | 경 품 | 210 | 210 | 0 |
| 매일경제 | 강 제 투 입 | 120 | 120 | 0 |
| 일간스포츠 | 강 제 투 입 | 54 | 0 | 54 |
| 결손처리 | | -4000 | | -4,000 |
| 계 | | 2,292,884 | 305,994 | 1,972,889 |

* 기간: 2002년 8월 24일 현재 / 단위: 천원
* 중앙일보 경품위반 부과금 중 1,400만원은 보류액
  부산매일 부과금 중 400만원은 결손처리
자료: 『기자협회보』, 2002년 10월 16일자.

## <부록 3> 지역신문발전지원 특별법

[일부개정 2005.3.24 법률 7418회]

제1조 (목적) 이 법은 지역신문의 건전한 발전기반을 조성하여 여론의 다원화, 민주주의의 실현 및 지역사회의 균형발전에 이바지함을 목적으로 한다.

제2조 (정의) 이 법에서 "지역신문"이라 함은 정기간행물의등록등에관한 법률 제2조제2호 내지 제6호에 해당하는 신문으로서 일부 특별시·광역시·도 또는 시·군·구지역을 주된 보급지역으로 하는 신문을 말한다.

제3조 (지역신문의 자율성 보장) 국가 및 지방자치단체는 지역신문의 취재 및 보도의 자유를 보장하고 자율성을 존중하여야 한다.

제4조 (국가 및 지방자치단체의 책무) ①국가 및 지방자치단체는 지역신문의 건전한 발전을 위하여 필요한 시책을 강구하여야 한다.
②국가 및 지방자치단체는 지역신문의 육성과 지원을 위한 시책을 실시하기 위하여 필요한 법제·재정·금융상의 조치를 할 수 있다.

제5조 (지역신문의 책무) 지역신문은 정확하고 공정하게 보도하고 지역사회의 공론의 장으로서 다양한 의견을 수렴하여야 한다.

제6조 (지역신문의 발전지원계획 수립) ①문화관광부장관은 매 3년마다 지역신문의 발전과 신문산업으로서의 기반을 강화하기 위하여 지역신문의 발전지원계획을 수립·시행하여야 한다.
②지역신문의 발전지원계획에는 다음 각호의 사항이 포함되어야 한다.
1. 지역신문의 언론자유 증진과 자율성 보장
2. 지역신문 발전지원의 기본방향
3. 지역신문의 발전을 위한 중장기 및 연도별 지원계획

4. 지역신문의 유통구조 개선을 위한 기반조성지원에 관한 사항

5. 지역신문의 발전을 위한 조사·연구·기술개발·교육 및 인력양성 지원에 관한 사항

③그 밖에 지역신문 발전지원계획의 수립·시행을 위하여 필요한 사항은 대통령령으로 정한다.

제7조 (지역신문발전위원회의 설치) 지역신문의 발전을 지원하기 위하여 문화관광부에 지역신문발전위원회(이하 "위원회"라 한다)를 둔다.

제8조 (위원회의 구성) ①위원회는 위원장·부위원장 각 1인을 포함한 9인 이내의 위원으로 구성한다.

②위원장은 위원중에서 호선하며, 부위원장은 위원회의 동의를 얻어 위원장이 위촉한다.

③위원은 지역사회의 발전과 지역신문에 관하여 전문성과 경험이 풍부하고 덕망이 있는 자중에서 문화관광부장관이 위촉하되, 다음 각호에 해당하는 자를 포함하여야 한다. <개정 2005.1.27>

1. 국회 문화관광위원장이 각 교섭단체 간사와 협의하여 추천하는 인사 3인

2. 한국신문협회·한국기자협회 및 한국언론학회가 추천하는 인사 각 1인

④위원의 임기는 3년으로 하되, 연임할 수 있다.

⑤위원에 결원이 있는 때에는 결원된 날부터 30일 이내에 제2항 및 제3항의 규정에 의하여 그 결원된 위원을 위촉한다. 보궐위원의 임기는 전임자의 잔임기간으로 한다.

제9조 (위원회의 직무 등) ①위원회는 다음 각호의 직무를 수행한다.

1. 지역신문의 발전지원계획의 수립에 관한 자문

2. 지역신문의 발전지원에 관한 주요시책의 평가

3. 제13조의 규정에 의한 지역신문발전기금의 조성과 운용에 관한 기본계획의 심의

4. 지역신문발전기금 지원대상의 선정 및 지원기준에 대한 심의

5. 지역신문발전기금 지원대상의 심의 및 실사

6. 지역신문 발전을 위한 교육·연구·조사

7 지역신문 발전 업무의 협력·조성

8. 그 밖에 문화관광부장관이 지정하거나 위원회의 목적수행을 위

하여 필요한 사항

②위원회는 필요한 경우 분야별 업무를 처리하기 위하여 소위원회를 설치·운영할 수 있다.

③위원회의 운영을 위하여 필요한 예산은 국고에서 지원할 수 있다.

제10조 (위원의 대우) 위원회 위원은 명예직으로 한다. 다만, 예산의 범위안에서 직무수행에 필요한 경비 등 실비를 지급할 수 있다.

제10조의2 (위원의 결격사유) 다음 각호의 어느 하나에 해당하는 자는 위원이 될 수 없다.

1. 국가공무원법 제2조 및 지방공무원법 제2조의 규정에 의한 공무원

2. 정당법에 의한 당원 또는 당원의 신분을 상실한 날부터 2년이 경과되지 아니한 자

3. 정기간행물의등록등에관한법률 제2조제1호의 규정에 의한 정기간행물의 발행 업무에 종사하는 자

4. 국가공무원법 제33조 각호의 어느 하나에 해당하는 자

[본조신설 2005.1.27]

제11조 (회의 등) ①위원회의 회의는 위원장이 이를 소집한다. 다만, 재적위원 과반수의 찬성으로 회의소집을 요구한 때에는 위원장은 지체없이 위원회를 소집하여야 한다.

②위원회는 재적위원 과반수의 출석과 출석위원 과반수의 찬성으로 의결한다.

③위원회의 회의는 공개한다. 다만, 위원회가 특히 필요하다고 인정하여 의결한 경우에는 그러하지 아니하다.

④위원회는 내부규정이 정하는 바에 따라 회의록을 작성하여야 한다.

제12조 (자료제출 협조 등) ①위원회는 제9조의 규정에 의한 직무의 수행을 위하여 필요한 때에는 관계 행정기관·지방자치단체 그 밖의 관련단체에 자료의 제출을 요청하거나 연구를 위탁할 수 있다.

②그 밖에 위원회의 조직 및 운영 등에 관하여 필요한 사항은 대통령령으로 정한다.

제13조 (기금의 설치 및 조성) ①지역신문의 발전과 지원을 위하여 지역

신문발전기금(이하 "기금"이라 한다)을 설치한다.

②기금은 다음 각호의 재원으로 조성한다.

1. 정부의 출연금

2. 다른 기금으로부터의 전입금

3. 개인 또는 법인으로부터의 기부금품

4. 기금의 운용으로 생기는 수익금

5. 그 밖에 대통령령이 정하는 수입금

제14조 (기금의 관리·운용) ①기금은 문화관광부장관이 관리·운용한다.

②문화관광부장관은 기금의 관리 및 운용에 관한 사무를 대통령령이 정하는 바에 따라 언론관련 법인 또는 단체에 위탁할 수 있다.

③그 밖에 기금의 관리·운용 등에 관하여 필요한 사항은 대통령령으로 정한다.

제15조 (기금의 용도) 기금은 다음 각호의 사업에 사용한다.

1. 지역신문의 경영여건 개선을 위한 지원

2. 지역신문의 유통구조 개선에 관한 지원

3. 지역신문의 발전을 위한 인력양성 및 교육·조사·연구

4. 지역신문의 정보화 지원

5. 그 밖에 지역신문의 경쟁력 강화와 공익성 제고를 위하여 필요한 사업으로서 대통령령이 정하는 사업

제16조 (기금의 지원 등) ①문화관광부장관은 제15조의 규정에 의하여 다음 각호에 해당하는 지역신문에 기금을 지원할 수 있다.

1. 지원대상 선정 당시 계속하여 1년 이상 정상적으로 발행하는 경우

2. 광고 비중이 전체 지면의 2분의 1 이상을 넘지 아니하는 경우

3. 사단법인 한국ABC협회에 가입한 경우

4. 지배주주 및 발행인·편집인이 지역신문 운영 등과 관련하여 대통령령이 정하는 사항에 대하여 금고 이상의 형을 받지 아니한 경우

②제1항의 규정에 의하여 기금을 지원받고자 하는 지역신문은 전년도 경영실적·재무상태 그 밖에 대통령령이 정하는 사항을 문화관광부장관에게 제출하여야 한다.

③제1항의 규정에 의하여 지원하는 지역신문중 편집자율권 및 재무건전성의 확보 등 대통령령이 정하는 기준에 해당하는 지역신문에 대하여 기금을 우선 지원할 수 있다.

④문화관광부장관은 지원대상 지역신문의 발행주기에 따라 각각 별도의 지원기준을 수립하여 지원할 수 있다.

⑤기금의 지원을 받은 지역신문은 지원 당시 지정된 목적외의 용도에 이를 사용하여서는 아니된다.

제17조 (공표 및 결과보고서) ①문화관광부장관은 기금 지원사업을 평가·감독하고 그 결과를 공표하여야 한다.

②기금을 지원받은 자는 지원사업이 종료된 날부터 3월 이내에 사업결과보고서를 문화관광부장관에게 제출하여야 한다.

제18조 (벌칙적용에 있어서의 공무원의제) 위원회의 위원중에서 공무원이 아닌 자와 제14조 및 제19조의 규정에 의하여 권한을 위탁받은 사무에 종사하는 자는 형법 제129조 내지 제132조의 적용에 있어서는 이를 공무원으로 본다.

제19조 (권한의 위임·위탁) 문화관광부장관은 대통령령이 정하는 바에 의하여 이 법에 의한 권한의 일부를 특별시장·광역시장·도지사에게 위임하거나 언론관련 법인 또는 단체에 위탁할 수 있다.

제20조 (벌칙 등) ①거짓 그 밖의 부정한 방법으로 기금을 지원받은 자는 3년 이하의 징역 또는 1천만원 이하의 벌금에 처한다.

②제16조제5항의 규정을 위반하여 지원 당시 지정된 목적외에 다른 용도로 기금을 사용한 자는 1년 이하의 징역 또는 500만원 이하의 벌금에 처한다.

③문화관광부장관은 제1항 또는 제2항의 규정에 따라 유죄의 확정판결을 받은 자로부터 지원금을 모두 환수하여야 하고, 당해 확정판결을 받은 자에게는 그 확정판결일부터 3년간 기금을 지원하여서는 아니된다.

④문화관광부장관이 제3항의 규정에 의하여 지원금을 환수하는 때에는 국세징수의 예에 의한다.

부칙 <제7206호,2004.3.22>

①(시행일) 이 법은 공포후 6월이 경과한 날부터 시행한다.

②(유효기간) 이 법은 시행일부터 6년간 효력을 가진다.

③(다른 법률의 개정) 기금관리기본법중 다음과 같이 개정한다.

별표 2에 제137호를 다음과 같이 신설한다.

   137. 지역신문발전지원특별법

부칙 <제7367호,2005.1.27>

①(시행일) 이 법은 공포 후 3월이 경과한 날부터 시행한다.

②(위원의 결격사유에 관한 적용례) 제10조의2의 개정규정은 이 법 시행 후 최초로 선임되는 위원부터 적용한다.

부칙 <제7418호,2005.3.24>

제1조 (시행일) 이 법은 공포한 날부터 시행한다.

제2조 (지역신문발전기금의 2005년도 기금운용계획안의 수립시기에 대한 특례) ①문화관광부장관은 이 법 시행 후 지체 없이 지역신문발전위원회의 심의를 거쳐 2005년도 기금운용계획안을 수립하고 이를 기획예산처장관에게 제출한다.

②기획예산처장관은 제1항의 규정에 의하여 마련된 2005년도 기금운용계획안을 이 법 시행 후 30일 이내에 국회에 제출하여야 한다. 이 경우 「기금관리기본법」의 규정에 불구하고 기금운용계획안이 심의·확정된 것으로 본다.

## <부록 4> 신문등의자유와기능보장에관한법률

[전문개정 2005.1.27 법률 7369호]

### 제1장 총칙

제1조 (목적) 이 법은 신문 등 정기간행물의 발행의 자유와 독립을 보장하고 정기간행물의 사회적 책임을 높여 언론의 자유신장과 민주적인 여론형성 및 국민의 복리증진을 도모하고 언론의 건전한 발전 및 독자의 권익보호에 기여함을 목적으로 한다.

제2조 (용어의 정의) 이 법에서 사용하는 용어의 정의는 다음과 같다.

1. "정기간행물"이라 함은 동일한 제호로 연 2회 이상 계속적으로 발행하는 신문·잡지·기타간행물을 말한다.

2. "신문"이라 함은 정치·경제·사회·문화·시사·산업·과학·종교·교육·체육 등 전체분야 또는 특정분야에 관한 보도·논평·여론 및 정보 등을 전파하기 위하여 동일한 제호로 월 2회 이상 발행하는 간행물로서 다음 각목의 것을 말한다.

   가. 일반일간신문 : 정치·경제·사회·문화·시사 등에 관한 보도·논평 및 여론 등을 전파하기 위하여 매일 발행하는 간행물

   나. 특수일간신문 : 산업·과학·종교·교육 또는 체육 등 특정분야(정치를 제외한

   다)에 국한된 사항의 보도·논평 및 여론 등을 전파하기 위하여 매일 발행하는 간행물

   다. 외국어일간신문 : 외국어로 발행하는 일반일간신문 또는 특수일간신문

   라. 일반주간신문 : 정치·경제·사회·문화·시사 등에 관한 보도·논평 및 여론등을 전파하기 위하여 매주 1회 발행하는 간행물(주 2회 또는 월 2회 이상 발행하는 것을 포함한다)

　　마. 특수주간신문 : 산업·과학·종교·교육 또는 체육 등 특정분야
　　　　(정치를 제외한다)에 국한된 사항의 보도·논평 및 여론 등을
　　　　전파하기 위하여 매주 1회 발행하는 간행물(주 2회 또는 월
　　　　2회 이상 발행하는 것을 포함한다)

3. "잡지"라 함은 정치·경제·사회·문화·시사·산업·과학·종교·교육·체
　육 등 전체분야 또는 특정분야에 관한 보도·논평·여론 및 정보
　등을 전파하기 위하여 동일한 제호로 월 1회 이하 정기적으로
　발행하는 제책된 간행물을 말한다.

4. "기타간행물"이라 함은 제2호 및 제3호외의 간행물로서 대통령
　령이 정하는 간행물을 말한다.

5. "인터넷신문"이라 함은 컴퓨터 등 정보처리능력을 가진 장치와
　통신망을 이용하여 정치·경제·사회·문화·시사 등에 관한 보도·
　논평·여론 및 정보 등을 전파하기 위하여 간행하는 전자간행물
　로서 독자적 기사 생산과 지속적인 발행 등 대통령령이 정하는
　기준을 충족하는 것을 말한다.

6. "정기간행물사업자"라 함은 정기간행물을 발행하는 자를 말한
　다.

7. "인터넷신문사업자"라 함은 인터넷신문을 전자적으로 발행하는
　자를 말한다.

8. "발행인"이라 함은 정기간행물을 발행하거나 인터넷신문을 전
　자적으로 발행하는 대표자를 말한다.

9. "편집인"이라 함은 정기간행물의 편집 또는 인터넷신문의 공표
　에 관하여 책임을 지는 자를 말한다.

10. "인쇄인"이라 함은 정기간행물사업자가 선임한 자 또는 정기
　간행물사업자와 인쇄계약을 체결한 자로서 그 정기간행물의 인
　쇄에 관하여 책임을 지는 자를 말한다.

11. "지사" 또는 "지국"이라 함은 기사취재 등을 목적으로 정기간
　행물의 발행소 소재지외의 지역에 설치된 사무소를 말한다.

12. "독자"라 함은 정기간행물을 발행하는 자로부터 정기간행물을
　유상 또는 무상으로 공급받는 자 및 인터넷신문을 이용하는 자
　를 말한다.

제3조 (편집의 자유와 독립) ①정기간행물 및 인터넷신문의 편집의 자유

와 독립은 보장된다.

②누구든지 정기간행물 및 인터넷신문의 편집에 관하여 이 법 또는 다른 법률에 의하지 아니하고는 어떠한 규제나 간섭을 할 수 없다.

③정기간행물사업자 및 인터넷신문사업자는 이 법이 정하는 바에 따라 편집인의 자율적인 편집을 보장하여야 한다.

제4조 (정기간행물 등의 사회적 책임) ①정기간행물 및 인터넷신문은 인간의 존엄과 가치 및 민주적 기본질서를 존중하여야 한다.

②정기간행물 및 인터넷신문은 국민의 화합과 조화로운 국가의 발전 및 민주적 여론형성에 이바지하여야 하며, 사회 각계각층의 다양한 의견을 균형있게 수렴하여야 하고, 지역간·세대간·계층간·성별간의 갈등을 조장하여서는 아니된다.

③정기간행물 및 인터넷신문은 국민의 알 권리와 표현의 자유를 신장하여야 한다.

④정기간행물 및 인터넷신문은 타인의 명예를 훼손하거나 권리를 침해하여서는 아니된다.

⑤정기간행물 및 인터넷신문은 범죄 및 부도덕한 행위나 사행심을 조장하여서는 아니된다.

⑥정기간행물 및 인터넷신문은 건전한 가정생활과 아동 및 청소년의 선도에 나쁜 영향을 끼치는 음란·퇴폐 또는 폭력을 조장하여서는 아니된다.

제5조 (정기간행물의 공정성과 공익성) ①정기간행물에 의한 보도는 공정하고 객관적이어야 한다.

②정기간행물은 성별·연령·직업·신념·계층·지역·인종 등을 이유로 편집에 있어 불합리한 차별을 두어서는 아니된다.

③정기간행물은 상대적으로 소수이거나 이익추구의 실현에 불리한 집단이나 계층의 이익을 충실하게 반영하도록 노력하여야 한다.

④정기간행물은 지역사회의 균형있는 발전과 민족문화의 창달에 힘써야 한다.

⑤정기간행물은 정부·정당 또는 특정집단의 정책 등을 공표함에 있어 의견이 다른 집단에게 균등한 기회가 제공되도록 노력하여야

하고, 각 정치적 이해당사자에 관한 보도를 함에 있어서도 균형성이 유지되도록 하여야 한다.

제6조 (연수 등) ①정기간행물사업자는 종사자의 능력과 자질향상을 위한 연수제도를 설치·운영한다.

②정기간행물사업자가 공동으로 종사자의 연수를 위한 기구를 설치·운영하는 경우 제27조의 규정에 의한 신문발전위원회(이하 "신문발전위원회"라 한다)는 제33조의 규정에 의한 신문발전기금에서 이를 지원할 수 있다.

③정기간행물사업자는 종사자의 편집 및 제작활동을 보호하여야 한다.

④정기간행물사업자는 종사자의 근로조건의 향상 및 복리증진 그 밖의 취재·제작의 자율성 보장을 위하여 필요한 대책을 강구하여야 한다.

제7조 (적용범위) 정기간행물에 관하여는 다른 법률에 특별한 규정이 있는 경우를 제외하고는 이 법이 정하는 바에 따른다.

## 제2장 독자의 권익보호

제8조 (독자의 권익보호) 정기간행물사업자 및 인터넷신문사업자는 독자가 정기간행물 및 인터넷신문의 편집 또는 제작에 관한 의사결정에 참여할 수 있도록 하고, 편집 또는 제작의 기본방침이 독자의 이익에 충실하도록 노력하여야 한다.

제9조 (독자권익위원회) 일간신문(일반일간신문·특수일간신문 및 외국어일간신문을 말한다. 이하 같다)을 경영하는 정기간행물사업자는 독자의 권익을 보호하기 위한 자문기구로 독자권익위원회를 둘 수 있다.

제10조 (독자의 권리보호) ①정기간행물사업자는 그 편집 또는 제작에 있어서 독자의 권익을 보호하기 위한 회의를 매달 1회 이상 열어 이를 지면에 반영할 수 있다.

②정기간행물사업자는 구독자의 의사에 반하여 구독계약을 체결·연장·해지하거나 불공정거래행위에 해당하는 무가시 빛 부상의 경품을 제공하여서는 아니된다.

③제2항의 규정에 따른 불공정거래행위의 여부 및 그 처리 등에 관하여는 독점규제및공정거래에관한법률이 정하는 바에 따른다.

제11조 (광고) ①정기간행물사업자는 광고로 인하여 독자의 권익이 부당하게 침해당하지 아니하도록 노력하여야 하며, 광고의 내용이 사회윤리, 타인의 명예나 기본권을 명백히 침해한다고 판단되는 경우에는 그 게재를 거부할 수 있다.

②정기간행물의 편집인은 독자가 기사와 광고를 혼동하지 않도록 명확하게 구분하여 편집하여야 한다.

## 제3장 정기간행물 및 인터넷신문의 등록 등

제12조 (등록) ①정기간행물을 발행하거나 인터넷신문을 경영·관리하고자 하는 자는 대통령령이 정하는 바에 따라 다음 각호의 사항을 문화관광부장관 또는 특별시장·광역시장·도지사(이하 "등록관청"이라 한다)에게 등록하여야 한다. 등록된 사항을 변경하고자 할 때에도 또한 같다. 다만, 국가 또는 지방자치단체가 발행 또는 관리하거나 법인 그 밖의 단체나 기관이 그 소속원에게 무료로 보급할 목적으로 발행하는 경우와 대통령령이 정하는 정기간행물 및 인터넷신문은 그러하지 아니하다.

1. 제호
2. 종별 및 간별
3. 발행인·편집인(외국정기간행물의 내용을 변경하지 않고 국내에서 그대로 인쇄·배포하는 경우를 제외한다. 이하 같다)·인쇄인 및 인터넷신문사업자의 성명·생년월일·주소(발행인 또는 인쇄인이 법인이나 단체인 경우에는 그 명칭, 주사무소의 소재지와 그 대표자의 성명·생년월일·주소)
4. 발행소의 소재지
5. 발행목적과 발행내용
6. 주된 보급대상 및 보급지역

②발행인이 법인 또는 단체인 경우 대표이사 또는 대표자를 발행인으로 하여야 한다. 다만, 대표이사 또는 대표자를 발행인으로 할 수 없는 정당한 사유가 있는 경우에는 이사회의 의결을 거쳐

다른 이사나 임원을 발행인으로 할 수 있다.

③제1항의 규정에 의하여 정기간행물을 등록하고자 하는 자는 등록사항중 간별을 다음 각호의 구분에 따라 명시하여야 한다.

1. 일간(격일 또는 주 3회 이상 발행하는 것을 포함한다)

2. 주간(주 2회 또는 월 2회 이상 발행하는 것을 포함한다)

3. 월간

4. 격월간

5. 계간

6. 연 2회간

④제1항의 규정에 의하여 정기간행물 및 인터넷신문을 등록한 때에는 등록관청은 지체 없이 등록증을 교부하여야 한다.

⑤이미 등록된 정기간행물 및 인터넷신문의 제호와 동일한 제호의 정기간행물 및 인터넷신문은 등록할 수 없다.

제13조 (결격사유 등) ①다음 각호의 1에 해당하는 자는 정기간행물 및 인터넷신문의 발행인 또는 편집인이 될 수 없다.

1. 대한민국의 국민이 아닌 자

2. 금고 이상의 실형의 선고를 받고 그 집행이 종료(집행이 종료된 것으로 보는 경우를 포함한다)되거나 집행을 받지 아니하기로 확정된 후 1년이 경과되지 아니하거나 또는 금고 이상의 형의 집행유예를 선고받고 그 유예기간중에 있는 자

3. 금고 이상의 형의 선고유예를 받고 그 유예기간중에 있는 자

4. 보안관찰법에 의한 보안관찰처분이나 사회보호법에 의한 보호처분의 집행중에 있는 자

5. 이 법을 위반하여 벌금 이상의 형을 선고받고 그 형의 집행이 종료되거나 형을 받지 아니하기로 확정된 날부터 2년이 경과되지 아니한 자

6. 이 법을 위반하여 등록이 취소된 정기간행물 및 인터넷신문의 발행인 또는 편집인으로서 그 등록이 취소된 날부터 2년이 경과되지 아니한 자

7. 미성년자·금치산자 또는 한정치산자

8. 파산자로서 복권되지 아니한 자

②제12조의 규정에 의하여 등록한 정기간행물 및 인터넷신문의

발행인 또는 편집인이 제1항의 규정에 의한 결격사유에 해당하게 된 때에는 그 사유가 발생한 날부터 1월 이내에 발행인 또는 편집인의 변경등록을 하여야 한다.

③법인이 아닌 자는 정기간행물중 일간신문이나 일반주간신문을 발행할 수 없다.

④다음 각호의 1에 해당하는 자는 정기간행물을 발행할 수 없다. 다만, 그 소속원에게만 보급할 목적으로 발행하는 경우에는 그러하지 아니하다.

1. 외국정부 또는 외국의 법인이나 단체
2. 제1항제1호에 해당하는 자가 그 대표자로 되어 있는 법인 또는 단체
3. 외국인 또는 외국의 법인이나 단체가 다음 각목의 1에 해당하는 비율 이상의 주식 또는 지분을 소유하고 있는 자
   가. 일간신문의 경우에는 100분의 30
   나. 일간신문을 제외한 정기간행물의 경우에는 100분의 50

제14조 (외국자금의 출연 등) ①정기간행물을 발행하거나 발행하고자 하는 자가 외국인 또는 외국의 정부나 단체로부터 재산의 출연을 받은 때에는 대통령령이 정하는 바에 따라 출연을 받은 날부터 15일 이내 또는 등록신청시에 등록관청에 신고하여야 한다.

②정기간행물을 발행하거나 발행하고자 하는 자가 외국인 또는 외국의 법인이나 단체로부터 재산의 출자를 받을 때에는 외국인투자촉진법 제5조·제6조 또는 제7조의 규정에 의하여 산업자원부장관에게 신고된 사실을 입증하는 서류를 신고한 날부터 15일 이내 또는 등록신청시에 등록관청에 제출하여야 한다.

제15조 (겸영금지 등) ①일간신문을 경영하는 법인이 주식을 발행하는 경우에는 기명식으로 하여야 한다.

②일간신문과 뉴스통신진흥에관한법률의 규정에 의한 뉴스통신(이하 "뉴스통신"이라 한다)은 상호 겸영할 수 없으며, 방송법에 의한 종합편성 또는 보도에 관한 전문편성을 행하는 방송사업(이하 "방송사업"이라 한다. 이하 이 조에서 같다)을 겸영할 수 없다.

③일간신문·뉴스통신 또는 방송사업을 경영하는 법인이 발행한

주식 또는 지분의 2분의 1 이상을 소유하는 자(대통령령이 정하는 동일계열의 기업이 소유하는 경우를 포함한다)는 다른 일간신문 또는 뉴스통신을 경영하는 법인이 발행한 주식 또는 지분의 2분의 1 이상을 취득 또는 소유할 수 없다.

④대규모기업집단중 대통령령이 정하는 기준에 해당하는 기업집단에 속하는 회사(이하 "대기업"이라 한다)와 그 계열회사(대통령령이 정하는 특수한 관계에 있는 자를 포함한다)는 일간신문이나 뉴스통신을 경영하는 법인이 발행한 주식 또는 지분의 2분의 1을 초과하여 취득 또는 소유할 수 없다.

⑤일간신문이나 뉴스통신을 경영하는 법인의 이사(합명회사의 경우에는 업무집행사원, 합자회사의 경우에는 무한책임사원을 말한다)중 그 상호간에 민법 제777조에 규정된 친족관계에 있는 자가 그 총수의 3분의 1을 넘지 못한다.

⑥제3항 및 제4항의 규정을 위반하여 주식 또는 지분을 취득 또는 소유한 자는 그 초과분에 대한 의결권을 행사할 수 없다.

⑦등록관청은 제3항 및 제4항의 규정을 위반하여 주식 또는 지분을 취득 또는 소유한 자에 대하여 6개월 이내의 기간을 정하여 이를 시정할 것을 명하여야 한다.

⑧등록관청은 제2항 내지 제5항의 사실을 확인하기 위하여 대통령령이 정하는 바에 따라 일간신문을 경영하는 정기간행물사업자 및 뉴스통신사업자에게 필요한 자료를 제출하게 할 수 있다.

제16조 (자료의 신고 등) ①일간신문을 경영하는 정기간행물사업자는 당해 법인의 결산일부터 5월 이내에 직전 회계연도의 신문사업에 관한 다음 각호의 사항을 신문발전위원회에 신고하여야 한다.

1. 전체 발행부수 및 유가 판매부수

2. 구독수입과 광고수입

②일간신문을 경영하는 정기간행물사업자는 매 결산일부터 5월 이내에 총 발행주식 또는 지분총수와 자본내역, 100분의 5 이상의 주식 또는 지분을 소유한 주주 또는 사원의 개인별 내역에 관한 사항을 신문발전위원회에 신고하여야 한다.

③신문발전위원회는 제1항 및 제2항의 규정에 따른 신고사항을 검증·공개하여야 한다.

④제1항 내지 제3항의 신고·검증 및 공개에 관한 구체적인 사항은 대통령령으로 정한다.

제17조 (시장지배적사업자) 일반일간신문 및 특수일간신문(정보전달을 위하여 무료로 보급되는 일간신문을 제외한다. 이하 같다)을 경영하는 정기간행물사업자중 다음 각호의 1에 해당하는 사업자는 독점규제및공정거래에관한법률 제4조의 규정에 불구하고 같은 법 제2조제7호의 규정에 의한 시장지배적사업자로 추정한다.

1. 1개 사업자의 시장점유율이 전년 12개월 평균 전국 발행부수의 100분의 30 이상

2. 3개 이하 사업자의 시장점유율의 합계가 전년 12개월 평균 전국 발행부수의 100분의 60 이상. 다만, 시장점유율이 100분의 10 미만인 자를 제외한다.

제18조 (편집위원회 등) ①일반일간신문을 경영하는 정기간행물사업자는 편집위원회를 둘 수 있다.

②편집위원회는 대통령령이 정하는 바에 따라 정기간행물사업자를 대표하는 편집위원과 취재 및 제작 활동에 종사하는 근로자를 대표하는 편집위원으로 구성한다.

③편집위원회는 일반일간신문 제작의 자율성을 보장하기 위하여 편집규약을 제정할 수 있다.

④제3항의 규정에 따라 편집규약을 제정하는 경우 편집규약에는 다음 각호의 사항이 포함되어야 한다.

1. 편집위원회의 구성·권한·조직·위원의 임기·신분보장 및 운영에 관한 사항

2. 편집위원회의 자율성·독립성 및 공정성의 보장에 관한 사항

3. 편집위원회의 규칙 제정 등에 관한 사항

4. 편집의 공공성과 자율성 보장에 관한 사항

5. 편집의 기본적인 원칙 및 지침에 관한 사항

6. 편집의 기본원칙에 위배되는 내용으로서 양심에 반하는 취재 또는 제작에 대한 거부권에 대한 사항

7. 편집·취재와 관련한 윤리지침에 관한 사항

8. 편집책임자의 임면에 관한 사항

9. 편집방향의 심의·결정 및 변경에 관한 사항

10. 독자권익위원회의 구성 및 운영, 독자의 권익보호, 독자의견
   의 반영에 관한 사항

제19조 (필요적 게재사항) 정기간행물사업자 및 인터넷신문사업자는 당해
   정기간행물 및 인터넷신문에 그 명칭·주소·등록번호·등록연월일·
   제호·간별·발행인·편집인·인쇄인·발행소 및 발행연월일을 독자가
   알아보기 쉽게 게재 또는 공표하여야 하며, 수인의 편집인이 있
   는 경우에는 그 책임분야와 함께 각자의 성명을 게재 또는 공표
   하여야 한다. 다만, 인터넷신문의 경우 간별·인쇄인·발행소에 관
   한 사항은 그러하지 아니하다.

제20조 (납본) ①제12조제1항의 규정에 의하여 등록한 정기간행물사업자
   가 대통령령이 정하는 정기간행물을 발행하였을 때에는 그 정기
   간행물 2부를 즉시 등록관청에 납본하여야 한다.
   ②제1항의 경우에 국가는 정당한 보상을 하여야 한다.

제21조 (등록취소의 심판청구 등) ①등록관청은 제12조제1항의 규정에
   의하여 정기간행물 및 인터넷신문(이하 이 조 및 제22조 내지 제
   25조에서 "정기간행물등"이라 한다)의 등록을 한 자가 다음 각호
   의 1에 해당하는 때에는 3월 이하(격월간 이하 정기간행물의 경
   우는 3회 이하)의 기간(회수)을 정하여 당해 정기간행물등의 발행
   (전자적 발행을 포함한다. 이하 같다)정지를 명할 수 있다.
   1. 제12조제1항의 규정에 의하여 등록된 사항을 변경등록하지 아
      니하고 임의로 변경하여 그 정기간행물등을 발행한 때
   2. 발행인 또는 편집인이 제13조의 규정에 의한 결격사유에 해당
      된 때
   3. 제14조제1항의 규정을 위반하여 재산의 출연을 받고 신고를
      하지 아니한 때
   ②등록관청은 제12조제1항의 규정에 의하여 정기간행물등을 등
   록한 자가 다음 각호의 1에 해당하는 때에는 6월 이하(격월간 이
   하 정기간행물의 경우는 6회 이하)의 기간(회수)을 정하여 당해
   정기간행물등의 발행정지를 명하거나 법원에 정기간행물 등의 등
   록취소의 심판을 청구할 수 있다
   1. 속임수 그 밖의 부정한 방법으로 등록한 사실이 있는 때
   2. 정기간행물등의 내용이 등록된 발행목적이나 발행내용을 현저

하게 반복하여 위반한 때

3. 음란한 내용의 정기간행물등을 발행하여 공중도덕이나 사회윤리를 현저하게 침해한 때

③제2항의 규정에 의한 심판청구에 대한 제1심 재판은 정기간행물사업자 또는 인터넷신문사업자의 보통재판적 소재지를 관할하는 지방법원합의부의 관할로 한다. 법원은 심판청구를 접수한 날부터 3월 이내에 재판하여야 한다. 등록취소심판사건의 청구·심리·재판 그 밖의 필요한 사항은 대법원규칙으로 정한다.

④등록취소심판사건에 대하여는 비송사건절차법을 준용한다.

제22조 (직권등록취소) 등록관청은 제12조제1항의 규정에 의하여 정기간행물등을 등록한 자가 다음 각호의 1에 해당하는 때에는 당해 정기간행물등의 등록을 취소할 수 있다.

1. 정당한 사유없이 등록 후 6월(연 2회간의 경우는 1년) 이내에 당해 정기간행물 등을 발행하지 아니한 때

2. 정당한 사유없이 1년 이상(계간·연 2회간의 경우는 2년 이상) 당해 정기간행물 등의 발행을 중단한 때

제23조 (등록취소심의위원회) ①제21조제2항의 규정에 의한 발행정지의 명령·등록취소심판의 청구 및 제22조의 규정에 의한 등록취소처분의 공정하고 객관적인 심의를 위하여 등록관청 소속하에 등록취소심의위원회를 둔다.

②제1항의 규정에 의한 등록취소심의위원회의 구성·심의절차 그 밖의 필요한 사항은 대통령령으로 정한다.

제24조 (정기간행물등 제호의 사용제한) 제21조제2항 내지 제4항의 규정에 의한 등록취소심판사건에 대한 법원의 판결 또는 제22조의 규정에 의하여 등록이 취소된 때에는 등록이 취소된 정기간행물등의 발행인 및 그와 대통령령이 정하는 특수한 관계에 있는 자는 그 취소된 날부터 2년 이내에는 그 취소된 정기간행물등의 제호로 정기간행물등을 발행 및 등록할 수 없다.

제25조 (청문) 등록관청은 제22조의 규정에 의하여 정기간행물등의 등록을 취소하고 자 하는 경우에는 청문을 실시하여야 한다.

제26조 (외국정기간행물의 지사 등의 설치) ①외국정기간행물의 지사 또는 지국을 국내에 설치하고자 하는 자는 대통령령이 정하는 바에

따라 문화관광부장관의 허가를 받아야 한다.

②문화관광부장관은 제1항의 규정에 의하여 허가를 받은 자가 다음 각호의 1에 해당하는 경우에는 그 허가를 취소할 수 있다.

1. 속임수 그 밖의 부정한 방법으로 허가를 받은 사실이 있는 때

2. 허가조건을 위반한 때

3. 당해 외국정기간행물이 국헌을 문란하게 하거나 국가안보를 현저히 해한 기사를 게재한 때

제4장 신문산업의 진흥 등

제27조 (신문발전위원회의 설치) 여론의 다양성을 보장하고 신문산업의 진흥을 위한 업무를 지원하며 신문발전기금을 관리·운영하기 위하여 신문발전위원회(이하 "위원회"라 한다)를 문화관광부에 설치한다.

제28조 (위원회의 구성) ①위원회는 위원장과 부위원장 각 1인 등 9인으로 구성한다.

②위원장과 부위원장은 호선한다.

③위원은 언론에 관한 식견이 있는 자 가운데에서 문화관광부장관이 위촉하되, 다음 각호에 해당하는 자를 포함하여야 한다. 이 경우 위원에는 여성의 참여가 이루어지도록 하여야 한다.

1. 국회의장이 추천하는 2인

2. 한국신문협회·전국언론노동조합·한국언론학회 및 시민단체가 추천하는 각 1인

④위원의 임기는 3년으로 하되, 연임할 수 있다.

⑤위원에 결원이 있는 때에는 결원된 날부터 30일 이내에 제3항의 규정에 의하여 결원된 인원을 위촉한다. 보궐위원의 임기는 전임자의 잔임기간으로 한다.

제29조 (위원회의 직무) 위원회는 다음 각호의 직무를 수행한다.

1. 여론의 다양성 보장과 신문산업 진흥을 위한 계획·정책에 관한 자문

2. 제16조의 규정에 따른 신고·검증 및 공개에 관한 업무

3. 제33조의 규정에 의한 신문발전기금의 조성과 운용에 관한 기본계획의 심의·의결 및 동 기금의 관리·운용

4. 제33조의 규정에 의한 신문발전기금 지원대상의 선정 및 지원 기준의 심의·의결

5. 여론의 다양성 보장과 신문산업의 진흥을 위한 교육·연구·조사

6. 그 밖에 위원회의 목적 수행을 위하여 필요한 사항

제30조 (위원회의 운영과 사무국의 설치 등) ①위원회는 필요한 경우 문화관광부장관과 협의하여 직무를 처리하기 위한 소위원회를 설치·운영할 수 있다.

②위원회의 운영을 위하여 필요한 예산은 신문발전기금 또는 국고에서 지원할 수 있다.

③위원회의 사무를 보조하기 위하여 위원회에 사무국을 둔다.

④그 밖에 위원회의 조직 및 운영에 관하여 필요한 사항은 대통령령으로 정한다.

제31조 (위원의 대우) 위원회 위원은 명예직으로 한다. 다만, 예산의 범위 안에서 직무수행에 필요한 경비 등 실비를 지급할 수 있다.

제32조 (비밀유지 의무) 위원회 위원과 위원회의 사무국 직원은 업무상 알게된 정기간행물사업자의 영업기밀에 관한 사안들에 대하여 비밀을 유지하여야 한다.

제33조 (신문발전기금의 설치 및 조성) ①신문 등 정기간행물 및 인터넷신문의 진흥을 위하여 위원회에 신문발전기금(이하 "기금"이라 한다)을 설치한다.

②기금은 다음 각호의 재원으로 조성한다.

1. 정부의 출연금

2. 다른 기금으로부터의 전입금

3. 개인 또는 법인으로부터의 출연금 및 기부금품

4. 기금의 운용으로 생기는 수익금

5. 그 밖에 대통령령이 정하는 수입금

제34조 (기금의 용도) ①기금은 다음 각호의 사업에 사용된다.

1. 여론의 다양성 촉진과 신문산업 및 인터넷신문의 진흥을 위한 사업

2. 독자 권익 보장을 위한 사업

3. 신문 유통구조 개선을 위한 사업

4. 언론공익 사업

5. 그 밖에 대통령령이 정하는 사업

②다음 각호의 1에 해당하는 자에 대하여는 기금을 지원할 수 없다.

1. 무료로 제공 또는 발행되는 정기간행물의 사업자

2. 제17조의 규정에 해당하는 시장지배적사업자

③위원회는 기금의 지원기준과 지원대상 등을 매년 공고하여야 한다.

제35조 (기금의 관리·운용) ①기금은 위원회가 관리·운용한다.

②위원회는 기금의 관리·운용에 관한 사항을 대통령령이 정하는 바에 따라 언론관련 법인 또는 단체에 위탁할 수 있다.

③그 밖에 기금의 조성방법·관리·운용 및 감사 등에 관하여 필요한 사항은 대통령령으로 정한다.

제36조 (국회 보고) 위원회는 기금의 사용 등에 관한 보고서를 정기국회 개시전까지 국회에 제출하여야 한다.

제37조 (신문유통원의 설립) ①국민의 폭넓은 언론매체 선택권을 보장하기 위하여 신문유통원을 둔다.

②신문유통원은 법인으로 한다.

③신문유통원에는 정관이 정하는 바에 따라 임원과 필요한 직원을 둔다.

④신문유통원은 다음 각호의 사업을 행한다.

1. 신문의 공동배달

2. 잡지 및 기타간행물의 배달

3. 신문수송의 대행

4. 그 밖에 신문유통원의 설립목적을 달성하는데 필요한 사업

⑤신문유통원의 운영에 필요한 경비는 국고에서 지원할 수 있다.

⑥신문유통원에 관하여 이 법에서 규정한 것을 제외하고는 민법의 재단법인에 관한 규정을 준용한다.

## 제5장 보칙

제38조 (권한의 위임·위탁) ①문화관광부장관은 이 법에 의한 권한의 일부를 대통령령이 정하는 바에 의하여 특별시장·광역시장 또는 도

지사에게 위임할 수 있다.

②등록관청은 제20조의 규정에 의한 납본에 관한 업무를 대통령령이 정하는 바에 따라 대통령령이 정하는 언론관련 비영리법인 또는 단체에 위탁할 수 있다.

③신문발전위원회는 제29조제2호의 규정에 의한 업무의 일부를 대통령령이 정하는 바에 따라 신문 등의 부수 공사(公査)의 업무를 수행하는 기관에 위탁할 수 있다.

## 제6장 벌칙

제39조 (벌칙) 다음 각호의 1에 해당하는 자는 2년 이하의 징역 또는 3천만원 이하의 벌금에 처한다.

1. 제3조제2항의 규정을 위반하여 정기간행물 또는 인터넷신문의 편집에 관하여 규제나 간섭을 한 자
2. 거짓 그 밖의 부정한 방법으로 제12조제1항의 규정에 의한 등록 또는 변경등록을 하여 정기간행물 또는 인터넷신문을 발행하거나 공표한 자
3. 제32조의 규정을 위반하여 정기간행물사업자의 영업기밀을 누설한 위원 및 직원

제40조 (벌칙) 다음 각호의 1에 해당하는 자는 1년 이하의 징역 또는 2천만원 이하의 벌금에 처한다.

1. 제12조제1항의 규정에 의한 등록 또는 변경등록을 하지 아니하고 정기간행물 또는 인터넷신문을 발행하거나 공표한 자
2. 제14조제1항의 규정을 위반하여 재산상의 출연을 받고 신고를 하지 아니한 자
3. 제15조제2항 내지 제4항의 규정을 위반하여 사업을 겸영하거나 주식 또는 지분을 취득 또는 소유한 자
4. 제21조제1항·제2항 또는 제22조의 규정에 의한 처분을 위반하여 정기간행물 또는 인터넷신문을 발행하거나 공표한 자
5. 제26조제1항의 규정에 의한 허가를 받지 아니하고 국내에 외국간행물의 지사 또는 지국을 설치한 자

제41조 (벌칙) 다음 각호의 1에 해당하는 자는 1천만원 이하의 벌금에

처한다.

1. 제13조제1항 각호의 1에 해당하는 자로서 발행인 또는 편집인으로 취임한 자

2. 제13조제1항 각호의 1에 해당하는 자를 발행인 또는 편집인으로 선임한 자

제42조 (양벌규정) 법인의 대표자나 법인 또는 개인의 대리인·사용인 그 밖의 종업원이 그 법인 또는 개인의 업무에 관하여 제39조 내지 41조의 위반행위를 한 때에는 행위자를 벌하는 외에 그 법인 또는 개인에 대하여도 각 해당 조의 벌금형을 과한다.

제43조 (과태료) ①다음 각호의 1에 해당하는 자는 2천만원 이하의 과태료에 처한다.

1. 제11조제2항의 규정을 위반하여 편집을 한 자

2. 제14조제2항의 규정에 의한 기간 이내에 서류를 제출하지 아니한 자

3. 제15조제8항의 규정에 의한 자료제출 요구를 받고 이를 제출하지 아니한 자

4. 제16조제1항·제2항의 규정에 의한 기간 이내에 신고하지 아니한 자

5. 제19조의 규정에 의한 필요적 게재사항을 게재 또는 공표하지 아니한 자

6. 제20조제1항의 규정에 의한 납본을 하지 아니한 자

②제1항의 규정에 의한 과태료는 대통령령이 정하는 바에 의하여 등록관청이 부과·징수한다.

③제2항의 규정에 의한 과태료 처분에 불복이 있는 자는 그 처분의 고지를 받은 날부터 30일 이내에 등록관청에 이의를 제기할 수 있다.

④제2항의 규정에 의한 과태료 처분을 받은 자가 제3항의 규정에 의하여 이의를 제기한 때에는 등록관청은 지체 없이 관할법원에 이를 통보하여야 하며, 그 통보를 받은 관할법원은 비송사건절차법에 의한 과태료의 재판을 한다.

⑤제3항의 규정에 의한 기간 이내에 이의를 제기하지 아니하고 과태료를 납부하지 아니한 때에는 국세체납처분 또는 지방세체납

처분의 예에 의하여 이를 징수한다.

부칙 <제7369호, 2005. 1. 27>

제1조 (시행일) 이 법은 공포 후 6월이 경과한 날부터 시행한다. 다만, 제16조제3항 및 제38조제3항의 개정규정은 이 법 공포 후 1년 6월이 경과한 날부터 시행한다.

제2조 (정기간행물의 등록 등에 관한 경과조치) ①이 법 시행 당시 종전의 정기간행물의등록등에관한법률의 규정에 따라 등록한 것은 이 법의 규정에 따라 등록한 것으로 본다.

②이 법 시행 당시 종전의 정기간행물의등록등에관한법률에 따른 신고·등록취소 그 밖의 행위, 각종 신청이나 행정기관에 대한 그 밖의 행위는 그에 해당하는 이 법에 의한 행정기관의 행위 또는 행정기관에 대한 행위로 본다.

제3조 (인터넷신문의 등록에 관한 경과조치) 이 법 시행 당시 독자적 기사생산과 지속적인 발행 등 대통령령이 정하는 기준을 충족하는 인터넷신문을 경영·관리하고 있는 자는 이 법 시행 후 3월 이내에 제12조제1항의 개정규정에 따라 등록하여야 한다.

제4조 (다른 법률의 개정) ①뉴스통신진흥에관한법률중 다음과 같이 개정한다.

제7조의 제목 "(정기간행물의등록등에관한법률의 준용)"을 "(신문등의자유와기능보장에관한법률의 준용)"으로 하고, 동조중 "등록취소, 침해에 대한 구제 및 벌칙 등에 관하여는 정기간행물의등록등에관한법률 제3조 내지 제5조, 제8조, 제10조 내지 제15조, 제3장 및 제4장의 규정"을 "등록취소 및 벌칙 등에 관하여는 신문등의자유와기능보장에관한법률 제6조제1항·제2항, 제14조제1항, 제15조, 제19조 내지 제26조 및 제39조 내지 제43조의 규정"으로 한다.

②기금관리기본법중 다음과 같이 개정한다.

별표 2에 제140호를 다음과 같이 신설한다.

140. 신문등의자유와기능보장에관한법률

제5조 (다른 법령과의 관계) 이 법 시행 당시 다른 법령에서 정기간행물의등록등에관한법률의 규정중 이 법에서 규정한 내용에 해당하는 규정을 인용한 경우에는 이 법의 해당 규정을 인용한 것으로 본다.

• 저자 •

고경민 ( 高敬旼 )  • 약력 •

건국대학교 정치대학 정치외교학과 졸업
건국대학교 대학원 정치학과 졸업(정치학석사)
건국대학교 대학원 정치학과 졸업(정치학박사)
건국대학교 한국문제연구원 상임연구원
서울시립대학교 전자정부연구소 선임연구원 겸 기획부장
성공회대학교 경영유통연구소 연구위원
통일부 통일교육위원

• 주요논저 •

『미국지방정치론』(공역)
『한국 텔레커뮤니케이션 자유화의 정치경제학』
『지도자론: 한국의 리더와 리더십』
『세계의 전자정부』(공저)
『논문작성법』편저)
『북한의 IT전략: IT산업, 전자정부, 인터넷』
『현대 정치과정의 동학』
외 다수

## ● 지역신문의 위기와 구조개혁

| | |
|---|---|
| • 초판 인쇄 | 2005년 11월 20일 |
| • 초판 발행 | 2005년 11월 20일 |
| • 지 은 이 | 고경민 |
| • 펴 낸 이 | 채종준 |
| • 펴 낸 곳 | 한국학술정보㈜ |
| | 경기도 파주시 교하읍 문발리 526-2 |
| | 파주출판문화정보산업단지 |
| | 전화 031) 908-3181(대표) · 팩스 031) 908-3189 |
| | 홈페이지 http://www.kstudy.com |
| | e-mail(e-Book사업부) ebook@kstudy.com |
| • 등 록 | 제일산-115호(2000. 6. 19) |
| • 가 격 | 13,000원 |

ISBN 89-534-4080-7 93340 (Paper Book)
      89-534-4081-5 98340 (e-Book)